西藏治理研究丛书

# 中国陆地边境县（市）旅游竞争力研究

RESEARCH ON
TOURISM COMPETITIVENESS
OF CHINA'S
TERRESTRIAL BORDER COUNTIES

时雨晴 著

社会科学文献出版社
SOCIAL SCIENCES ACADEMIC PRESS (CHINA)

# 目 录

## 第一章 绪论 ............................................................ 1

### 第一节 研究背景 ..................................................... 1
一 边境旅游在边境发展中的作用日益重要 ....................... 2
二 中国陆地边境地区旅游发展水平差异较大 ..................... 3
三 各边境地区旅游业竞争态势日益明显 ......................... 4

### 第二节 研究意义 ..................................................... 5
一 深化和丰富中国边境旅游的研究体系 ......................... 5
二 为中国陆地边境县（市）旅游竞争力的提升提供科学
依据 ................................................................. 5

### 第三节 研究目标及研究框架 ....................................... 5
一 研究目标 ........................................................ 5
二 研究内容 ........................................................ 6
三 创新点 ........................................................... 7

### 第四节 研究方法及技术路线 ....................................... 8
一 研究方法 ........................................................ 8
二 技术路线 ........................................................ 9

### 第五节 主要结论与研究不足 ....................................... 9
一 主要研究内容与结论 ............................................ 9
二 研究不足与研究展望 .......................................... 12

## 第二章 国内外相关研究进展及理论基础 ........................ 14

### 第一节 概念辨析 ................................................... 14
一 旅游竞争力 .................................................... 14
二 边境旅游 ...................................................... 16
三 本书对边境旅游竞争力概念的界定 ......................... 17

第二节　相关理论基础 ……………………………………… 17
　　　一　竞争力相关理论基础 …………………………………… 17
　　　二　旅游学相关理论基础 …………………………………… 19
　　　三　边境相关理论基础 ……………………………………… 24
　　第三节　国内外相关研究进展 ………………………………… 27
　　　一　国外相关研究进展 ……………………………………… 27
　　　二　国内相关研究进展 ……………………………………… 38
　　　三　研究中存在的主要问题 ………………………………… 52

**第三章　中国陆地边境县（市）旅游竞争力研究模型构建** …… 54
　　第一节　边境旅游竞争力的形成机理与特点 ………………… 54
　　　一　边境旅游竞争力的形成机理 …………………………… 54
　　　二　边境旅游竞争力的特点 ………………………………… 56
　　第二节　中国陆地边境县（市）旅游竞争力的影响因素 …… 58
　　　一　资源禀赋因素 …………………………………………… 58
　　　二　内在支撑因素 …………………………………………… 59
　　　三　外在驱动因素 …………………………………………… 61
　　第三节　中国陆地边境县（市）旅游竞争力研究模型构建 … 63
　　　一　指标体系构建 …………………………………………… 63
　　　二　研究方法 ………………………………………………… 72
　　第四节　本章小结 ……………………………………………… 74

**第四章　中国陆地边境县（市）旅游竞争力的时空变化及类型特征
　　　　　分析** ……………………………………………………… 75
　　第一节　中国陆地边境县（市）旅游竞争力的时空特征分析 … 75
　　　一　中国陆地边境县（市）旅游竞争要素的时空特征 …… 75
　　　二　外显竞争力与内在竞争要素匹配特征 ………………… 89
　　第二节　中国陆地边境县（市）旅游竞争力的类型划分及特征
　　　　　　分析 ………………………………………………………… 90
　　　一　边境旅游竞争力的类型划分 …………………………… 90
　　　二　不同类型边境县（市）的特征分析 …………………… 92
　　第三节　不同类型边境县（市）旅游外显竞争力与内在竞争要素的
　　　　　　相关性分析 ………………………………………………… 99

一　资源优势型 ………………………………………… 100
　　二　口岸优势型 ………………………………………… 102
　　三　区位优势型 ………………………………………… 105
　　四　集聚优势型 ………………………………………… 107
　　五　相对均衡型 ………………………………………… 109
　第四节　本章小结 …………………………………………… 112

**第五章　中国陆地边境县（市）入境旅游竞争力的时空特征及发展机理** ………………………………………………… 114
　第一节　边境县（市）入境旅游竞争力的时空变化特征分析 … 114
　　一　研究设计 …………………………………………… 114
　　二　时间变化特征 ……………………………………… 116
　　三　空间差异特征 ……………………………………… 117
　第二节　中国主要陆地跨国边境地区旅游业的发展状况 …… 118
　　一　中朝边境旅游区 …………………………………… 118
　　二　中俄边境旅游区 …………………………………… 120
　　三　中蒙边境旅游区 …………………………………… 122
　　四　中国与中亚边境旅游区 …………………………… 123
　　五　中国与南亚边境旅游区 …………………………… 124
　　六　中国与东南亚边境旅游区 ………………………… 125
　　七　边境跨境旅游的特点总结 ………………………… 128
　第三节　边境县（市）入境旅游竞争力的影响因素及发展机理 … 128
　　一　良好的地缘关系是边境县（市）入境旅游发展的重要保障 ………………………………………………… 128
　　二　边境政策对边境县（市）入境旅游竞争力影响较大 … 133
　　三　跨境旅游合作促进边境县（市）入境旅游竞争力的提升 … 137
　　四　边境县（市）入境旅游竞争力的发展机理小结 …… 140
　第四节　本章小结 …………………………………………… 141

**第六章　典型边境县（市）旅游竞争力发展机理的案例研究** …… 143
　第一节　典型边境县（市）旅游发展现状 ………………… 143
　　一　外显竞争力 ………………………………………… 143

二　内在竞争力 …………………………………………………… 145
　第二节　典型边境县（市）旅游竞争力的发展历程 ……………… 156
　　一　资源优势型——内蒙古阿尔山市 ………………………… 156
　　二　口岸优势型——广西凭祥市 ……………………………… 158
　　三　区位优势型——吉林图们市 ……………………………… 162
　　四　集聚优势型——新疆布尔津县 …………………………… 163
　　五　相对均衡型——云南腾冲县 ……………………………… 164
　第三节　不同类型边境县（市）旅游竞争力发展机理的比较与
　　　　　归纳 ……………………………………………………… 171
　　一　不同类型边境县（市）旅游竞争力发展机理的比较 …… 171
　　二　不同类型边境县（市）旅游竞争力发展机理的归纳 …… 175
　第四节　本章小结 …………………………………………………… 179

第七章　中国陆地边境县（市）旅游竞争力的提升途径研究 ……… 180
　第一节　中国陆地边境县（市）旅游竞争力发展的空间等级
　　　　　划分 ……………………………………………………… 180
　　一　边境县（市）旅游竞争力发展空间等级划分的理论依据 …… 181
　　二　边境县（市）旅游竞争力发展空间等级划分结果 ……… 182
　第二节　中国陆地边境县（市）旅游竞争力的提升途径 ………… 189
　　一　不同空间等级边境县（市）旅游竞争力的提升途径 …… 189
　　二　不同类型边境县（市）旅游竞争力的提升途径 ………… 191
　　三　边境县（市）入境旅游竞争的提升途径 ………………… 193
　　四　加大边境县（市）旅游开发建设资金的投入 …………… 194
　　五　改善边境县（市）旅游管理方式 ………………………… 197
　　六　边境区域旅游竞争力提升途径——以西藏边境县（市）
　　　　为例 ……………………………………………………… 199
　第三节　本章小结 …………………………………………………… 206

附　录 …………………………………………………………………… 208

# 图表目录

图 1-1　2006 年、2011 年不同边境段落旅游发展水平……………… 3
图 1-2　技术路线…………………………………………………… 10
图 2-1　Porter 的钻石模型………………………………………… 19
图 2-2　旅游地生命周期理论……………………………………… 20
图 2-3　旅游系统…………………………………………………… 22
图 2-4　C-R 模型…………………………………………………… 35
图 2-5　D-K 模型…………………………………………………… 35
图 2-6　区域旅游竞争力的形成阶段、提升动力和表现形式……… 46
图 2-7　六因素联动旅游目的地竞争力模型……………………… 47
图 2-8　旅游目的地竞争力五因素模型…………………………… 48
图 3-1　边境旅游竞争力的形成机理……………………………… 55
图 3-2　贸易与旅游互动的概念模型……………………………… 62
图 3-3　边境旅游竞争力研究指标的逻辑关系及总体框架……… 64
图 4-1　不同类型边境县（市）的数量及比例…………………… 92
图 4-2　基于内在竞争要素划分的边境县（市）类型数量统计…… 99
图 5-1　边境县（市）入境旅游总人数及环比增长率…………… 116
图 5-2　边境县（市）入境旅游总人数空间差异………………… 117
图 5-3　全国及各边境省份入境旅游总人数年均增长率及变异系数… 117
图 5-4　中国边境入境旅游总人数的省份差异…………………… 118
图 5-5　不同邻国段落边境县（市）入境旅游总人数…………… 130
图 5-6　2001~2011 年中国边境小额贸易进出口额与入境旅游总人数…………………………………………………………… 133
图 6-1　1996~2012 年典型边境县（市）的旅游人数变化……… 145

| 图 6-2 | 1996~2012年典型边境县（市）的旅游收入变化 | 145 |
| 图 6-3 | 1996~2012年典型边境县（市）GDP | 151 |
| 图 6-4 | 1996~2012年典型边境县（市）第三产业比重 | 152 |
| 图 6-5 | 阿尔山市旅游发展机理 | 171 |
| 图 6-6 | 凭祥市旅游发展机理 | 172 |
| 图 6-7 | 图们市旅游发展机理 | 173 |
| 图 6-8 | 布尔津县旅游发展机理 | 174 |
| 图 6-9 | 腾冲县旅游发展机理 | 175 |

| 表 2-1 | 国外旅游竞争力评价方法和指标 | 37 |
| 表 2-2 | 中国边境旅游的研究阶段 | 39 |
| 表 2-3 | 旅游竞争力四大构成及性质 | 45 |
| 表 2-4 | 国内旅游竞争力评价的方法和指标 | 50 |
| 表 3-1 | 旅游自然环境竞争力评价指标等级划分 | 67 |
| 表 3-2 | 旅游资源竞争力评价指标及权重 | 68 |
| 表 3-3 | 各交通干线及其各距离段权重赋值 | 70 |
| 表 4-1 | 不同边境省份县（市）旅游自然环境竞争力指数均值及变异系数 | 76 |
| 表 4-2 | 不同边境段落县（市）旅游自然环境竞争力指数均值及变异系数 | 76 |
| 表 4-3 | 不同等级边境旅游自然环境竞争力的数量分布 | 77 |
| 表 4-4 | 不同边境省份县（市）旅游资源竞争力指数均值及变异系数 | 78 |
| 表 4-5 | 不同边境段落县（市）旅游资源竞争力指数均值及变异系数 | 78 |
| 表 4-6 | 不同边境旅游资源竞争力水平的县（市）数量及比例 | 78 |
| 表 4-7 | 不同边境省份县（市）旅游区位交通竞争力指数均值及变异系数 | 80 |
| 表 4-8 | 不同边境段落县（市）旅游区位交通竞争力指数均值及变异系数 | 80 |

| | | |
|---|---|---|
| 表 4-9 | 不同边境旅游区位交通竞争力水平的县（市）数量及比例 ……… | 80 |
| 表 4-10 | 不同边境省份县（市）旅游社会环境竞争力指数均值及变异系数 ……………………………………………………………… | 82 |
| 表 4-11 | 不同边境段落县（市）旅游社会环境竞争力指数均值及变异系数 ……………………………………………………………… | 82 |
| 表 4-12 | 不同边境旅游社会环境竞争力水平的县（市）数量及比例 …… | 82 |
| 表 4-13 | 不同边境省份县（市）旅游服务设施竞争力指数均值及变异系数 ……………………………………………………………… | 83 |
| 表 4-14 | 不同边境段落县（市）旅游服务设施竞争力指数均值及变异系数 ……………………………………………………………… | 83 |
| 表 4-15 | 不同边境旅游服务设施竞争力水平的县（市）数量及比例 …… | 84 |
| 表 4-16 | 不同边境省份县（市）口岸开放度竞争力指数均值及变异系数 ……………………………………………………………… | 84 |
| 表 4-17 | 不同边境段落县（市）口岸开放度竞争力指数均值及变异系数 ……………………………………………………………… | 85 |
| 表 4-18 | 不同边境口岸开放度竞争力水平的县（市）数量及比例 ……… | 85 |
| 表 4-19 | 不同边境省份县（市）旅游集聚竞争力指数均值及变异系数 ……………………………………………………………… | 86 |
| 表 4-20 | 不同边境段落县（市）旅游集聚竞争力指数均值及变异系数 ……………………………………………………………… | 86 |
| 表 4-21 | 不同边境旅游集聚竞争力水平的县（市）数量及比例 ……… | 87 |
| 表 4-22 | 不同边境省份县（市）旅游市场竞争力指数均值及变异系数 ……………………………………………………………… | 87 |
| 表 4-23 | 不同边境段落县（市）旅游市场竞争力指数均值及变异系数 ……………………………………………………………… | 88 |
| 表 4-24 | 不同边境旅游市场竞争力水平的县（市）数量及比例 ……… | 88 |
| 表 4-25 | 2006 年和 2011 年旅游竞争力位次变化幅度在 20 位以上的边境县（市） ……………………………………………………… | 89 |
| 表 4-26 | 不同类型边境县（市）统计 ……………………………………… | 91 |
| 表 4-27 | 基于外显竞争力的类型划分 ……………………………………… | 95 |

表 4-28　基于内在竞争要素的类型划分 …………………………………… 98
表 4-29　资源优势型边境县（市）内在竞争要素间的相关系数
　　　　矩阵 ……………………………………………………………… 100
表 4-30　资源优势型边境县（市）特征值及主成分贡献率 ………… 100
表 4-31　资源优势型边境县（市）主成分荷载矩阵 ………………… 101
表 4-32　资源优势型边境县（市）外显竞争力与主成分因素的相关性
　　　　分析 ……………………………………………………………… 102
表 4-33　口岸优势型边境县（市）内在竞争要素间的相关系数
　　　　矩阵 ……………………………………………………………… 102
表 4-34　口岸优势型边境县（市）特征值及主成分贡献率 ………… 103
表 4-35　口岸优势型边境县（市）主成分荷载矩阵 ………………… 104
表 4-36　口岸优势型边境县（市）外显竞争力与主成分因素的相关性
　　　　分析 ……………………………………………………………… 104
表 4-37　区位优势型边境县（市）内在竞争要素间的相关系数
　　　　矩阵 ……………………………………………………………… 105
表 4-38　区位优势型边境县（市）特征值及主成分贡献率 ………… 106
表 4-39　区位优势型边境县（市）主成分荷载矩阵 ………………… 106
表 4-40　区位优势型边境县（市）外显竞争力与主成分因素的相关性
　　　　分析 ……………………………………………………………… 107
表 4-41　集聚优势型边境县（市）内在竞争要素间的相关系数
　　　　矩阵 ……………………………………………………………… 107
表 4-42　集聚优势型边境县（市）特征值及主成分贡献率 ………… 108
表 4-43　集聚优势型边境县（市）主成分荷载矩阵 ………………… 109
表 4-44　集聚优势型边境县（市）外显竞争力与主成分因素的相关性
　　　　分析 ……………………………………………………………… 109
表 4-45　相对均衡型边境县（市）内在竞争要素间的相关系数
　　　　矩阵 ……………………………………………………………… 110
表 4-46　相对均衡型边境县（市）特征值及主成分贡献率 ………… 110
表 4-47　相对均衡型边境县（市）主成分荷载矩阵 ………………… 111

| 表 4-48 | 相对均衡型边境县（市）外显竞争力与主成分因素的相关性分析 | 112 |
|---|---|---|
| 表 5-1 | 中国对朝边境口岸 | 118 |
| 表 5-2 | 中国对俄边境口岸 | 120 |
| 表 5-3 | 中国对蒙边境口岸 | 122 |
| 表 5-4 | 中国对中亚各国的边境口岸 | 123 |
| 表 5-5 | 中国对南亚各国的边境口岸 | 125 |
| 表 5-6 | 中国对东南亚各国的边境口岸 | 126 |
| 表 5-7 | 边境跨境旅游合作可依托的区域合作平台 | 138 |
| 表 5-8 | 边境跨境旅游合作区 | 138 |
| 表 6-1 | 2011年典型边境县（市）旅游市场竞争力指数 | 145 |
| 表 6-2 | 2011年典型边境县（市）自然环境竞争力指数 | 146 |
| 表 6-3 | 2011年典型边境县（市）旅游资源竞争力 | 148 |
| 表 6-4 | 2011年典型边境县（市）旅游区位交通竞争力指数 | 150 |
| 表 6-5 | 2011年典型边境县（市）旅游社会环境竞争力指数 | 152 |
| 表 6-6 | 2011年典型边境县（市）旅游服务设施竞争力指数 | 153 |
| 表 6-7 | 2011年典型边境县（市）边境旅游竞争力指数 | 154 |
| 表 6-8 | 2011年典型边境县（市）旅游集聚竞争力指数 | 156 |
| 表 6-9 | 凭祥市政府引进的企业及开发投资项目 | 159 |
| 表 6-10 | 布尔津县政府引进企业及开发投资项目 | 164 |
| 表 6-11 | 腾冲县政府引进的七大文化企业及开发投资项目 | 166 |
| 表 7-1 | 边境县（市）旅游竞争力发展空间等级划分 | 188 |
| 表 7-2 | 边境一级旅游发展县（市） | 190 |
| 表 7-3 | 边境二级旅游发展县（市） | 190 |
| 表 7-4 | 边境辐射带动旅游发展县（市） | 191 |
| 表 7-5 | 西藏边境地区代表性旅游资源 | 201 |
| 附录 1 | 中国与陆地周边国家国界长度（千米） | 208 |
| 附录 2 | 中国陆地边境口岸统计 | 209 |

附录3　1978~2017年中国主要边境旅游政策 …………………………… 211
附录4　各边境县（市）的温湿指数、风寒指数与地形起伏度 ……… 217
附录5　各边境县（市）旅游资源概况 ………………………………… 222
附录6　边境县（市）区位交通竞争力各评价指标值 ………………… 234
附录7　边境县（市）旅游社会环境竞争力各评价指标值 …………… 239
附录8　各边境县（市）旅游服务设施竞争力评价指标值 …………… 244
附录9　各边境口岸县（市）出入境人数 ……………………………… 249
附录10　边境县（市）旅游集聚竞争力各评价指标值 ………………… 254
附录11　边境县（市）旅游市场竞争力各评价指标值 ………………… 259
附录12　2006年边境县（市）旅游竞争力要素值 …………………… 264
附录13　2011年边境县（市）旅游竞争力要素值 …………………… 272

# 第一章 绪论

## 第一节 研究背景

从国际环境看，在亚太地区国际旅游市场板块中，中国与朝鲜、俄罗斯交界的图们江地区，中国与老挝、缅甸、越南交界的湄公河地区及以丝绸之路为纽带的中国新疆和周边国家接壤地区，受到越来越多的关注[①]。从国内环境看，中国边境地区因受自然、地理、历史及国际政治、军事等因素的影响，其社会经济发展严重滞后，因此，关心并支持边境地区的发展，具有特殊而重要的意义。2011年6月5日，国务院办公厅在印发的《兴边富民行动规划（2011—2015年）》中明确提出："大力培育开发具有边境特色的重点旅游景区和线路，鼓励发展边境旅游、民族特色村寨旅游、休闲度假旅游、生态旅游、探险旅游、农业旅游等特色旅游。"2013年11月12日，中共十八届三中全会在《中共中央关于全面深化改革若干重大问题的决定》中提出："加快沿边开放步伐，允许沿边重点口岸、边境城市、经济合作区在人员往来、加工物流、旅游等方面实行特殊方式和政策。"2013年9月和10月中国国家主席习近平分别提出建设"新丝绸之路经济带"和"21世纪海上丝绸之路"的构想。2017年，党的十九大报告提出，要加大力度支持边疆地区发展，强化举措推进西部大开发形成新格局，确保边疆巩固、边境安全。近年来，中国县域社会经济发展日益表明，旅游业对促进县域经济发展、增加县

---

[①] 石美玉：《联合营销：经济全球化背景下边境旅游发展的必然选择》，《旅游学刊》2009年第7期。

域居民收入、优化县域产业结构、改善县域人居环境和促进县域精神文明建设等方面具有突出作用[1]，已逐渐成为中国发展县域经济的重要途径之一[2]。边境县（市）作为中国边境地区的基层单元行政区，拥有丰富的自然资源和民族文化资源，是边境旅游业发展的重要载体，构成了边境旅游业有力的支撑体系。

中国陆地边境东起辽宁省丹东市鸭绿江口，西至广西壮族自治区防城港市的北部湾畔，总长度约2.2万千米，有辽宁、吉林、黑龙江、内蒙古、甘肃、新疆、西藏、云南、广西9个省（自治区）的134个边境县（市）与朝鲜、俄罗斯、蒙古国、哈萨克斯坦、吉尔吉斯斯坦、塔吉克斯坦、阿富汗、巴基斯坦、印度、尼泊尔、不丹、缅甸、老挝、越南14个国家接壤，其中拥有口岸的边境县（市）有72个。边境县（市）总面积约为195万平方千米，约占全国陆地面积的20%，总人口约为2200万人，其中少数民族人口将近一半，有30多个民族与邻国同一民族相邻而居。中国陆地边境县（市）旅游发展的基本特征如下。

## 一 边境旅游在边境发展中的作用日益重要

首先，边境旅游可以在传统产业条件很差的边境地区建立一种以旅游业为龙头和核心的相关行业相互促进、共同发展的产业群体，并成为联结国内旅游市场和国际市场的纽带和桥梁，是21世纪中国旅游业发展的新亮点[3]。中国边境旅游以1985年辽宁丹东开展中朝边境旅游为肇始，目前已取得长足发展，初步确定了其国民经济支柱产业地位。根据各边境县（市）社会经济统计公报及相关统计年鉴的数据计算得出，边境地区旅游总收入占GDP的比重由2006年的9.24%上升至2011年的10.52%。其中，旅游收入占GDP 30%以上的边境县（市）由2006年的9个上升至2011年的14个；旅游收入占GDP 15%~30%的边境县（市）

---

[1] 李瑞、吴殿廷、郭谦等：《20世纪90年代中期以来中国县域旅游研究进展与展望》，《地理与地理信息科学》2012年第1期。
[2] 赵磊、夏鑫、全华：《基于旅游产业链延伸视角的县域旅游地演化研究》，《经济地理》2011年第5期。
[3] 陈桂秋：《论中国边境旅游发展的战略意义》，《华东经济管理》2004年第2期。

由2006年的6个上升至2011年的13个。总体上，边境旅游在边境发展中的地位日益上升。

其次，边境地区旅游市场占全国旅游市场份额较小，未来边境旅游业发展潜力较大。据统计，2006年中国边境县（市）旅游总人数为4622.58万人，占全国旅游总人数的3.33%，旅游总收入为237.13亿元，占全国旅游总收入的3.81%；2011年中国边境县（市）旅游总人数为10494.31万人，占全国旅游总人数的3.98%，旅游总收入为719.24亿元，占全国旅游总收入的3.73%；旅游人数年均增长率略高于全国水平，旅游收入年均增长率略低于全国水平。边境旅游可以有效拓展旅游业的发展空间。

## 二 中国陆地边境地区旅游发展水平差异较大

中国陆地边境县（市）旅游发展水平差异较大，其中，东北和西南边境县（市）旅游发展水平远高于西部边境。从不同边境段落看，中朝、中缅、中老、中越、中俄边境县（市）旅游发展水平相对较高，2006~2011年旅游人数和旅游收入增长幅度较大；中蒙、中哈、中阿、中塔、中巴、中吉边境旅游发展水平相对一般，2006~2011年旅游人数和旅游收入增长幅度较小；中不、中尼、中印边境旅游发展水平相对较低（见图1-1）。

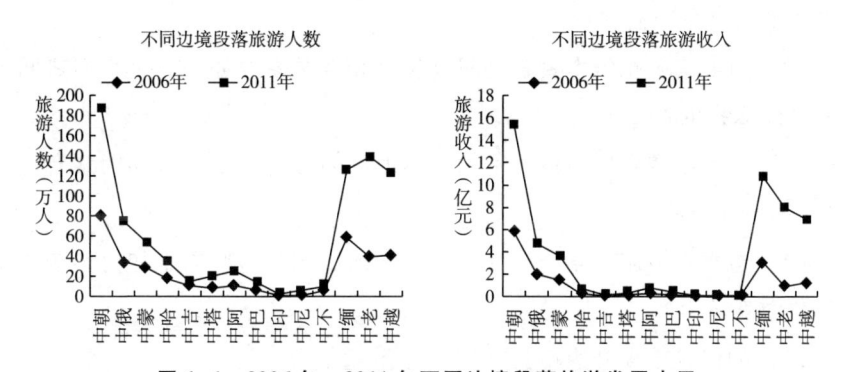

图1-1 2006年、2011年不同边境段落旅游发展水平

### 三 各边境地区旅游业竞争态势日益明显

随着沿边开放城市和边境经济合作区的设立、边境口岸的相继开放,边境贸易逐渐兴旺,与此同时,边境旅游也开始迅速发展起来,目前已初步显示出强劲的发展势头。边境旅游产业竞争逐渐由景点竞争、线路竞争、边境城市竞争进入边境区域竞争的阶段,逐渐形成五大边境旅游合作圈:以满洲里为核心的中俄旅游合作圈、以丹东为核心的中朝旅游合作圈、以新疆为核心的中亚旅游合作圈、以崇左为核心的中越旅游合作圈及以西双版纳为核心的中缅旅游合作圈。边境地区旅游竞争格局的重塑促进了边境地区内旅游产业要素的重组和结构变化,同时也使部分地区内旅游产业的优势被削弱、竞争力丧失,各边境地区旅游发展的差距逐渐拉大。另外,市场同质化、产品雷同、旅游设施和公共服务相对薄弱、区域竞争主体间良性秩序及国家层次的跨区域旅游合作机制的缺乏,进一步导致各边境地区间旅游产业竞争加剧。

由此可见,边境地区旅游竞争环境复杂多变,不同边境地区旅游竞争水平差异较大,使边境地区旅游竞争力亟待研究的问题增多。为保证各边境地区在竞争中有效地获取和保持竞争优势,实现边境旅游的持续发展,须全面、深入、系统地研究边境地区旅游竞争力的相关问题,主要包括:

(1) 哪些竞争力要素导致了边境地区旅游发展水平的差异?这些竞争力要素的时空分布有何特点?

(2) 边境旅游竞争力要素之间有没有相互关系?如果有,它们之间的关系是怎么样的?

(3) 不同旅游发展阶段,不同边境地区的旅游竞争力主导因素有没有差异?又有何不同?

(4) 边境入境旅游竞争力受哪些因素的影响?这些因素如何影响边境入境旅游竞争力?

(5) 如何有效提升边境县(市)旅游竞争力?

中国边境地区远离国家的政治、经济、文化中心和主要旅游市场,旅游特征不同于内陆腹地和沿海地区,在理论和实践上均表现出一定的特殊性和典型性。因此，深入开展本项研究具有显著的理论意义和实践价值。通过本项研究，科学、准确地对边境旅游竞争力进行分析，以期为政府主管部门、旅游企业、旅游研究机构制定科学、合理的措施，为促进边境旅游有序发展提供一定的指导。

## 第二节 研究意义

### 一 深化和丰富中国边境旅游的研究体系

中国学者对边境旅游的研究多集中在边境旅游的类型、特点、影响因素、驱动机制及边境旅游合作等方面，研究方法以定性分析为主，缺乏系统、深入的定量研究。本书弥补了这一不足，从边境旅游竞争力的内涵、形成机理入手，构建边境旅游竞争力的研究体系，准确把握边境旅游在旅游市场中的地位、状态及发展程度等，为边境旅游竞争力研究提供了一定的借鉴，深化和丰富了中国边境旅游的研究体系。

### 二 为中国陆地边境县（市）旅游竞争力的提升提供科学依据

中国边境地区旅游环境复杂多变，旅游资源背景、市场条件及旅游业发展状况差异巨大，边境旅游竞争逐渐由景点竞争、线路竞争、边境城市竞争进入边境区域竞争的阶段。测度与分析中国陆地边境县（市）旅游竞争力水平，对各边境地区在激烈的旅游竞争中正确认识自身的优势与劣势，优化资源配置，制定切合实际的陆地边境旅游发展战略，提升陆地边境县（市）旅游竞争力，推进边境旅游发展具有重要的现实意义。

## 第三节 研究目标及研究框架

### 一 研究目标

在比较优势和竞争优势理论，旅游学和边境相关理论的指导下，综合地理学、旅游学、地缘政治学、经济学、社会学等的研究方法，构建中国陆地边境县（市）旅游竞争力的研究模型，揭示边境旅游竞争力要素的时间变化特征和空间分异规律，进而对边境旅游竞争力的类型进行划分，剖析不同类型边境旅游外显竞争力与内在竞争要素之间的关系，同时对入境旅游竞争力及典型边境县（市）旅游竞争力的发展机理进行分析，在此基础上提出边境旅游竞争力提升的有效途径，以期为中国陆地边境县（市）旅游业的发展提供理论依据和实证案例。

## 二　研究内容

本书拟解决的基本问题是：为什么有些边境县（市）旅游竞争力强，有些边境县（市）旅游竞争力弱？为回答此问题，本书构建了边境县（市）旅游竞争力的研究体系，把边境县（市）旅游竞争力分为内在竞争力和外显竞争力，并假设内在竞争力与外显竞争力具有正相关性，通过分析内在竞争力对外显竞争力的影响程度来回答本书所提出的基本问题。

根据竞争力、旅游学和边境相关理论，本书提出了三条基本假设：

一是边境旅游各内在竞争力要素与外显竞争力要素显著正相关；

二是边境旅游内在竞争力要素对外显竞争力的影响程度会随着时间的变化而发生变化，也会因边境旅游竞争力类型的不同而不同；

三是地缘关系、边境旅游政策、边境旅游合作等是影响边境入境旅游竞争力的重要因素。

具体研究内容包括以下八个部分。

第一章为绪论。分析研究背景和研究意义，阐述研究思路和本书框架。

第二章为国内外相关研究进展及理论基础。界定边境旅游竞争力的概念，对相关研究理论进行梳理，从边境旅游和旅游竞争力两方面回顾国内外主要研究成果，并指出目前研究的不足，为本书框架和思路提供具有实际意义的借鉴。

第三章为中国陆地边境县（市）旅游竞争力研究模型构建。在总结边境旅游竞争力特征及其影响因素的基础上，把边境旅游竞争力分为外显竞争力和内在竞争力两部分，从旅游自然环境、旅游资源、区位交通、旅游社会环境、旅游服务设施、边境开放度、旅游集聚七个方面构建边境旅游竞争力的研究模型，并阐述相关的研究方法。

第四章为中国陆地边境县（市）旅游竞争力的时空变化及类型特征分析。选取2006年和2011年两个时间点，揭示这五年来中国边境旅游各竞争要素的时空特征。根据外显竞争力及内在竞争要素的特征，把边境县（市）划分为不同的类型，并对不同类型边境县（市）内在竞争要素与外显竞争力的相关性进行分析。

第五章为中国陆地边境县（市）入境旅游竞争力的时空特征及发展机理。在把握边境县（市）入境旅游竞争力时空特征和中国主要陆地跨国边境地区旅游业发展状况的基础上，从地缘关系、边境政策、边境跨境旅游合作等方面分析了边境县（市）入境旅游竞争力的发展机理。

第六章为典型边境县（市）旅游竞争力发展机理的案例研究。研究结合中国边境旅游的发展现状和特点，兼顾案例地的分布等原则，选取五个典型案例地进行实证研究，深入剖析不同类型边境县（市）旅游竞争力的发展机理及旅游发展的不同阶段和不同影响因素对边境旅游竞争力的影响程度。

第七章为中国陆地边境县（市）旅游竞争力的提升途径研究。根据旅游空间发展的相关理论，对中国陆地边境县（市）旅游竞争力发展的空间等级进行划分，并提出不同空间等级、不同类型边境县（市）旅游竞争力的提升途径等。

## 三　创新点

在边境旅游研究方面，以往的研究大部分停留在对边境旅游类型、特点、影响因素、驱动机制及边境旅游合作等方面的定性描述上，侧重大尺度研究；在旅游竞争力研究方面，以往的研究大部分停留在对旅游竞争力的测度和评价方面，主要解决的是旅游竞争力的内涵和旅游竞争力在竞争中位置的问题。本书将在边境旅游和旅游竞争力研究的基础上进行科学延伸，在县（市）尺度上探讨边境旅游竞争力的发展机理及边境旅游竞争力的提升途径，不仅要解决边境县（市）旅游竞争力是什么的问题，还要解决为什么边境县（市）旅游竞争力有强有弱和怎样有效提升边境县（市）旅游竞争力的问题。本书的创新主要体现在以下三个方面：

首先，本书尝试从地理学的视角对中国陆地边境县（市）旅游竞争力的形成机理、基本内涵和特征进行理论界定，构建边境县（市）旅游竞争力的研究体系，为边境旅游竞争力研究的理论构建奠定基础；

其次，本书根据边境县（市）旅游竞争力要素的时间变化特征和空间分异规律，对边境旅游竞争力的类型进行划分，进而剖析不同类型边境县（市）旅游外显竞争力与内在竞争要素之间的关系，同时对入境旅游竞争力及典型边境县（市）旅游竞争力的发展机理进行分析，从而为边境旅游竞争力的提升提供指导；

最后，本书结合旅游地理学、地缘政治学、社会学、经济学等学科的理论和方法，对边境县（市）旅游竞争力进行研究，打破单一学科角度的限制，尝试多学科的融合和交叉；同时，运用地理信息系统技术，实现了不同类型和不同时期边境旅游竞争力及其驱动因素相互作用的可视化表达。

## 第四节　研究方法及技术路线

### 一　研究方法

本书主要采用静态分析与动态分析相结合、定性分析与定量分析相结合、理论分析和实证分析相结合的方法。具体分析过程中，还会结合逻辑推理法构建研究模型，结合ArcGIS、SPSS、Excel等工具分析处理数据。

#### （一）静态分析与动态分析相结合

本书选取了2006年和2011年两个时间节点，不仅运用截面数据对中国陆地边境县（市）旅游竞争力的空间分异规律进行静态分析，而且运用面板数据对中国陆地边境县（市）旅游竞争力的时间变化特征进行动态分析，在此基础上划分中国边境旅游竞争力的类型，进而对不同类型边境县（市）旅游外显竞争力与内在竞争要素的相关性进行分析。

#### （二）定性分析与定量分析相结合

本书涉及中国陆地边境县（市）旅游竞争力要素的时空特征分析

及其发展机理研究等，需要进行相关的数据统计分析。首先，需要对边境县（市）旅游竞争力各要素进行定量评价，分析边境县（市）旅游竞争力的发展状况；其次，运用多指标综合评价、相关分析等统计方法，测度不同类型边境县（市）旅游各内在竞争要素与外显竞争要素的相关程度。

相应的，边境县（市）旅游竞争力是涉及诸多因素的综合体，定性分析必不可少。本书总结了边境县（市）旅游竞争力的形成机理、特点及影响因素，并从边境县（市）旅游竞争力的时空特征出发，分析不同类型边境县（市）旅游竞争力的发展机理。

**（三）理论分析与实证分析相结合**

首先，本书运用旅游地理学、经济学等相关理论，构建边境县（市）旅游竞争力的理论研究模型；其次，本书采用年鉴资料分析、区域宏观考察等方式，获取中国边境县（市）的基础数据和一手、二手资料，作为论点分析的有力支撑，并借助典型案例地的实证研究，对规范分析加以验证；最后，通过对不同类型边境县（市）典型案例地的对比分析，总结中国边境县（市）旅游竞争力的提升途径。

## 二　技术路线（见图1-2）

# 第五节　主要结论与研究不足

## 一　主要研究内容与结论

第一，初步构建一个由外显竞争力和内在竞争力2个层次11个模块组成的边境旅游竞争力研究模型（见图1-2）。外显竞争力是边境旅游竞争力的最终表现，一般用旅游市场竞争力来衡量；内在竞争力是外显竞争力的来源或决定因素，能够更加具体地反映实际旅游竞争力的状况。不同模块竞争力之间相互促进、相互制约，共同影响边境县（市）旅游竞争力的强弱。

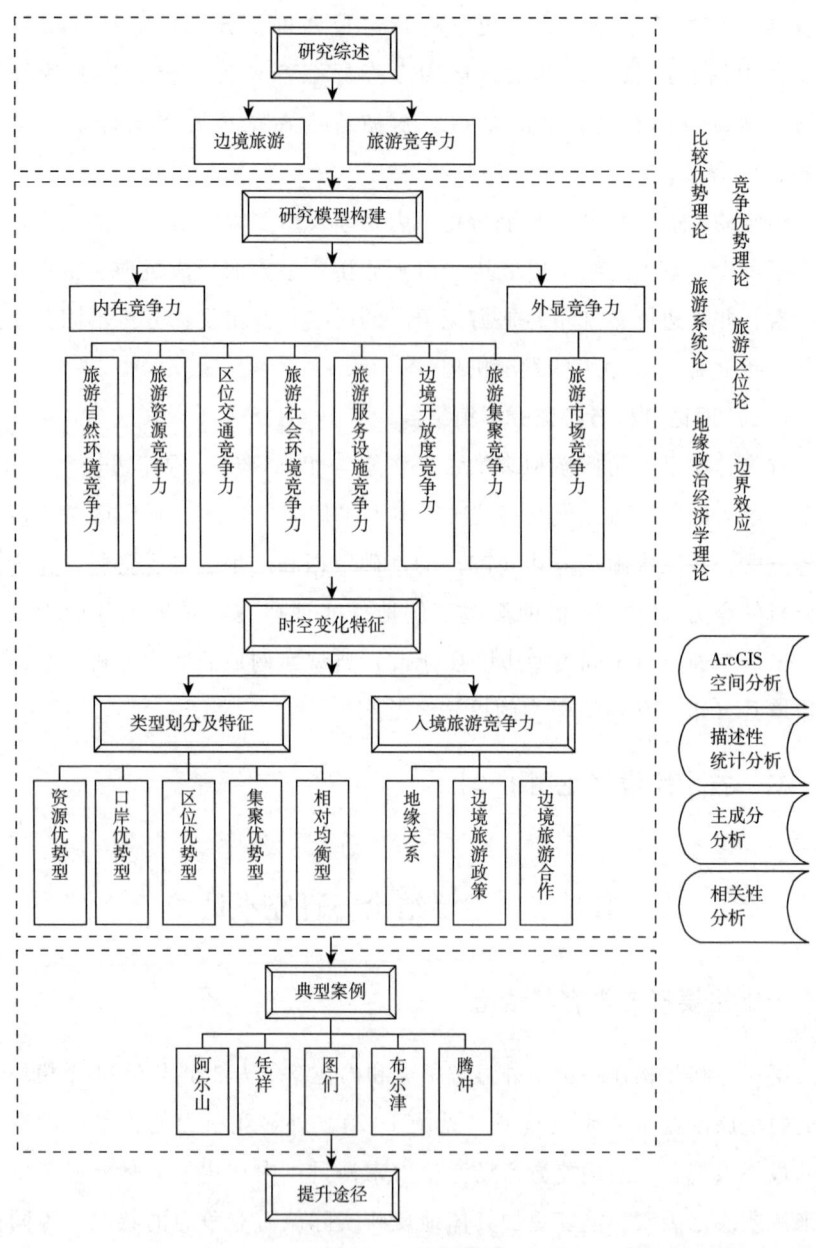

图 1-2 技术路线

第二，揭示了中国陆地边境县（市）旅游竞争力的时空演变规律。从时间演变看，2006~2011年，边境县（市）旅游竞争力水平有所提高，但总体增长缓慢，竞争力水平仍普遍偏低。从空间差异看，中国陆地边境县（市）旅游竞争力空间差异显著。东北东部边境、西南边境和中蒙边境旅游具有较高的外显竞争力；东北东部边境具有区位交通和旅游资源优势；西南边境具有资源、口岸、集聚优势；中蒙边境具有社会经济优势。东北北部边境旅游发展受到气候环境和社会经济发展的影响，旅游配套服务设施基础比较薄弱，边境地区的可进入性不高；新疆西部边境虽然具有良好的自然环境，但旅游发展受到旅游资源、区位交通、社会经济环境的制约；西藏边境自然生态环境脆弱，经济实力薄弱，基础设施落后，严重制约着旅游业的发展。

第三，对边境县（市）旅游竞争力进行类型划分，并对其特征进行分析。根据外显竞争力指数及2006~2011年均增长率，将边境旅游竞争力划分为九类；根据内在竞争要素之间相互作用和组合关系的不同特点，以及各要素竞争力的排名，将边境县（市）划分为五类，这是从地理学视角研究边境县（市）旅游竞争力的新成果。

研究发现，不同类型的边境县（市）旅游外显竞争力与内在竞争要素的相关程度有所不同，且会随着时间的变化而发生变化。2006~2011年，资源优势型边境县（市）旅游竞争主要以旅游资源、区位交通、旅游服务设施的竞争为主，社会经济是制约其旅游发展的重要因素；口岸优势型边境县（市）旅游竞争逐渐由旅游资源、社会环境、旅游服务设施的竞争转为边境口岸、旅游集聚的竞争，旅游资源开发及旅游服务设施的建设是制约其旅游发展的重要因素；区位优势型边境县（市）旅游竞争逐渐由自然环境、旅游资源的竞争转为服务设施、旅游集聚、边境口岸的竞争，旅游服务设施及边境县（市）整体的建设是其旅游发展的重点；集聚优势型边境县（市）旅游竞争逐渐由旅游服务设施的竞争转为旅游资源的竞争，此外区位交通竞争要素也较为重要；相对均衡型边境县（市）旅游竞争一直以旅游集聚、旅游服务设施和旅游资源的竞争为主。

第四，揭示中国陆地边境县（市）入境旅游竞争力的现状及发展机理。中国陆地边境县（市）入境旅游竞争力的时空差异也较为明显。从边境地区旅游业驱动因素看，中朝边境旅游主要为观光驱动型，旅游者出多进少；东北北部及西北边境旅游的目的主要为贸易和购物，游客双向流动数量较大，并逐渐向边境两国内地延伸；西南边境旅游的主要目的为观光和购物，边境互市贸易活跃，出多进少，旅游线路中方向邻国的延伸较远。

在边境县（市）入境旅游发展初期，旅游发展的驱动因素主要是地缘驱动，包括地域邻近性、社会文化相似性、交通便捷性、旅游资源空间互补与差异性、边境贸易等因素。在入境旅游发展中期，外部宏观环境的调控成为边境县（市）入境旅游竞争力发展的重要影响因素，边境两国的外交关系、对外政策、合作意愿、安全形势等对边境两国的决策行为及旅游发展的深度与广度起到重要作用。在边境县（市）入境旅游发展后期，逐步形成边境地区跨国旅游协作体系，参与全球旅游一体化的发展。

第五，边境县（市）旅游竞争力的提升应根据旅游发展的不同阶段及边境县（市）的不同特点选择不同的提升途径。对于不同旅游发展等级的边境县（市）：边境一级旅游发展县（市）应充分发挥其辐射带动作用；边境二级旅游发展县（市）应配合边境一级旅游发展县（市）及周边旅游中心城市的旅游发展，同时带动旅游发展水平更低的边境县（市）发展；辐射带动边境县（市）应充分挖掘其旅游资源，在周边更高等级旅游发展城市的带动下，逐步提升自身旅游竞争力。

对于不同类型的边境县（市）：资源优势型边境县（市）的旅游发展可依托丰富的旅游资源及政府的推动和引导；口岸优势型边境县（市）的旅游发展一般由边境贸易带动，开展以边境购物、边关观光、跨境旅游为特色的旅游活动；区位优势型边境县（市）具备良好的区位交通条件，城市整体风貌、旅游节庆活动等是吸引游客的关键；集聚优势型边境县（市）在整个区域旅游发展中起到龙头带动作用；高水平相对均衡型边境县（市）旅游发展较为成熟，应逐步带动周边县（市）旅游发展，大多数低水平相对均衡型边境县（市）暂不具备旅游发展的条件。

此外，对于边境县（市）入境旅游，应从旅游目的地建设、游客通关便利性、边境两国之间旅游合作三方面进行提升；同时，还应加大边境县（市）旅游开发建设资金的投入力度，改进边境县（市）旅游管理方式。

## 二　研究不足与研究展望

本书力图通过定量化的方式对边境县（市）旅游竞争力进行研究，但由于数据和资料获取的限制,在研究中仅考虑了自然环境、旅游资源、区位交通、社会环境、服务设施、边境口岸、旅游集聚、旅游市场竞争力,而对边境县(市)旅游组织结构、技术与制度创新、旅游人才、旅游文化及邻国边境旅游的发展状况等考虑较少,有待今后研究时加以考虑。在典型案例研究中,资料来源主要是当地旅游发展报告、政府文件等,分析时受主观因素影响较大,在一定程度上影响了研究结果的准确性。今后,边境县(市)旅游竞争力的研究还须重视以下几个方面。

一是完善边境县(市)旅游竞争力的研究及评价模型。中国陆地边境县(市)旅游竞争力多因素的复合影响增大了边境县(市)旅游竞争力研究模型构建的难度。在指标选取上,很多对旅游竞争力有重要影响的指标,如边境邻国旅游业的发展状况、政策因素、制度因素、人才因素、文化因素等无法进行科学的量化;同时边境地区发展的差异性增大,使研究模型的普适性受到影响,这是今后边境地区旅游竞争力研究模型构建中应该完善的。

二是加强对邻国边境地区旅游发展状况及中国与边境邻国旅游合作机制的研究。边境地区旅游业的发展受地缘关系及邻国边境地区旅游业的发展水平影响较大,在今后的研究中应尽可能地获取边境邻国旅游业发展状况、旅游合作意愿等方面的资料,并进行深入研究。

三是加强理论探索,进一步深化研究。中国陆地边境县(市)旅游竞争力研究内容具有复杂性和广泛性,今后对边境县(市)旅游竞争力的发展机理研究还有待进一步深入,对理论的探索还有待加强。应进一步深入剖析不同类型边境县(市)旅游竞争力的发展机理,进行理论升华。

# 第二章 国内外相关研究进展及理论基础

## 第一节 概念辨析

### 一 旅游竞争力

国外学者在 20 世纪 60 年代就开始关注旅游竞争的问题，最初的研究主要集中在旅游地之间旅游资源的竞争，之后逐渐转向对旅游需求及旅游形象竞争力等的研究[1]；国内学者对旅游竞争力的研究内容也十分丰富，主要集中在旅游产业及旅游目的地竞争力等方面。但对于旅游竞争力的概念界定，不同时期、不同学者存在不同的理解。根据现有文献归纳，主要有以下几种认识。

从旅游目的地的角度来看，将旅游竞争力定义为最有效的为居民提供可持续福利的能力。Crouch 和 Ritchie[2]认为，一个目的地的旅游开发必须在经济、生态、社会文化等方面是可持续的，长期的经济繁荣是目的地具有竞争力的标尺，其中包括旅游资源的可持续发展能力，以保证该目的地获得长期优势并使目的地利益相关者均衡地获得回报的能力[3]。

---

[1] 臧德霞、黄洁：《关于"旅游目的地竞争力"内涵的辨析与认识》，《旅游学刊》2006 年第 12 期。

[2] Crouch, Ritchie, "Tourism, Competitiveness, and Societal Prosperity," *Journal of Business Research*, 1999, 44 (2): 137-152.

[3] Buhalis, "Marketing the Competitive Destination of the Future," *Tourism Management* (2000): 97-116.

从满足游客市场需求的角度来看,将旅游竞争力定义为能够保持为游客提供产品与服务的竞争优势的能力[①]。旅游目的地必须保证其整体吸引力及其为游客提供的整体旅游经历,等于或超过其他旅游目的地,包括增加旅游消费、为游客提供满意的游客体验等[②]。Enright[③]也认为一个旅游目的地是否具有竞争力要看其是否能够吸引、满足潜在的游客,并提出这种竞争力是由影响旅游服务提供者的诸因素决定的。

从产业的角度出发,将旅游竞争力定义为通过旅游企业在旅游市场上销售旅游产品所具有的开拓、占据旅游市场并获取利润的能力。从更深层次来讲,旅游竞争力体现在一个区域的旅游产业能够比其他地区更有效地向旅游消费者提供产品或服务,并能使自身得以发展的能力或综合素质[④],具体表现在表层的旅游产品竞争力、操作层的旅游企业竞争力和内因层的旅游生产要素竞争力三个层次[⑤]。其中,旅游产品竞争力主要包括形象力、销售力和产品力[⑥]。

从国际旅游市场的角度来看,旅游竞争力是一个综合的概念。它包括价格的差异及汇率变动、旅游业各组成部分的生产力水平和影响旅游目的地吸引力或其他方面的定性因素,并且特定目的地的成本针对汇率变化的相应调整是影响目的地整体海外旅游市场的重要经济因素[⑦]。

由此可见,旅游竞争力首先是一种"经济意义"上的概念,强调的是一种经济能力,包括占据旅游市场并获取利润的能力;其次,旅游竞争力

---

① L. Dwyer, P. Forsyth, P. Rao, "The Price Competitiveness of Travel and Tourism: A Comparison of 19 Destinations," *Tourism Management*, 2000, 21 (1): 9-22.
② Ritchie, Crouch, "The Competitive Destination: A Sustainability Perspective," *Tourism Management*, 2000, 21 (1): 1-7.
③ Enright, Newton, "Tourism Destination Competitiveness: A Quantitative Approach," *Tourism Management*, 2004, 25 (6): 777-788.
④ 冯学钢、杨勇、于秋阳:《中国旅游产业潜力和竞争力研究》,上海交通大学出版社,2012,第24~27页。
⑤ 苏伟忠、杨英宝、顾朝林:《城市旅游竞争力评价初探》,《旅游学刊》2003年第3期。
⑥ 涂建华、李娟文、朱俊林:《旅游产品竞争力分析——以黄鹤楼为例》,《资源开发与市场》2004年第4期。
⑦ L. Dwyer, P. Forsyth, P. Rao, "The Price Competitiveness of Travel and Tourism: A Comparison of 19 Destinations," *Tourism Management*, 2000, 21 (1): 9-22.

是建立在"可持续"基础上的竞争力,包含"社会意义""生态意义"等方面的能力,它需要考虑生态环境保护、资源可持续利用等方面的内容,从而为旅游者提供满意的旅游经历、保障旅游地居民及其他利益相关者的长远利益;最后,旅游竞争力是一个比较的概念,它具有相应的表现指标,但不单纯强调竞争的最终结果。研究旅游竞争力的目的是解释为什么某些旅游地竞争力强,而某些旅游地竞争力弱,并为旅游竞争力的提升提供指导。

## 二 边境旅游

虽然国外对边境地区的旅游研究始于20世纪90年代,直到2006年,Sofield才第一次提出"边境旅游"(border tourism)的概念,Ioannides则用"tourism in borderlands"表示边境旅游,但他们均没有给出明确的定义。国内学者及相关机构从不同的方面对边境旅游的定义进行了探讨。根据现有文献归纳,边境旅游分为狭义与广义两种。

狭义的边境旅游主要指人们通过边境口岸出入境,在双方政府商定的区域和期限内进行的跨境旅游活动,此定义中边境旅游为跨境旅游。采用此定义的学者有张广瑞[1]、姚素英[2]、罗明义[3]、田欣[4]等,熊礼明[5]扩大了边境旅游的参数范围,允许第三国和地区的旅游者参加边境旅游。

广义的边境旅游去除了必须跨越边境口岸的限制,扩大了边境旅游的范围,包含本国边境地区旅游和跨口岸边境地区旅游两方面[6]。

由此可见,边境旅游的概念还没有达成一致,但人们对其的认识在不断加深,其内涵和外延也在不断丰富。

---

[1] 张广瑞:《中国边境旅游发展的战略选择》,经济管理出版社,1997,第1~2页。
[2] 姚素英:《试谈边境旅游及其作用》,《北京第二外国语学院学报》1998年第3期。
[3] 罗明义:《国际旅游发展导论》,南开大学出版社,2002,第112~115页。
[4] 田欣:《中国边境旅游必备》,中国旅游出版社,2003,第98页。
[5] 熊礼明:《中越边境旅游系统管理研究》,硕士学位论文,广西大学,2005,第13页。
[6] 韦国兆:《广西崇左市边境旅游开发对策研究》,硕士学位论文,云南大学,2008,第9~10页。

### 三 本书对边境旅游竞争力概念的界定

本书对边境旅游竞争力的基本范畴界定如下。

第一,本书所指的边境地区东起辽宁省丹东市鸭绿江口,西至广西壮族自治区防城港市的北部湾畔,在 73°40′~135°02′E 和 21°09′~53°33′N 之间,包括辽宁、吉林、黑龙江、内蒙古、甘肃、新疆、西藏、云南、广西 9 个省(自治区)的 134 个边境县(市),总面积约为 195 万平方千米,与朝鲜、俄罗斯、蒙古国、哈萨克斯坦、吉尔吉斯斯坦、塔吉克斯坦、阿富汗、巴基斯坦、印度、尼泊尔、不丹、缅甸、老挝、越南 14 个国家接壤。

第二,边境旅游包括通过口岸进入边境县(市)的入境旅游,以及除口岸入境旅游形式以外的到边境县(市)的旅游活动。

第三,旅游竞争力包括入境旅游竞争力和国内旅游竞争力两部分,考虑到数据及资料的可获得性,对全国陆地边境县(市)旅游竞争力时空演变及类型特征研究时不对其进行区分,入境旅游竞争力以省份边境县(市)为单位进行分析。

综上,本书将边境县(市)旅游竞争力的概念界定为:陆地边境县(市)所具有的开拓、占据旅游市场并获取利润的能力,为入境及国内旅游者提供旅游商品和满意服务的能力,为当地居民和其他利益相关者提供高标准及可持续生活的能力,包括经济、环境、社会文化影响等方面。

## 第二节 相关理论基础

### 一 竞争力相关理论基础

#### (一)比较优势理论

比较优势理论最早源于亚当·斯密的绝对优势理论,这一理论认为,自由贸易会引起国际分工,国际分工的基础是有利的自然禀赋或后天的有利生产条件。它们可以使一国在生产和对外贸易方面处于比其他国家有利的地位,如果各国都按照各自有利的生产条件进行分工和交换,将会使各国的资源、劳动力和资本得到最有效的利用,每个国家将会大大提高劳动生产率、增加物质财富。这个理论是按各国绝对有利的生产条件进行国际分工，所以他的理论又称为绝对成本理论。

随后，英国经济学家大卫·李嘉图进一步发展了这个观点，提出比较优势理论。他认为，决定国际分工和贸易的因素并不是绝对成本，而是相对成本，各国应该把资本和劳动用于具有比较优势的产业部门，利用国际分工和贸易完成彼此之间的互补。20世纪以来，比较优势理论的发展主要是基于对外生比较优势这一主流理论的完善和挑战。比较具有代表性的观点是克鲁格曼、赫尔普曼和格罗斯曼的理论，在引入规模经济、产品差异等概念体系和批判继承传统比较优势理论的基础上形成了所谓新主流观点，而其他学者又在批评这一新主流观点的基础上，从专业化、技术差异、制度、博弈及演化等不同的角度对比较优势理论进行了拓展。

比较优势理论在旅游学上的应用是强调资源禀赋条件，旅游比较优势指一个目的地的自然和人工禀赋条件，其中包含大量的要素禀赋——人力资源、自然资源、知识资源、资本资源、旅游上层建筑和历史文化资源。由于旅游是完全可交易的、基于产品因素的禀赋条件，因此比较优势理论可以用于旅游竞争力的测度。

### （二）竞争优势理论

国家竞争优势理论是迈克尔·波特[①]（Michael E. Porter）于20世纪90年代初提出，他把企业、产业和国家结合起来进行分析，从产业层次出发形成一套独特的国际竞争力分析方法，并提出"钻石模型"（见图2-1）。该理论认为：某一国家或地区的特定产业是否具有竞争力，取决于生产要素条件，需求条件，相关及支持性产业，企业战略、结构与竞争，机遇，政府六大因素。其中前四个因素是绝对竞争优势的基本因素，后两个则是辅助因素，这些因素相互关联、相互影响。

生产要素包括人力资源、天然资源、知识资源、资本资源、基础设施；

需求条件主要是国内或地区市场的需求，国内或地区需求对产业竞争力最重要的影响是通过国内买方的结构和性质实现的；

---

① 〔美〕迈克尔·波特：《国家竞争优势》，李明轩、邱如美译，华夏出版社，2002，第68~100页。

相关及支持性产业对某一特定产业的促进作用主要表现在它最有可能促进产业创新，相关产业的国际成功也可带动特定产业获得成功；

企业战略、结构与竞争因素主要表现在一个国家或地区内部市场的竞争结构会对企业的国际或区际竞争力产生重大影响，并且激烈的国内或区内竞争还会迫使企业走出国门或地区参与国际或区外竞争。

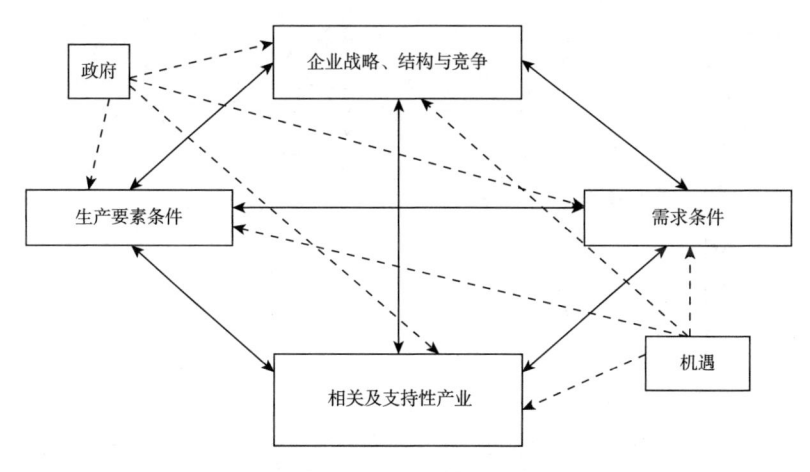

图 2-1 Porter 的钻石模型

资料来源：参见〔美〕迈克尔·波特《国家竞争优势》，李明轩、邱如美译，华夏出版社，2002，第 68~100 页。

竞争优势理论在旅游竞争力研究中的应用体现在：强调管理因素在旅游竞争力中的作用；不仅看重当前的游客人数或旅游收入等显性竞争力，更强调旅游产业在竞争市场上所具有的动态发展能力，即潜在竞争力；在肯定比较优势的前提下，竞争优势理论为旅游竞争力的提升提供了更为灵活的空间。

## 二 旅游学相关理论基础

### （一）旅游地生命周期理论

加拿大学者 Butler[①] 根据产品周期理论，提出旅游地生命周期理论的

---

[①] R. W. Butler, "The Concept of a Tourism Area Cycle of Evolution: Implications for Management of Resources," *Canadian Geographer*, 1980, 24 (1): 5-12.

假设。该理论认为，任何一个旅游地的发展过程一般都包括六个阶段：探察（exploration）、参与（involvement）、发展（development）、巩固（consolidation）、停滞（stagnation）、衰落（decline）或复苏（rejuvenation）阶段（见图2-2）。在旅游地发展的不同生命周期阶段，表现出不同的特点和规律。

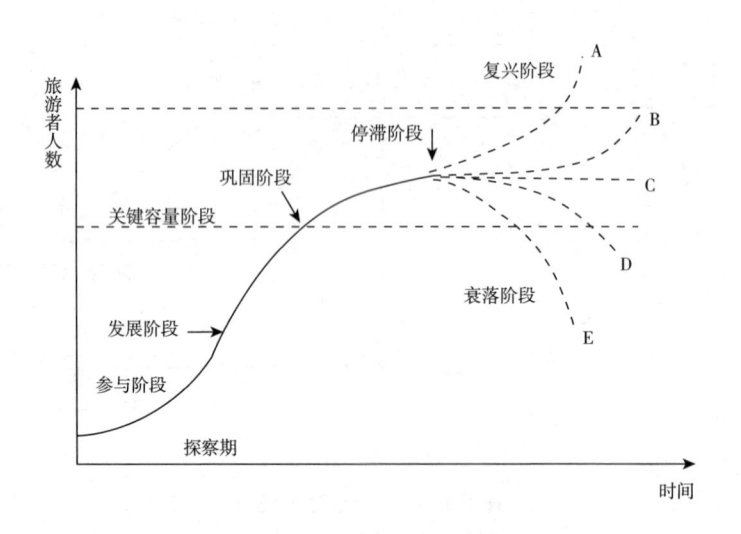

**图2-2 旅游地生命周期理论**

资料来源：R. W. Butler, "The Concept of a Tourism Area Cycle of Evolution: Implications for Management of Resources," *Canadian Geographer*, 1980, 24（1）: 5-12。

探察阶段。只有零散的旅游者，没有专门的设施，旅游者与当地居民的接触较多，但当地居民并没有意识到要为其提供接待，当地自然和社会经济环境未因旅游而发展变化。

参与阶段。旅游者人数逐渐增多，当地居民开始自发地参与旅游接待，旅游活动变得有组织、有规律，旅游者和当地居民的接触也比较多。这时广告开始出现，旅游的季节性特征开始表现出来，政府和旅游企业也开始有组织地为旅游者提供服务。

发展阶段。旅游地形成了专门的旅游接待区，旅游市场开始形成，广告大量出现，这时当地居民对旅游的参与和控制程度迅速下降，外来投资剧增，大型接待设施取代当地的接待设施，旅游地自然面貌的改变比较显著，出现大量的人造景观，但并不是所有的当地居民都喜欢这些改变。旅游旺季的游客人数开始超过当地居民的数量，旅游者的类型开始变得广泛，称为典型的大众旅游地。

巩固阶段。旅游者数量持续增加，但增长速度有所减缓，旅游者的总数超过当地常住人口的数量，旅游地功能分区明显，旅游地经济依赖旅游业的发展。由于旅游者的人数及旅游接待设施数量的庞大，当地居民开始产生厌恶情绪。

停滞阶段。旅游者的人数达到最多，由于旅游活动超过各种旅游容量，出现各种经济、社会和环境问题，旅游地形象已不再时兴，人造景观代替原始的自然和文化景观，旅游者的类型为有组织的大众旅游者。

衰落或复苏阶段。在衰落阶段，旅游地无法与新兴的旅游地竞争，旅游市场开始萎缩，无论是从数量上还是从空间范围上，这时旅游地无法再吸引度假旅游者，但可以形成周末或一日游旅游区，由于旅游设施对旅游者的吸引力下降，其价格开始下降，当地居民开始有机会购买和使用旅游设施，该地慢慢失去旅游功能；另外，该旅游地也可能采取增加人造景观、开发新的旅游资源等措施增强旅游地的吸引力，从而进入复苏阶段。

**（二）旅游系统论**

旅游系统构架包括四个部分，即客源市场系统、出行系统、目的地系统和支持系统（见图2-3）。

客源市场系统主要是指位于游憩活动谱上各段落的休闲者和旅游者及其活动背景等因素构成的一个子系统。以旅游者旅游的距离或参与的活动类型等为指标，可以将客源市场划分为日常游憩及一日游的当地客源、参与一日游及过夜游的本地以外的国内客源，以及一般属于过夜游或度假游的国际客源。在学术研究中，客源市场的调查、分析、流量（需求）预测、滞留期、人均日消费、旅游毛收入预测，以及收入乘数和就业机会数预测等，构成相当重要的领域。在政府或旅游企业中，客源市场问题也占据工作中的重要位置。

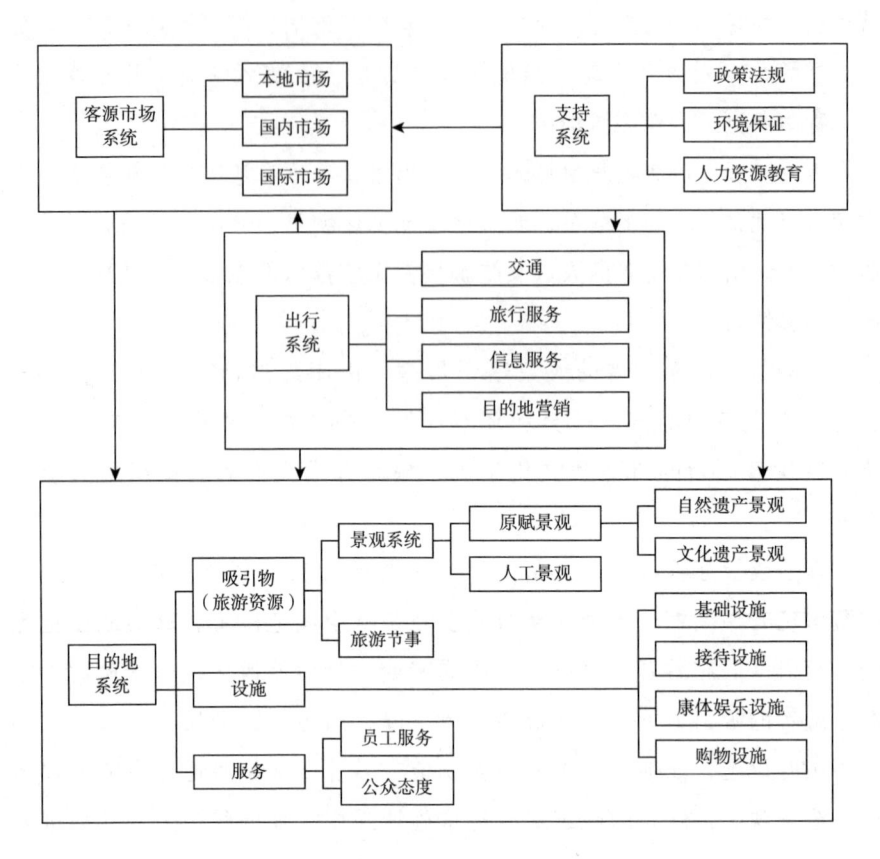

图 2-3 旅游系统

资料来源：参见吴必虎《旅游系统：对旅游活动与旅游科学的一种解释》，《旅游学刊》1998年第1期。

出行系统刻画了保证或促使旅游者离家出行、前往目的地的几个基本机制性因素，其中包括运移游客的交通设施（公路、铁路、水上航线、空中航线、缆车、索道、游径及乘坐设施等），主要由旅行社提供的旅游咨询、旅行预定和旅行服务等，由政府、旅游目的地或旅游销售商向旅游者提供的信息服务，以及旅游目的地规划和主办的意在激发潜在游客出行动机的旅游宣传、营销等子系统。在目的地产品策划、规划和营销过程中，涉及旅游产品的市场分析。

目的地系统主要指为已经到达出行终点的游客提供游览、娱乐、经历体验、食宿、购物、享受或某些特殊服务等旅游需求的多种因素的综合体，是旅游系统中与旅游者联系最密切的子系统。具体来讲，目的地系统由吸引物、设施和服务三个要素组成。吸引物是在旅游资源的基础上经过一定程度的开发形成的，一般包括景观系统和旅游节事两个部分。设施子系统包括除交通设施以外的基础设施（给排水、供电、废物处置、通信及部分社会设施）、接待设施（宾馆、餐饮）、康体娱乐设施（运动设施、娱乐设施等）和购物设施四部分。服务子系统是造成目的地吸引力的有机组成部分，虽然它大部分情况下是非形态的，却可起到举足轻重的作用。旅游人类学、旅游心理学和旅游社会学对此有较大关注。

上述客源市场系统、出行系统和目的地系统共同组成一个结构紧密的内部系统，在其外围还形成一个由政策法规、环境保证、人力资源教育等因素组成的支持系统（support system）。政府在这一子系统中处于特别重要的位置。此外，教育机构也担负着非常重要的责任。支持系统不能独立存在，而是依附于其他三个子系统，并对三个子系统同时或分别发生重要作用，成为旅游科学研究中一个重要的组成部分。

### （三）旅游区位论

旅游区位论是研究旅游客源地、目的地和旅游交通的空间格局、地域组织形式及旅游场所位置和经济效益关系的理论。牛亚菲[1]从两个层面定义了旅游区位，认为旅游区位是旅游地与客源地及各旅游地之间的位置关系（连接程度和等级层次）。对旅游区位的相关研究也是分别从供给和需求、微观和宏观这两个层面展开的。

卢云亭[2]认为旅游区位理论应该包含如下基本思想。

首先，旅游作用体系乃是服务范围呈面状扩散分布的集聚中心（即旅游吸引中心地）的空间组织，是供给与需求两种作用过程的总格局。

其次，旅游吸引中心地是旅游活动得以完成的基本集聚单元，是旅游供给主体。这一中心地存在于一定范围的区域中；不同大小服务区域应有不同规模的中心地，并相互构成一个等级系列；中心地体系的具体空间排列服从于中心地功能性质。

---

[1] 牛亚菲：《论我国旅游资源开发条件的地域性》，《国外人文地理》1998年第1期。
[2] 卢云亭：《现代旅游地理学》，江苏人民出版社，2002，第38页。

再次，影响以旅游地为中心的旅游空间组织的要素（即区位要素）主要有广域角度的自然条件、旅游资源、旅游客源市场、旅游地的基础设施（包括道路交通、邮电通信、饭店旅馆及有关生活服务的设备等）及区域经济发展结构、程度等。旅游地的建立要立足已经存在的丰富旅游资源；区域的社会经济发展水平越高，相应的旅游需求也越大。

最后，旅游地吸引范围内的旅游需求量与旅游中心地的供给量实现平衡，是旅游区位理论研究的精髓。旅游者的旅游需求是多层次的，在空间上表现为对远近旅游地的需求；在内容上要求旅游地提供不同类型的游娱项目。在旅游地的旅游经营方面，旅游服务的供给量有一个保本的底线，即旅游门槛，在旅游者数量上表现为旅游门槛人口，在旅游地的吸引空间上表现为旅游门槛范围。可见，旅游者多层娱乐旅游需求和旅游经营门槛的存在，将促使在一定区域面积和人口的空间上形成一种规模和功能不同的旅游吸引中心地系列，并使旅游需求量和供给量趋于平衡。

由此可见，每一个旅游地都将极力扩大自己的旅游吸引范围，以获得更多的利润。这样，旅游地空间组织的最终格局应该是类似克里斯塔勒中心地理论提出的服务范围呈面状扩散分布的集聚中心体系。在这个旅游吸引中心地体系中，同一等级的旅游吸引中心地的吸引能力相同，但其功能可以不同，即属于不同类型的旅游地。旅游地作为旅游供给（需求释放）中心，其总供给量（需求释放量）是从高级中心地向低级中心地逐渐降低的。每一中心地及其吸引范围构成一个旅游区域，随着中心地的等级梯次变化，旅游区域也呈现相应的等级格局。

## 三 边境相关理论基础

### （一）边界效应

国家间权力、国内行政区的存在使边界对跨境经济行为产生影响，这种影响被称为"边界效应"[①]，边界效应可分为屏蔽效应和中介效应两种类

---

① 李铁立、姜怀宇：《次区域经济合作机制研究：一个边界效应的分析框架》，《东北亚论坛》2005年第3期。

型。屏蔽效应是指阻碍空间相互作用的效应，边界天然的封闭属性扭曲并分割了市场，增加了边界两侧经济联系的空间和时间距离及交易成本，并对边界地区相关企业的市场潜力与盈利水平产生较大的负面影响，成为市场空间的障碍。中介效应属于边界天然的开放属性，指边界作为两国、两地之间的中介面，总是在国家之间、地区之间存在一定的物质、信息的交流，有可能成为资源、劳动力、产品、资金技术、市场相互流动最为活跃的地区。全球化时代背景下，国家和地区的边界正逐步由传统的"隔离"和"防御"功能向"接触"和"渗透"功能转化。

在边境旅游的研究中，边界的屏蔽效应主要指成为阻碍旅游流空间相互作用的因素，即边界阻碍了边界两侧旅游流的空间自由流动，产生和加强了边界双方的不连续性和分异性。中介效应主要指边界作为接触和交往最频繁的地带，能促进边界两侧旅游流的空间互动。

**（二）地缘经济学理论**

国家间的地缘关系指的是以地理位置、综合国力和距离等地缘要素为基础所产生的国家之间的地缘政治、地缘经济、地缘军事、地缘文化等关系，表现为国家间的相互作用[①]。地缘经济学是在世界经济全球化和区域经济集团化不断加深的国际环境下产生的一种解释国际关系和世界秩序的新理论，其研究把世界作为一个统一整体，国家或地区为其基本组成单元，以大国为中心，包括区位关系、资源状况、科技教育、资金流动、国际贸易、市场状况、经济互补、综合国力等方面的内容，通过探讨集团间、大国间，以及与地区间经济关系和地缘经济与地缘政治的相互关系等问题，为其国家经济利益、国际竞争服务[②]。

边境旅游是相邻国家、地区之间的一种经济活动形式，是国内旅游向国际范围内的一种延伸，是跨越国境的旅游。边境旅游以各国家地区的地缘优势为基础，对资本、资源、技术等市场进行合理配置，以经济利益为目标，按照比较优势进行合作。地缘经济学的部分理论观点可以应用在边境旅游的研究中。

---

① 程广中、赵海军：《积极推进东北亚安全合作》，《东北亚论坛》1999 年第 2 期。
② 陈才：《地缘关系与世界经济地理学科建设》，《世界地理研究》2001 年第 3 期。

## (三) 共生演化理论

共同演化这一概念最早出现在生物学研究领域，指两个或两个以上的物种持续地互动与演变，且演化路径互相纠结的现象。Norgaard 认为共同演化不仅是"共同"的，更是"演化"的，是"相互影响的各种因素之间的演化关系"，并最早将共同演化理论运用于社会文化、生态经济领域，认为在社会经济系统中，共同演化主要反映了知识、价值、组织、技术及环境五个子系统的长期反馈关系。Volberda 和 Lewin 认为，共同演化的理论必须符合达尔文主义的一般分析框架，这就意味着必须对复制者和互动者进行明确的界定，并且运用"变异"、"复制"及"选择"的观点来描述共同演化过程。Murmann 对共同演化和并行发展两个概念进行了区分，认为共同演化要求双方必须拥有改变对方适应特征的双向因果关系，而并行发展是指双方对一个环境的同时适应。Malerba 指出，共同演化包括知识、学习、需求，以及行为主体特征与行为、战略、策略的互动。

根据共生演化理论，边境旅游的发展为边境两国带来了政治、经济、文化方面的交流，为两国及其他国家旅游者提供了旅游产品、娱乐等，同时增加两国边境居民的工作岗位，增加居民收入，进而提高居民生活水平，同时带动边境购物市场、交通运输业（公路、铁路、航空）的发展。

## (四) 利益相关者理论

利益相关者于 20 世纪 60 年代在长期奉行外部控制型公司治理模式的英国、美国等国家中逐步发展起来；利益相关者指能影响组织行为、决策、政策、活动或目标的人或团体，或受组织行为、决策、政策、活动及目标影响的人或团体。

1984 年，弗里曼在《战略管理：利益相关关者管理的分析方法》一书中明确提出利益相者管理理论：指企业的经营管理者为综合平衡各个利益相关者的利益要求而进行的管理活动。该理论认为任何一个公司的发展都离不开各利益相关者的投入或参与，企业追求的是利益相关者的整体利益，而不仅仅是某些主体的利益；这些利益相关者包括企业的股东、债权人、雇员、消费者、供应商等交易伙伴，也包括政府部门、本地居民、本地社区、媒体、环保主义等压力集团，甚至包括自然环境、人类后代等受到企业经营活动直接或间接影响的客体。20 世纪年代中期，美国经济学家布莱尔进一步对利益相关者进行了界定，认为利益相关者指所有向企业贡献了专用性资产，以及作为既成结果已经处于风险投资状况的人或集团。

1999年，"利益相关者"这一概念出现在世界旅游组织制定的《全球旅游伦理规范》这一旅游官方文献中。根据利益相关者的本来概念，旅游利益相关者指在旅游发展过程中，通过经济、法律或道德等手段影响旅游地旅游发展或利益的实现受旅游发展所影响的个人和群体。旅游发展的目标是为这些利益相关者创造财富或者价值，同时，旅游发展也离不开利益相关者的支持。

## 第三节 国内外相关研究进展

### 一 国外相关研究进展

#### （一）边境旅游

Prescott[1]认为边境具有多种功能：（1）一个国家主权限制的标记和行使其法律权威的界线；（2）具有重要的经济功能，能过滤掉来往于一个国家的商品流；（3）控制人员流动，限制进出的人数；（4）意识形态壁垒的建立，阻止一些思想和信息的进入；（5）作为一种军事防御界限。国外对边境旅游的研究内容主要包括边境效应对边境旅游的影响、边境旅游的类型、边境旅游的影响因素、边境旅游的合作与目的地管理四个方面。

1. 边境效应对边境旅游的影响

Timothy[2]认为边境效应可以显著地影响旅游者的体验。国家边境会在正负两个方面影响边境旅游[3]。一方面，由于边境本身特殊的性质，旅游须在高度敏感的政治环境中进行，这会对边境旅游起到一定的阻碍作用；

---

[1] Jr. V. Prescott, *Political Frontier and Boundaries* (London: Allen&Unwin, 1987), pp. 194 – 195.

[2] D. J. Timothy, Cevat Tosun, "Tourists' Perceptions of the Canada-USA Border as a Barrier to Tourism at the International Peace Garden," *Tourism Management*, 2003, 24 (4): 411-421.

[3] D. J. Timothy, "Political Boundaries and Tourism: Borders as Tourist at-Traction," *Tourism Management*, 1995, 16 (7): 525-532; D. J. Timothy, "Cross-border Partnership in Tourism Resource Management: International Parks along the US-Canada Border," *Journal of Sustainable Tourism*, 1999, 7 (3): 182-205.

另一方面，政府在边境区域的合作可以促进旅游的流动。边界作为障碍物对边境旅游的影响程度取决于与邻国在经济、社会文化和政治方面的差异程度，游客及邻国潜在游客的感知和经历[①]。经济因素包括商品和服务的边境价格、汇率、税收差异；社会文化差异包括语言、习俗、艺术、音乐和体育等差异；政治因素包括过境手续、边境政策、国际政治环境等[②]。与边境手续复杂性相关的是游客对边境及所经历的跨境程序的感知和感觉。尽管并不是所有的边界都对旅游有阻碍作用，但是它们对游客的感知有一定的障碍。此外，为应对恐怖主义、走私、吸毒、非法移民的威胁，保障国家和公民安全，有些国家在某段时间内加大边关控制力度，致使边境的旅游阻碍效应增强。边境作为旅游吸引物主要包括欢迎标志、边境标记、邻国国旗、特色建筑物等；与边境相关的旅游吸引物包括跨境购物、边境赌博、边境服务中心和旅游飞地等。

2. 边境旅游的类型

Martinez[③]根据跨界旅游联系的强弱，将边境旅游区分为疏远型边境（alienated borders）、共存型边境（co-existent borders）、互依型边境（interdependent borders）和整合型边境（integratedborders）四种类型。Timothy[④]根据旅游者穿越边境难度大小（the degree of difficulty）和边境两边社会文化的相似度（the degree of similarity in the cultures or societies），将边境区划分为四种类型：（1）跨越难、文化差异大的边境区，如以色列和阿拉伯国家的边境区；（2）跨越难、文化差异小的边境区，如中国和蒙古国边境区；（3）跨越易、文化差异大的边境区，如希腊和土耳其边境区；（4）跨越易、文化差异小的边境区，如美国和加拿大边境区。

---

[①] R. D. Knowles, C. W. Matthiessen, "Barrier Effects of International Borders onFixed Link Traffic Generation: The Case of Oresundsbron," *Journal of TransportGeography*, 2009, 17 (3): 155-165.

[②] B. Ascher, "Obstacles to International Travel and Tourism," *Journal of TravelResearch*, 1984, 22 (1): 2-16.

[③] Martinez Oscar, *The Dynamics of Border Interaction: New Approaches to Border Analysis* (London: Routledge, 1994) pp. 1-22.

[④] D. J. Timothy, "Political Boundaries and Tourism: Borders as Tourist Attraction," *Tourism Management*, 1995, 16 (7): 525-532.

### 3. 边境旅游的影响因素

Timothy认为美国和加拿大跨界购物是旅游业的发动机。Matteo[①]研究发现加拿大居民跨境去美国购物和消费受人均收入、加元增值、油价、货物和服务税影响较大。Felsenstein[②]评估了以色列和埃及边境赌博业旅游后认为赌博业对边境旅游发展促进作用较小，而付出的社会成本较大。Lord[③]关注边境两边文化差异对跨界度假旅游会产生影响。Bruce Prideaux[④]对边境旅游的影响因素进行了研究，归纳了组成边境旅游结构的主要公共和私人部门因素，包括经济和非经济因素。Gelbman[⑤]认为影响边界飞地旅游发展的潜在因素包括物质的、社会的、文化的等多种因素。

### 4. 边境旅游合作与目的地管理

Timothy[⑥]以美国和加拿大边境的三个跨界公园为例，建立旅游资源的跨界合作管理模式，强调管理框架、基础设施开发、人力资源、资源保护、促销、跨界合约之间的协调。Hartmann以德国、瑞士和奥地利交界的区为例，将目的地管理作为边境地区旅游发展战略，建立了跨境旅游合作五大原则，认为目的地管理的实施促进跨境合作更加有效、专业化、贴近市场并富有竞争力。Lovelock[⑦]等建立了基于宏观、中观和微观三个层面（M-M-M）的跨界合作影响因素的分析框架，认为每个层面主要的影响因素有：微观因子反映个体因素，包括当地社区、景区管理者、经营者的价值观、专业知识背景、个性特征及对景区发展和环境保护的感知、态度和

---

① L. D. Matteo, "An Analysis of Canadian Cross-border Travel," *Annals of Tourism Research*, 1996, 23 (1): 103-122.

② D. Felsenstein, D. Freeman, "Estimating the Impacts of Crossborder Competition: The Case of Gambling in Israel and Egypt," *Tourism Management*, 2001, 22 (5): 511-521.

③ K. R. Lord, S. Putrevu, Y. Z. Shi, "Cultural Influences on Cross-border Vacationing," *Journal of Business Research*, 2007, 61 (3): 1-8.

④ Bruce Prideaux, "Factors Affecting Bilateral Tourism Flows," *Annals of Tourism Research*, 2004, 32 (3): 780-801.

⑤ A. Gelbman, "Border Tourism in Israel: Conflict, Peace, Fear and Hope," *Tourism Geographies*, 2008, 10 (2): 193-213.

⑥ D. J. Timothy, "Cross-border Partnership in Tourism Resource Management: International Parks Along the US-Canada Border," *Journal of Sustainable Tourism*, 1999, 7 (3): 182-205.

⑦ B. Lovelock, S. Boyd, "Impediments to a Cross-border Collaborative Model of Destination Management in the Catlins," *Tourism Geographies*, 2006, 8 (2): 143-161.

行为；中观因子包括组织因素、制度因素、区位因素；宏观因子指国家或区域性政策，包括区域经济一体化和全球化、资源保护和利用、可持续发展战略、合作模式等。Gelbman[①]剖析了以色列与埃及、约旦、叙利亚、巴勒斯坦的边境旅游的冲突机制和解决途径。国外对边境旅游跨境合作的研究主要集中在合作模式、原则及影响因素等方面，理论研究仍然不足。

### （二）旅游竞争力

国外学者对旅游竞争力的研究主要包括旅游竞争力的影响因素研究、评价模型及方法、实证研究三个方面。

#### 1. 旅游竞争力的影响因素

国外学者认为旅游价格、环境管理、游客需求、旅游吸引物和企业、技术、利益相关者、政府管理、人力资源、产业集群等是影响旅游竞争力的重要因素。

#### （1）旅游价格因素

旅游价格因素即旅游者的成本，包括交通费用、旅游目的地花费和汇率。从中长期来看，目的地相对成本的增加将带来每一个海外客源国市场份额的降低[②]，到海外特定目的地旅游的需求与客源地收入和汇率成正比，与交通成本和相对旅游价格成反比[③]。Dwyer等[④]构建了不同国家之间旅游产品价格竞争力指数模型，认为不同货币汇率的变化和消费者相对价格的变化是价格竞争力发生变化的潜在因素。Davies和Downward[⑤]对英国背包游的价格和非价格决策进行了研究，认为旅游从业者对英国产业竞争行为的认识和观点对理解工作中的感知和程序及竞争力的提高有着重要的作用。

---

[①] A. Gelbman, "Border Tourism in Israel: Conflict, Peace, Fear and Hope," *Tourism Geographies*, 2008, 10 (2): 193-213.

[②] A. Edwards, *Asia Pacific Travel Forecasts to 2005* (London: Economist Intelligence Unit, 2005) p. 25.

[③] C. Lim, "Review of International Tourism Demand Models," *Annals of Tourism Research*, 1997, 24 (4): 835-849.

[④] L. Dwyer, P. Forsyth, P. Rao, "The Price Competitiveness of Travel and Tourism: A Comparison of 19 Destinations," *Tourism Management*, 2000, 21 (1): 9-22.

[⑤] Downward Davies, "Exploring Price and Non-price Decisionmaking in the UK Package Tour Industry: Insights from Small-scale Travel Agents and Tour Operators," *Tourism Management*, 2006, 9 (2): 1-26.

（2）旅游环境管理因素

有效的环境影响管理与环境质量管理有助于旅游竞争力的提升[1]，要实现旅游发展的可持续性需要考虑环境承载力[2]。环境管理对旅游竞争力的影响主要体现在增加旅游企业的经营成本和提高旅游者对旅游目的地的需求水平两个方面，并且环境管理所带来的新增旅游需求的价值足以弥补由此引发的成本[3]。Dwyer 和 Kim[4]认为环境质量和旅游者对所购买产品的认知之间存在密切的关系。

（3）旅游需求因素

旅游竞争力包括旅游需求、感知和偏好三个主要部分，旅游动机不同引起旅游者购买方式的不同，旅游价格竞争力会因不同的旅游群体发生变化[5]。目的地的形象与知名度、营销与宣传、自然环境、社会政治经济条件等都将对客源地游客的偏好与需求产生重要影响。Kozak[6]在研究旅游者满意度、旅游经历及重游意愿之间关系的过程中发现，游客的旅游经历与满意度是影响旅游地竞争力的重要因素。Clare[7]、Hem 和 Iverson[8]分别从市场细分和品牌树立的角度对旅游竞争力进行研究。偏好与需求方面的感知数据通常要通过问卷调查获得，在模型中通常引进虚拟变量来反映游客偏好与需求的变化。

---

[1] T. Mihalic, "Environmental Management of a Tourist Destination: A Factor of Tourism Competitiveness," *Tourism Management*, 2000, 21 (1): 65-78.

[2] J. Fernando, Garrigós Simlón et al., "Carrying Capacity in the Tourism Industry: A Case Study of HengistburyHead," *Tourism Management*, 2004, 25 (2): 275-283.

[3] T. Huybers, J. Bennett, "Inter-firm Cooperation at Nature-based Tourism Destinations," *Journal of Socio-Economics*, 2003, 25 (4): 571-587.

[4] L. Dwyer, C. Kim, "Destination Competitiveness: Determinants and Indicators," *Current Issues in Tourism*, 2003, 6 (5): 369-414.

[5] L. Dwyer, P. Forsyth, P. Rao, "The Price Competitiveness of Travel and Tourism: A Comparison of 19 Destinations," *Tourism Management*, 2000, 21 (1): 9-22.

[6] M. Kozak, M. Rimmington, "Measuring Tourist Destination Competitiveness: Conceptual Considerations and Empirical Findings," *Hospitality Management*, 1999, 18 (3): 273-283.

[7] W. Clare, "Ethical tourism: An opportunity for competitiveadvantage," *Journal of Vacation Marketing*, 2002, 8 (2): 141-153.

[8] L. Hem, Iverson, "How to Develop a Destination Brand Logo: A Qualitative and Quantitative Approach," *Scandinavian Journal of Hospitality and Tourism*, 2004, 4 (2): 83-106.

（4）旅游吸引物和企业综合因素

为正确理解旅游竞争力，应在旅游吸引物的主要因素中增加能适用于任何产业的一般竞争力要素，即企业相关要素[1]。Enright 和 Newton[2]对中国香港、新加坡和曼谷的旅游吸引物和企业相关因素的重要性进行比较研究，结果发现三个目的地对旅游吸引物和企业相关因素的重要性的认同几乎一致；大多数企业因素的重要性高于旅游吸引物因素；就企业因素而言，三个目的地几乎在所有要素上都具有竞争性；三个目的地对旅游吸引物因素的相对重要性的认同存在较大差异，说明决定旅游目的地竞争力的因素可能因区位与目标市场的不同而不同。

（5）利益相关者相关因素

利益相关者对旅游规划和发展战略的支持度是旅游目的地成功运营、管理和保持长期可持续发展的关键因素[3]，如果不能确保并维持利益相关者之间的有效平衡，将会威胁战略目标和目的地长期竞争力与繁荣的实现[4]。

（6）产业集群因素

波特指出产业集群是提高竞争力的基本因素，国外学者在关注旅游竞争力的同时也开始强调旅游产业集群的作用。Huybers&Bennentt[5]认为通过旅游产业集群有利于资源共享和促进区域内旅游企业的合作，而通过集群内企业之间的合作也可以反过来促进基于自然基础的旅游产业集群的形成，并指出环境是决定旅游产业集群竞争力的主要区域特征。Marina

---

[1] M. J. Enright, J. Newton, "Tourism Destination Competitiveness: A Quantitative Approach," *Tourism Management*, 2004, 25 (6): 777-788.

[2] M. J. Enright, J. Newton, "Determinants of Tourism Destination Competitiveness in Asia Pacific: Comprehensiveness and Universality," *Journal of Travel Research*, 2005, 43 (4): 339-350.

[3] Yooshik Yoon, *Development of a Structural Model for Tourism Destination Competitiveness from Stakeholders Perspectives* (Blacksburg: Virginia Polytechnic Institute and State University, 2002) pp. 5-15.

[4] D. Buhalis, "Marketing the Competitive Destination of the Future," *Tourism Management*, 2000, 21 (1): 97-116.

[5] T. Huybers, J. Bennett, "Inter-firm Cooperation at Nature-based Tourism Destinations," *Journal of Socio-Economics*, 2003, 32 (5): 571-587.

Novelli 等[1]对英国旅游业族群方式的成功经验进行研究,发现族群的发展归因于经济关联的本性,是一个与旅游业利益相关者有关的复杂过程,并认为网状系统、族群能帮助我们更好地分析竞争力。

(7) 技术因素

随着信息时代的来临,知识、技术和人才逐步成为影响旅游竞争力的重要因素。Fodness[2]认为区域旅游竞争可以通过信息结构、信息可达性、信息质量及传播速度体现。Goeldner[3]提出影响旅游产业和旅游产品竞争力的信息化、知识化指标。Buhalis[4]认为可以采用新技术和因特网来提高目的地知名度、降低成本及加强当地的合作,从而提高目的地的旅游竞争力。

(8) 政府管理因素

政府在旅游市场定位中起着重要的作用并影响旅游竞争力。在过渡经济环境中,管理和营销天才的缺乏会严重制约发展旅游产业的市场导向,政策制定者需要对有碍竞争的规则和制度价值重新评价。同时,为了接近市场导向就必须加强现有的或制定新的管理体制,并提供更强大的动力机制[5]。

(9) 人力资源因素

John Ap 和 Kevin K. F. Wong[6]、Mayaka 和 Akama[7]的相关研究表明,旅游人力资源的发展与人员培训已成为提升旅游竞争力的关键因素,影响

---

[1] Marina Novelli et al., "Networks, Clustersand Innovation in Tourism: A UK Experience," *Tourism Management*, 2006, 27 (6): 1141-1152.

[2] Laura Fodness, "A Perceptual Mapping Approach to Theme Park Visitor Segmentation," *Tourism Management*, 1992, 13 (1): 95-101.

[3] C. Goeldner et al., *Tourism: Principles, Practices, Philosophies* (New York: Wiley, 2000) pp. 22-30.

[4] D. Buhalis, "Marketing the Competitive Destination of the Future," *Tourism Management*, 2000, 21 (1): 97-116.

[5] Qu Riliang et al., "The Impact of Regulation and Ownership Structure on Market Orientation in the Tourism Industry in China," *Tourism Management*, 2005, 26 (6): 939-950.

[6] John Ap, Kevin K. F. Wong, "Case Study on Tour Guiding: Professionalism, Issues and Problems," *Tourism Management*, 2001, 22 (5): 551-563.

[7] Melphon Mayaka, John S. Akama, "Systems Approach to Tourism Training and Education: the Kenyan Case Study," *Tourism Management*, 2007, 28 (1): 298-306.

未来旅游业健康持续的发展；进修机会的缺乏和有限性阻碍了导游专业化的进一步提高；须建立一个能良好协调的旅游训练战略和提供大量所需人力资源训练及能力的教育机构。

此外，从生产力的驱动因子角度，Sinclair 和 Soria[①]认为有形资本、人力资本、创新和竞争环境是旅游业生产力的四大驱动因子，每一个驱动因子都可以改变相应效率和福利来增加旅游竞争力，特别是增加人力资本和创新，同时指出通过整合所有驱动因子的组合策略要比单个策略更为有效。

2. 评价模型、方法及实证研究

Crouch 和 Ritchie[②]在著名的 Porter 国家竞争力钻石模型基础上提出的应用于旅游地竞争力评价的综合模型（C-R 模型），由支持性因素和资源、核心资源和吸引物、目的地管理及其他限制性核心因素四个部分组成（见图 2-4）。Dwyer 和 Kim[③]在前者模型基础上构建了新的模型（D-K 模型），由资源禀赋、人造资源、支持性因素与资源、目的地管理、环境条件、需求条件六个组成部分（见图 2-5）。

D-K 模型将游客可参与的旅游活动和设施统称为人造资源，与资源禀赋分离，更能说明旅游地的竞争潜力及旅游地管理者的管理水平，这两个部分相当于 C-R 模型中的核心资源和吸引物，是旅游者选择某地作为旅游目的地的基本条件。C-R 模型认为作为联系纽带的市场关系是至关重要的，能够刺激、引导游客到访特定的旅游目的地；D-K 模型则将市场联系归为支持性因素和资源，认为旅游资源在被开发成旅游产品供游客体验时，其中市场联系这个环节是最基本的。C-R 模型将环境条件（宏观和微观）分为全球环境和竞争环境，并把此因素当作对 C-R 模型核心部分的作

---

[①] Soria Sinclair, "Tourism Productivity Evidence from the United Kingdom," *Annals of Tourism Research*, 2006, 33 (4): 1099-1120.

[②] Crouch, Ritchie, "Tourism, Competitiveness, and Societal Prosperity," *Journal of Business Research*, 1999, 44 (2): 137-152.

[③] L. Dwyer, C. Kim, "Destination Competitiveness: Determinants and Indicators," *Current Issues in Tourism*, 2003, 6 (5): 369-414.

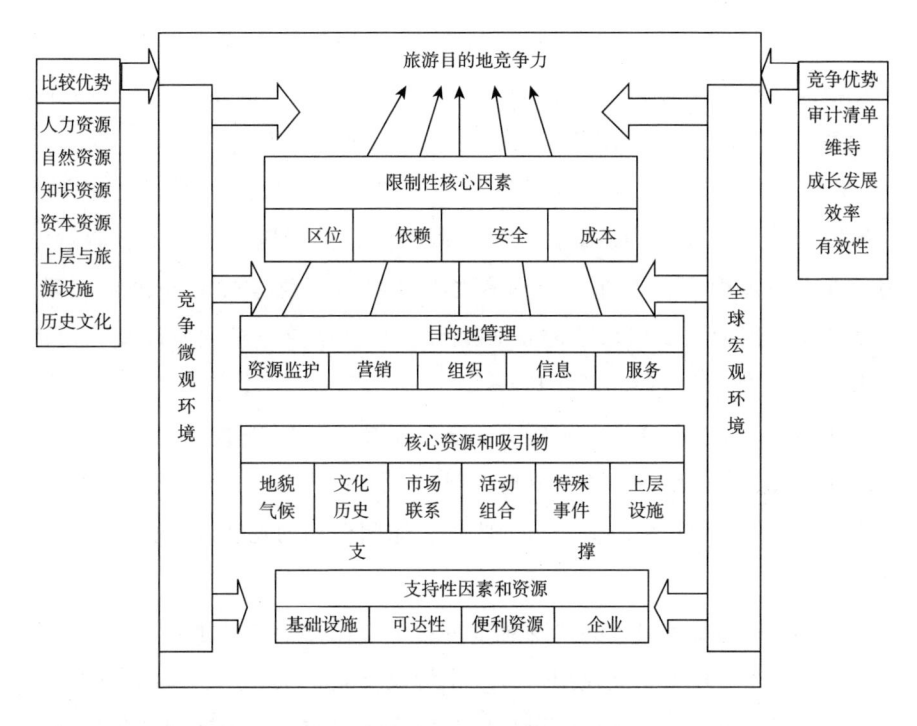

**图 2-4　C-R 模型**

资料来源：Crouch, Ritchie, "Tourism, Competitiveness, and Societal Prosperity," *Journal of Business Research*, 1999, 44 (2): 137-152。

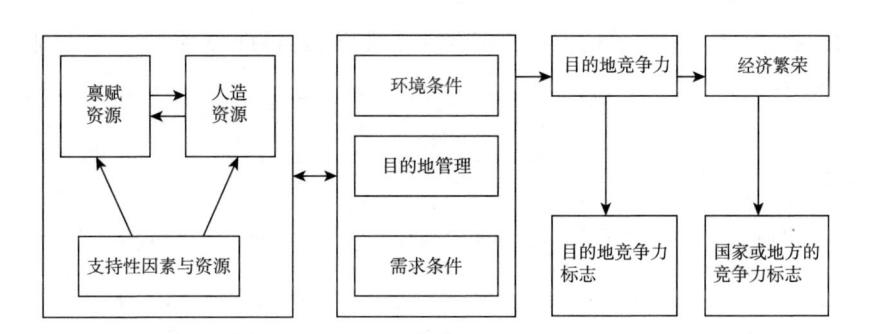

**图 2-5　D-K 模型**

资料来源：L. Dwyer, C. Kim, "Destination Competitiveness: Determinants and Indicators," *Current Issues in Tourism*, 2003, 6 (5): 369-414。

用力；D-K 模型则将需求条件和环境条件上升到核心因素地位。Crouch &Ritchie[①] 在 C-R 模型中加入目的地政策、规划与开发者这一核心要素，子要素包括旅游政策、哲学体系、理想愿景、目的地审计、监控与评估、开发等，既完善了 C-R 模型，又补充了 D-K 模型的不足[②]。

Hassan[③] 建立了一种新的可持续发展的竞争力模型，该模型建立在与旅游目的地环境可持续紧密联系的因素上，把环境因素纳入旅游竞争力的四大决定因素，另外三个因素为产业结构、竞争优势及需求因素。这里的需求因素主要用来理解新时期目的地对旅游需求性质改变的反应能力。

De Keyser& Van Hove[④] 构建了一个包含旅游业政策、宏观经济、供给、交通和需求五个因素的竞争力分析模型。不同于 Hassan 模型的是，此模型的需求因素中还包括旅游业需求、收入、休闲活动的花费及价格或成本的增长。

Yoon[⑤] 从利益相关者的角度对旅游竞争力进行研究，建立了旅游目的地竞争力的结构模型，此模型包含五个构成要素：旅游业发展的影响、环境态度、区域依赖性、旅游吸引物优先发展度、旅游目的地的竞争战略支持度。

国外学者对旅游竞争力的评价方法主要有描述性统计分析、方差分析、因子分析、聚类与判别分析、重要业绩分析、尺度分析、回归模型分析、偏离份额分析、结构方程模型等，实证案例地为世界各个国家和地区（见表 2-1）。

---

① Ritchie, Crouch, "The Competitive Destination: A Sustainability Perspective," *Tourism Management*, 2000, 21 (1): 1-7.
② 史春云等：《旅游目的地竞争力定量评价综述》，《人文地理》2006 年第 3 期。
③ S. Hassan, "Determinants of Market Competitiveness in an Environmentally Sustainable Tourism Industry," *Journal of Travel Research*, 2000, 38 (3): 239-45.
④ R. De Keyser, N. Van Hove, "The Competitive Situation of Tourism in the Caribbean Area-methodological Approach," *Revue de Tourism*, 1994, 3 (1): 19-22.
⑤ Yooshik Yoon, *Development of a Structural Model for Tourism Destination Competitiveness from Stakeholders Perspectives* (Blacksburg: Virginia Polytechnic Institute and State University, 2002) pp. 5-15.

表 2-1　国外旅游竞争力评价方法和指标

| 作者 | 案例地 | 评价方法 | 主要指标 |
| --- | --- | --- | --- |
| Kozak | 土耳其及其竞争目的地 | 描述性统计分析、方差分析 | 游客旅游动机、旅游者满意或不满意的目的地属性，如当地居民的友好态度、币值、员工态度、安全、交通服务、自然环境等、饭店和酒吧质量、食物 |
| Uysal | 佛吉尼亚以及美国中部大西洋地区 10 个州 | 描述性统计分析、重要业绩分析 | 旅行的特征（旅行距离、规模、地点、季节、目的地类型）；要素的重要性：48 个属性指标 |
| Wang | 中国台湾、中国香港与东盟五国 | 三段最小平方回归分析（3SLS）、最优尺度回归分析 | 因变量（旅游人数）、自变量（价格、汇率、时间、特殊事件虚拟变量） |
| Dwyer | 澳大利亚与 19 个竞争目的地 | 描述性统计分析、方差分析 | 价格竞争力指数 |
| Huybers | 昆士兰 | 多项逻辑回归分析 | 环境破坏程度、游客需求 |
| Toh | 新加坡、泰国、马来西亚、中国香港 | 偏离份额分析（SSA） | 旅游者人数 |
| Enright | 中国香港 | 重要业绩分析、描述性统计分析 | 15 个旅游吸引物指标，如安全、航海、夜生活、特殊事件等；37 个企业相关指标，如政治稳定、国际进入性高、内部交通便利等 |
| Enright | 中国香港、新加坡、曼谷 | T 检验、方差分析和 F 检验 | 15 个旅游吸引物指标，如安全、航海、夜生活、特殊事件等；37 个企业相关指标，如政治稳定、国际进入性高、内部交通便利等 |
| Kim | 大陆出境旅游目的地 | 多维尺度分析、交互最小平方尺度分析 | 目的地属性、游客偏好 |

续表

| 作者 | 案例地 | 评价方法 | 主要指标 |
| --- | --- | --- | --- |
| Mazanec | 世界197个国家 | 结构方程模型、最小平方法 | 开放性、遗产和文化、基础设施、通讯设施、社会竞争力、教育、旅游价格竞争力以及环境保护8个潜在变量和25个评价指标 |
| Cracolici | 意大利南部的6个地区 | 因子分析 | 区域旅游吸引力（RTA）、区域竞争指数（DCI） |

资料来源：M. Kozak, M. Rimmington, "Measuring Tourist Destination Competitiveness: Conceptual Considerations and Empirical Findings," *Hospitality Management*, 1999, 18 (3): 273-283.; Muzaler Uysal et al., "Increasing State Market Share Through a Regional Positioning," *Tourism Management*, 2000, 21 (1): 89-96; Wang Kuoliang Wu Chungshu, A Study of Competitiveness of International Tourism in the South East Asian Region ( paper represented at the Eleventh Annual East Asian Seminar on Economics: Trade in Services, Seoul, Korea, June 2000): 10-19; L. Dwyer, P. Forsyth, P. Rao, "The Price Competitiveness of Travel and Tourism: A Comparison of 19 Destinations," *Tourism Management*, 2000, 21 (1): 9-22; T. Huybers, J. Bennett, "Inter-firm Cooperation at Nature-based Tourism Destinations," *Journal of Socio-Economics*, 2003, 32 (3): 571-587; R. S. Toh, H. Khan, Lim Lafling, "Two-Stage Shift-Share Analyses of Tourism Arrivals and Arrivals by Purpose of Visit: The Singapore Experience," *Journal of Travel Research*, 2004, 43 (8): 57-66; Enright, Newton, "Tourism Destination Competitiveness: a Quantitative Approach," *Tourism Management*, 2004, 25 (6): 777-788; M. J. Enright, J. Newton, "Determinants of Tourism Destination Competitiveness in Asia Pacific: Comprehensiveness and Universality," *Journal of Travel Research*, 2005, 43 (4): 339-350; S. S. Kim, Y. Z. Guo, AgrusaJ, "Preference and Positioning Analyses of Overseas Destinations by Mainland Chinese Outbound Pleasure Tourists," *Journal of Travel Research*, 2005, 44 (11): 212-220; Mazanec, Zins, "Tourism Destination Competitiveness: From Definition to Explanation," *Journal of Travel Research*, 2007, 46 (1): 86-104; Maria Francesca Cracolici, Peter Nijkamp, "The Attractiveness and Competitiveness of Tourist Destinations: A Study of Southern Italian Regions," *Tourism Management*, 2008, 29 (1): 1-9。

## 二 国内相关研究进展

### （一）边境旅游

中国边境旅游以1987年辽宁丹东—朝鲜新义州一日游的旅游线路推出为肇始，随着中朝、中俄、中缅、中老、中越等边境口岸陆续开放和边境旅游线路的逐步开发，中国边境旅游得以迅速升温，相关研究随之逐步加深[①]（见表2-2）。中国边境旅游主要分为三个研究阶段，其研究内

---

① 杨效忠、彭敏：《边境旅游研究综述及展望》，《人文地理》2012年第4期。

容包括边境旅游的类型与特点、影响因素与驱动机制、区域合作机制、发展模式及对策等。

表 2-2 中国边境旅游的研究阶段

| 阶段划分 | 研究重点 | 成果形式 | 研究方法 |
| --- | --- | --- | --- |
| 研究初期<br>（1987~1992 年） | 边境旅游常被视为边境贸易的附属物，而且由于地域性、政策性等缘故，影响较小，仅仅局限于边境地区 | 新闻报道、主管部门工作总结等形式 | 描述性方法为主 |
| 起步阶段<br>（1993~1998 年） | 边境旅游概念界定，确定边境旅游的性质、类型和作用，针对边境旅游的发展状况提出应对措施及发展战略 | 以论文和书籍为主要形式 | 实证研究为主，采用概念性方法 |
| 发展阶段<br>（1999 年至今） | 对边境旅游市场、开发模式、线路设计、边境旅游目的地管理等专项研究 | 以论文、书籍、学位论文为主要形式 | 实证研究与理性分析结合，针对性研究加强，构造模型、统计等多种方法，举办学术性会议 |

资料来源：杨效忠、彭敏《边境旅游研究综述及展望》，《人文地理》2012 年第 4 期。

1. 边境旅游的类型

张广瑞[①]分别按照旅游目的、地区、费用支付主体对中国边境旅游进行了分类。姚素英[②]按照旅游目的将边境旅游划分为探亲旅游、观光旅游、疗养旅游、商务旅游和购物旅游五种类型。熊礼明[③]认为边境旅游可按旅游时间的不同划分为一日游和多日游。李庆雷等[④]根据国家边界的基本功能，把边境旅游资源分为边界与标志、边政与外事、边防与战争、边贸与物产、边民与聚落五大类型。

---

① 张广瑞：《中国边境旅游发展的战略选择》，经济管理出版社，1997，第 1~2 页。
② 姚素英：《试谈边境旅游及其作用》，《北京第二外国语学院学报》1998 年第 3 期。
③ 熊礼明：《中越边境旅游系统管理研究》，硕士学位论文，广西大学，2005，第 13 页。
④ 李庆雷、杨培韬等：《边境旅游资源的概念界定与分类框架研究》，《大理大学学报》2017 年第 3 期。

## 2. 边境旅游的特点

陈桂秋[①]探讨了边境旅游的空间范式，认为在边境和口岸自成一体的特殊组合体中存在一个文化氛围影响力的尺度空间，由核心区、辐射区、腹地区三部分构成，且影响力逐渐减弱；边境旅游的主要目的是满足自己的好奇心、实现自我挑战的过程，边境旅游就是以边境口岸为中心，体验边境口岸旅游资源各层面的过程。

姚素英[②]从区别于国内旅游和国际旅游的角度总结了边境旅游的五个特点：涉外性质、空间有限、时间短促、手续简便、费用低廉；刘小蓓[③]认为边境旅游具有政策性、政治敏感性、时间性、地域性、多样性和边境贸易依存性；王庆生[④]认为边境城市作为边境旅游发生、发展的依托，具有文化融合、国际与国内旅游交汇、口岸文化别具一格、国际化趋势明显四个特点；刘永明[⑤]总结了边境旅游具有政策性、政治敏感性、时间性、区域性、多样性五个特点；杨飞[⑥]在其硕士论文中指出边境旅游兼有国际旅游和国内旅游的特点，主要体现在时间性、地域性、政治性及与边境贸易的相互依存性四个方面。

杨丽[⑦]认为云南边境旅游具有起步晚发展快、边境旅游和边境贸易相互依存、边境旅游活动政策性强等特点；苟中林[⑧]认为新疆边境旅游的发展具有五个方面的特点：由政治合作转向发展经贸往来；由边界旅游购物向纵深边境旅游购物发展；边境旅游固定化、模式化、定点化、规范化；单向的商务旅游向双向发展；商务考察成为旅游新卖点；赵迎[⑨]认为对俄

---

① 陈桂秋：《论中国边境旅游发展的战略意义》，《华东经济管理》2004 年第 2 期。
② 姚素英：《试谈边境旅游及其作用》，《北京第二外国语学院学报》1998 年第 3 期。
③ 刘小蓓：《广西边境旅游发展研究——以广西东兴市为例》，硕士学位论文，四川大学，2004，第 22 页。
④ 王庆生：《我国边境城市旅游开发机制探析》，《中州大学学报》2008 年第 5 期。
⑤ 刘永明：《广西边境旅游发展研究》，《今日南国》2008 年第 8 期。
⑥ 杨飞：《中韩边境旅游开发研究——以辽宁省为例》，硕士学位论文，辽宁大学，2008，第 10 页。
⑦ 杨丽：《边境旅游市场分析与开发战略》，《云南大学人文社会科学学报》2001 年第 5 期。
⑧ 苟中林：《浅谈周边各国与新疆相邻边境旅游发展前景》，《乌鲁木齐成人教育学院学报》2005 年第 3 期。
⑨ 赵迎：《浅谈黑龙江省对俄边境旅游和贸易的市场分析与开发策略》，《减速顶与调速技术》2009 年第 2 期。

边境旅游进入新的发展阶段：发展迅速，已形成相当规模；旅游设施建设和产品开发取得较大进展；同时对地方经济发展的牵动作用显著增强。

3. 边境旅游的影响因素和驱动机制

边界系统的复杂性使影响边境旅游的因素及其机理十分复杂，集中体现在边界的屏蔽效应和中介效应这两种效应上，前者是空间距离、居民偏好、关税堡垒、交易成本等引起的阻碍作用，后者是边界所具有的彼此接触和交流的空间中介功能，对边界地区的旅游和贸易产生的促进作用[①]。

王庆生[②]认为影响边境城市旅游发展的主要因素为旅游产业组织水平、口岸区域经济结构、旅游资源背景、旅游产品特色及旅游线路组合等。其中，旅游产业组织就是应用产业组织理论，以旅游产业体系为研究对象，解决旅游产业市场结构、市场行为、市场效果及产业组织政策等方面的问题，其核心是最大限度地增强和规范旅游产业的市场竞争能力和实力；口岸具有商贸旅游、过货通关和进出口加工三大功能；旅游资源背景是决定区域旅游合作核心产品及其营销的因素；旅游线路是旅游产品销售的具体体现。

姜太芹[③]总结了阻碍中国边境旅游发展的因素有：（1）旅游者在口岸城市逗留时间短、消费低；（2）地区与部门利益分割造成出境证件管理与收费混乱；（3）商品质量下降与假货充市的倾向严重；（4）人员素质有待提高；（5）客流量少，客源市场潜力发掘不够；（6）服务设施建设滞后，适应面较窄；（7）旅游产品未成体系，旅游商品缺乏特色；（8）受政策影响大；（9）旅游管理机制不健全，市场经营秩序混乱；（10）营销不足，基础设施和效益较差。并总结了相应的解决对策：（1）加强边境地区旅游吸引物和基础设施的建设，放宽参加边境旅游人员的区域限制；（2）加强市场管理，维护市场秩序；（3）开辟多种渠道，加强人员培训；（4）瞄准客源市场，确立旅游形象，加大宣传促销力度，创立边境旅游品牌；（5）"点、线、面"三位一体，完善边境旅游产品体系；（6）多渠道筹集

---

① 赵多平、孙根年、苏建军：《中国边境入境旅游的客流演化态势及其动因分析——新疆内蒙古云南三省区的比较研究》，《人文地理》2012年第5期。
② 王庆生：《我国边境城市旅游开发机制探析》，《中州大学学报》2008年第5期。
③ 姜太芹：《边境古镇旅游开发研究》，硕士学位论文，四川师范大学，2012，第52页。

旅游资金，完善基础设施；（7）加强内外合作，联动发展；（8）转变观念，创新思路，积极为边境旅游事业的发展提供宽松的政策空间；（9）加强边境口岸管理以及边境旅游的安全防范工作；（10）整合旅游企业联合营销，做大旅游蛋糕。

赵多平等[1]依据边界的屏蔽效应和中介效应选择旅游资源丰度、旅游开放度、贸易比重、距离与市场占有率五个指标，首先通过边境地区各个州市与周边国家的对接关系分析，揭示其空间差异，然后采取象限分析法（又称为矩阵分析），分析中国边境案例区的旅游资源丰度、旅游开放度、贸易比重及距离与市场占有率之间的关系，用 lotus 5.0 画出象限图，揭示中国陆路边境地区典型州市边境旅游的驱动因素特征及差异，据此得出对比分析的结论。

4. 边境旅游的区域合作机制、发展模式及对策研究

跨境旅游合作指共同拥有边境线的国家或地区，为加强边境地区旅游资源共享、旅游产品共建、旅游市场共拓、旅游行业共管、旅游人才共用等而进行的国际旅游合作[2]。石美玉[3]认为中国边境地区应与周边国家进行紧密的合作，共同打造边境旅游目的地，开展全方位的、多层次的联合营销活动，使中国边境旅游走向新的历史发展阶段，并提出五大策略。一是统一旅游目的地，增强旅游竞争力，既要吸引边境国家的旅游者，还要吸引大量的欧美等第三国家旅游者，从而进一步扩大客源市场。二是互为旅游客源地，促进可持续发展，在保证内需的前提下扩大外部市场。三是开发跨国旅游线路，提升旅游吸引力，共同推出包括双方景点的精品线路。四是联合旅游促销，构建"区域联动、资源共享、优势互补"的联合旅游促销体系，扩大旅游影响力。五是建立国际合作平台，建立紧密型的区域合作国际平台和合作机制，实现边境国家双赢。刘德云、吕斌[4]认为跨界

---

[1] 赵多平、孙根年、苏建军：《中国边境入境旅游的客流演化态势及其动因分析——新疆内蒙云南三省区的比较研究》，《人文地理》2012年第5期。
[2] 程大兴：《广西跨境旅游合作问题研究》，《北京第二外国语学院学报》2011年第11期。
[3] 石美玉：《联合营销：经济全球化背景下边境旅游发展的必然选择》，《旅游学刊》2009年第7期。
[4] 刘德云、吕斌：《跨界城市旅游合作机制研究——基于案例的比较分析》，《城市问题》2009年第3期。

旅游合作需要政府、政府授权机构、利益群体、非营利组织和市场的参与并紧密合作。

王晶[①]认为中俄两国互办"旅游年"为双方旅游发展提供了前所未有的机遇；中俄两国均将旅游发展提升为国家战略，为双方旅游合作提供了巨大空间；中俄旅游人数持续增长，呈现良性发展趋向，并总结了中俄双方旅游合作发展的特点：在旅游形式上以边境旅游为主；边境旅游多以购物为旅游目的；客源结构有一定的特殊性；旅游活动空间尺度较小，逗留时间短；旅游喜好健康保健和休闲游乐；游客流向呈不对称等。徐东北等[②]提出辽吉两省沿鸭绿江边境旅游带构建，需要从各城市的政府间合作、旅游行业协会间合作和旅游企业间合作三个方面来考虑。

胡敏等[③]认为新疆边境地区可以实施旅游边贸互动式的发展模式，借助国家对西部的倾斜政策争取国家投资及外部援助，加强基础建设，还应促进国际协作，共同开发和合办旅游业。普拉提·莫合塔尔等[④]把中国新疆与中亚国家区域旅游合作的基本模式概括为互为市场模式、市场—产品共享模式和要素协同模式。王丽琴[⑤]从发展战略视角提出了云南边境旅游的四种开发模式：内联外拓模式、旅游边贸模式、国别推进模式、精品带动模式。谷凯波[⑥]认为桥头堡战略下云南边境旅游发展的机遇有良好的政策环境、突出的前沿区位优势、发达的交通网络、国际合作机遇，并提出"国内联盟与国际区域合作的双轨发展模式"。

赵壮等[⑦]提出吉林边境旅游的发展对策：积极开发创新边境旅游产品、积极促成简化边境旅游手续、加强对边境旅游市场秩序的整顿工作、促进

---

① 王晶：《新形势下发展黑龙江与俄罗斯旅游合作路径探讨》，《西伯利亚研究》2012年第3期。
② 徐东北、徐昌贵、谢春山：《辽宁、吉林两省构建"沿鸭绿江边境旅游带"探析》，《通化师范学院学报》2009年第7期。
③ 胡敏、金海龙等：《边境旅游可持续发展——以青河出境游为例》，《新疆师范大学学报》2005年第3期。
④ 普拉提·莫合塔尔、海米提·依米提：《我国西部边境的跨国旅游合作研究——以中国新疆与中亚五国旅游合作为例》，《干旱区资源与环境》2009年第1期。
⑤ 王丽琴：《也谈云南边境旅游开发》，《临沧教育学院学报》2006年第2期。
⑥ 谷凯波：《桥头堡战略下云南边境旅游产业发展浅析》，《中外企业家》2012年第9期。
⑦ 赵壮、杨吉生：《吉林省边境旅游现状与发展对策分析》，《现代商贸工业》2009年第3期。

区域旅游协作加强边境旅游的国际交流与合作、加强边境旅游市场营销，提升边境旅游产品知名度。赵爱华[①]提出中方加速中朝边境旅游发展的对策：简化出入境手续、丰富边境旅游形式、加强边境口岸管理、不断确立国内旅游的主体地位。肖扬等[②]、杨佩群等[③]提出了广西边境旅游的发展对策：拓展广西—越南边境旅游线路范围，凸显广西—越南边境、文化两大特色，强化口岸旅游购物特征，构筑边境旅游休闲度假地，重视第三国游客市场；旅游资源整合、突出地方特色文化，准确定位与传播旅游品牌，科学设计边境旅游路线、实施边境大旅游战略，完善旅游基础设施建设，加紧旅游人才队伍建设等。

李东等[④]以"点—轴"理论为基础，运用中心职能指数和引力模型的定量方法，分析中哈边境地区旅游节点、旅游廊道及其旅游地发展系统，并围绕边境旅游主题构建旅游产业要素线性空间。

王桀等[⑤]对边境线、国门、边境旅游目的地、边境旅游客源地之间的关系进行分析，解释了边境线在相邻两国间的旅游区域产生的区隔、阻滞作用，以及对旅游流产生的聚集和扩散机理，将边境旅游集散模式划分为单边聚集、单边扩散、双边聚集及多边跨境扩散四种模式。

### （二）旅游竞争力

国内学者对旅游竞争力的研究主要包括旅游竞争力的构成要素研究、评价模型和方法研究、实证研究及旅游竞争力空间结构研究四个方面。

#### 1. 旅游竞争力的构成要素

盛见[⑥]把当前对区域旅游竞争力构成要素的研究分为"市场业绩构成说"、"因素构成说"、"业绩因素构成说"及"核心竞争力构成说"。根据

---

① 赵爱华：《丹东中朝边境旅游发展、问题及对策》，《牡丹江教育学院学报》2004年第2期。
② 肖扬、马艺芳：《广西—越南边境旅游发展策略研究》，《边疆经济与文化》2009年第7期。
③ 杨佩群、谭春惠：《广西东兴市边境旅游发展与对策探讨》，《沿海企业与科技》2011年第7期。
④ 李东、由亚男等：《中哈边境地区旅游廊道空间布局与发展系统》，《干旱区地理》2017年第2期。
⑤ 王桀、田里等：《边境旅游系统空间结构与集散模式研究》，《资源开发与市场》2018年第1期。
⑥ 盛见：《区域旅游产业竞争力构成：基于竞争力性质的研究》，《旅游学刊》2007年第8期。

旅游竞争力的显性或隐性、动静态性和成长性、先天或后天获得性、竞争力最终体现性这些性质把所有影响或决定区域旅游产业竞争力的来源归为四类，即潜在竞争力、外生资源禀赋竞争力、内生资源禀赋竞争力和市场竞争力，并发现区域旅游产业竞争力的不同构成具有明显的性质区别（见表2-3）。盛见认为任何区域旅游产业竞争力都是由"四大构成"按不同比例叠加的结果。

表2-3 旅游竞争力四大构成及性质

| 竞争力 | 定义 | 显隐性 | 动静态性 | 成长性 | 属地性 | 先天或后天获得性 | 竞争力最终体现 |
|---|---|---|---|---|---|---|---|
| 潜在竞争力 | 指区域旅游产业所具备的、被暂时隐藏的竞争力，表现在供给和需求两方面 | 隐性 | 动态（转变） | 成长性（转变） | 落后国家或地区 | 先天+后天 | 奇特性 |
| 外生资源禀赋竞争力 | 外生于区域经济发展，天生的、不可成长的竞争力部分 | 显性 | 静态 | 非成长性 | 各种地区 | 先天 | 奇特性 |
| 内生资源禀赋竞争力 | 内生于区域经济发展具有一定成长性的资源禀赋竞争力 | 显性 | 动态 | 成长性 | 各种地区 | 后天 | 奇特性 |
| 市场竞争力 | 叠加在该产业潜在竞争力和资源禀赋竞争力之上的，经过区域旅游产业主体不断努力而逐步形成的竞争力部分 | 显性 | 动态 | 成长性 | 各种地区 | 后天 | 服务差异性+成本差异性 |

资料来源：盛见《区域旅游产业竞争力构成：基于竞争力性质的研究》，《旅游学刊》2007年第8期。

马勇等[①]把区域旅游竞争力划分为核心竞争力（旅游资源、旅游企业、政府竞争力）和基础竞争力（经济、基础设施、生态环境竞争力）两方面，六大构成要素在区域旅游竞争力形成过程中发挥着不同的作用，相互作用、相互影响。区域旅游竞争力的形成经历了由比较优势到竞争优势再到竞争力的三阶段转化过程，其表现形式经历了资源竞争力、政府竞争力、产品竞争力、旅游企业竞争力和旅游产业竞争力五个阶段（见图2-6）。在这个过程中，市场需求及其变化是实现这种转化的基础，政府的

---

① 马勇、肖智磊：《区域旅游竞争力的形成机理研究》，《旅游科学》2008年第5期。

扶持及旅游企业的参与分别是实现上述两次转化的催化剂。

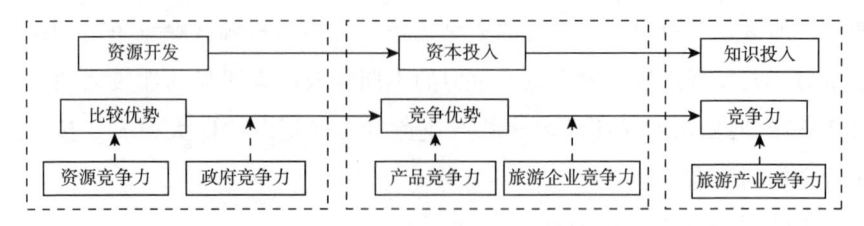

**图 2-6　区域旅游竞争力的形成阶段、提升动力和表现形式**

资料来源：马勇、肖智磊《区域旅游竞争力的形成机理研究》，《旅游科学》2008 年第 5 期。

姜鹏鹏、王晓云[①]对滨海城市旅游竞争力进行评价，把旅游竞争力的影响因素分为直接影响因素和间接影响因素。其中，直接影响因素包括旅游资源、旅游产品、旅游企业、客源市场需求等；间接影响因素包括城市旅游发展的支持系统（基础设施、区位条件、旅游人才）、保障系统（自然环境、经济环境、社会文化环境、科技发展和政治法律建设）和游客印象（满意度）。

2. 评价模型、方法及实证研究

郭舒、曹宁[②]通过对 64 位相关专业的博士生进行问卷调查，得出提升旅游目的地竞争力的六个关键性问题，并构建了"核心六因素联动模型"（见图 2-7）。该模型将游客旅游体验和居民生活质量融入模型。从纵向分析，模型的左半部分说明旅游目的地的资格性因素和支持性因素共同作用增强了核心吸引物对游客的吸引力，从而满足了游客的旅游体验；模型的右半部分则说明目的地管理的创新会提高资源的利用能力，发挥基础性因素的潜能，进而提高当地居民的生活质量。另外，模型左右两侧进行循环互动，使整个模型的功能得到充分的发挥。从横向分析，资格性因素是目的地管理创新的基本保证；支持性因素过渡为发展性因素时才会产生竞争力；核心吸引物的吸引力本质上则是该地的基础性因素。

---

① 姜鹏鹏、王晓云：《中国滨海旅游城市竞争力分析——以大连、青岛、厦门和三亚为例》，《旅游科学》2008 年第 5 期。

② 郭舒、曹宁：《旅游目的地竞争力问题的一种解释》，《南开管理评论》2004 年第 2 期。

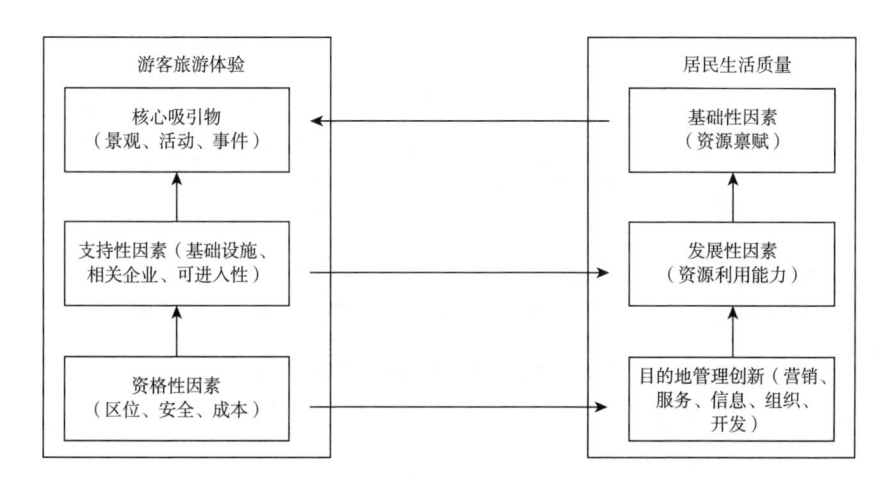

```
┌─────────────────────────────┐      ┌─────────────────────────────┐
│      游客旅游体验            │      │      居民生活质量            │
│   ┌──────────────┐          │      │   ┌──────────────┐          │
│   │  核心吸引物   │ ◄────────┼──────┼── │  基础性因素   │          │
│   │(景观、活动、  │          │      │   │ (资源禀赋)    │          │
│   │   事件)       │          │      │   └──────────────┘          │
│   └──────┬───────┘          │      │          ▲                  │
│          │                   │      │          │                  │
│   ┌──────┴───────┐          │      │   ┌──────┴───────┐          │
│   │支持性因素(基础│ ──────────┼──────┼──►│ 发展性因素    │          │
│   │设施、相关企业、│          │      │   │(资源利用能力) │          │
│   │  可进入性)    │          │      │   └──────────────┘          │
│   └──────┬───────┘          │      │          ▲                  │
│          │                   │      │          │                  │
│   ┌──────┴───────┐          │      │   ┌──────┴────────┐         │
│   │  资格性因素   │ ─────────┼──────┼──►│目的地管理创新  │         │
│   │(区位、安全、  │          │      │   │(营销、服务、   │         │
│   │   成本)       │          │      │   │信息、组织、    │         │
│   └──────────────┘          │      │   │  开发)         │         │
│                              │      │   └───────────────┘         │
└─────────────────────────────┘      └─────────────────────────────┘
```

**图 2-7 六因素联动旅游目的地竞争力模型**

资料来源：郭舒、曹宁《旅游目的地竞争力问题的一种解释》，《南开管理评论》2004 年第 2 期。

易丽蓉[①]针对 D-K 模型的不足，对其进行了部分修改，将目的地竞争力标识、经济繁荣、国家或地区的竞争力标识删去，把赋存资源和创造资源合并为旅游资源，将旅游支持资源和因素改为旅游支持因素，使模型更加简洁顺畅，并通过调查问卷，利用路径分析，得出"旅游目的地竞争力五因素模型"（见图 2-8）。该模型用从旅游资源到旅游支持因素的箭头表示目的地的各种资源决定旅游支持因素的类型这种因果关系，并把它们称为目的地竞争力第一类因素；区位条件包括目的地地理位置条件、旅游企业的竞争态势、宏观环境、安全保障和价格竞争力五个方面，该模型用从区位条件到目的地管理的箭头表示区位条件决定目的地管理这种因果关系，并把它们称为目的地竞争力的第二类因素；将需求状况称为目的地竞争力的第三类因素；旅游目的地竞争力为模型研究的终极目标。

以上两种旅游目的地竞争力模型均力求简洁，以最关键的核心因素来表达提升旅游目的地竞争力的理论解释。

---

① 易丽蓉、李传昭：《旅游目的地竞争力五因素模型的实证研究》，《管理工程学报》2007 年第 3 期。

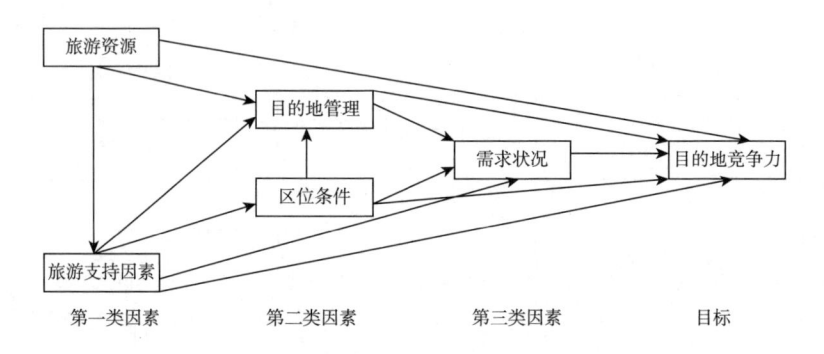

**图 2-8　旅游目的地竞争力五因素模型**

资料来源：易丽蓉、李传昭《旅游目的地竞争力五因素模型的实证研究》，《管理工程学报》2007 年第 3 期。

郭鲁芳[①]从国家旅游竞争力角度提出郭鲁芳模型，并提出测度旅游业国际竞争力的三个角度：目前的旅游竞争实力、旅游竞争潜力、未来旅游竞争的发展力。通过这三个方面的主要测度指标，经过多角度全方位的综合考虑，描绘出一个国家的旅游竞争力。但这种测度方法略显笼统和泛化，忽略了国家之间旅游发展的差异。

戚能杰[②]认为应当从一个国家的不同区域具体分析其旅游竞争力，并提出核心—边缘模型。区域旅游的竞争力是旅游竞争力的核心（椭圆的中心），而旅游吸引物竞争力、旅游市场竞争力、旅游企业竞争力和社会供给竞争力直接决定区域的旅游竞争力，还有时通过影响这些决定因素之间的相互作用从而影响区域旅游竞争力，由此构成旅游竞争力的层级影响因素模型图。这种旅游竞争力模型可以用在一个国家内不同区域的旅游竞争力分析中，然后再结合某个区域旅游业发展的具体实际，采取提升本区域旅游竞争力的具体措施。

董锁成等[③]认为中国区域旅游竞争力评价研究存在以下三个方面的不足：（1）没有将区域看作统一的整体，忽视了区域内部单体城市之间的旅

---

① 郭鲁芳：《关于我国旅游业国际竞争力的思考》，《旅游科学》2000 年第 2 期。
② 戚能杰：《旅游区域竞争力研究》，《中小企业科技》2004 年第 4 期。
③ 董锁成、李雪等：《城市群旅游竞争力评价指标体系与测度方法探讨》，《旅游学刊》2009 年第 2 期。

游经济联系与合作，没有考虑单体城市与所属区域旅游业发展的互动机制问题；（2）多是从竞争力影响因素及旅游业发展水平等方面选取指标，而旅游对当地所产生的社会经济与环境影响指标涉及较少；（3）目前评价分析只是停留在现状层面或某些时间截面上，并没有对旅游竞争力的未来变化趋势进行动态预测、监控与分析。针对以上三个问题，董锁成以城市群为研究对象，在考虑城市群整体和城市单体分别属于两个不同空间尺度研究对象的基础上，构建了城市群旅游竞争力评价指标体系的基本框架，建立了针对城市群地域单元整体的4个一级指标、15个二级指标、60个三级指标，针对城市群内部单体城市的5个一级指标、15个二级指标、62个三级指标；并参照状态空间法，构造旅游竞争力评价方法，以确切反映区域旅游竞争力的实际强弱程度，准确找出影响旅游业发展的薄弱环节；采用系统动力学方法，结合旅游竞争力评价方法，将人口、社会、经济、环境和旅游等统一到一个体系中进行研究，模拟城市群整体及其单体城市旅游竞争力动态变化趋势，加强对未来趋势的发展预测分析，以便有针对性地构建旅游目的地可持续发展的战略。此研究既实现了研究区域与其评价标准的横向比较，又注重不同时段研究区域自身旅游竞争力的纵向比较。

国内有些学者把生态位理论引进旅游竞争力评价中。从生态学的角度看，旅游系统实质上是一个特殊的生态系统，是由旅游者和旅游环境构成的有机复合体，特定旅游地是其中的生态单元[1]。根据生态位理论，旅游城市生态位通常分为"态"和"势"两个基本属性。"态"表示旅游城市的生态状况，是旅游城市过去发展、学习及与环境相互作用积累的结果；"势"指旅游城市更新的速率、增长率、占据新生境的能力等[2]。旅游生态位的"态"和"势"有机结合，能充分反映旅游生态位的大小。

江金波等[3]对长江三角洲区域旅游城市生态位进行测评，演绎了长三角区域旅游城市的四级空间等级模式。为推动区域旅游系统有序健康发展，构建区域旅游城市竞合模式，以生态位扩充为根本方向，通过生态位

---

[1] 祁新华等：《区域旅游可持续发展的生态学透视》，《地理与地理信息科学》2005年第1期。
[2] 邹爱仁等：《旅游地生态位的概念、原理及优化策略研究》，《人文地理》2006年第5期。
[3] 江金波、余构雄：《基于生态位理论的长江三角洲区域旅游竞合模式研究》，《地理与地理信息科学》2009年第5期。

错位、泛化与特化等途径，实现生态系统的演替，最终扩展旅游地生态位的"态"与"势"。

王辉等[①]以辽宁省六个沿海城市为例，在生态位的视角下构建辽宁沿海城市旅游资源生态位测评的五个维度，包括资源维、市场维、社会经济维、环境维和沿海交通维评价城市旅游竞争力。

国内学者对旅游竞争力的评价主要是通过构建评价指标体系，运用层次分析、因子分析、主成分分析、聚类分析，还有少量学者运用系统动力学仿真、TOPSIS、结构方程模型等方法进行研究，实证研究主要包括城市、区域、国家三个层面（表2-4）。

表2-4 国内旅游竞争力评价的方法和指标

| 研究尺度 | 作者 | 方法 | 指标体系 |
| --- | --- | --- | --- |
| 城市 | 丁蕾等 | 层次分析 | 硬竞争力（环境、人才、经济、设施、业绩竞争力）和软竞争力（制度、开放竞争力） |
| | 王琪延等 | 层次分析、聚类分析 | 旅游市场竞争力、旅游服务竞争力、旅游产品及资源竞争力、城市发展竞争力 |
| | 岳川江等 | 层次分析、TOPSIS法 | 城市旅游资源竞争力、城市旅游发展竞争力、城市旅游环境竞争力 |
| | 张洪等 | IEW和TOPSIS法 | 城市旅游业核心层（资源禀赋、接待实力、产业业绩），城市旅游业支撑层（社会经济支撑、生态环境支撑） |
| | 姜鹏等 | 因子分析 | 现有竞争力、潜在竞争力、环境支持力、游客印象 |
| | 武传表等 | 因子分析 | 综合经济实力、旅游业发展水平、基础设施建设、生态环境状况和科教文卫 |
| | 张河清等 | 因子分析、聚类分析 | 经济竞争力、社会竞争力、环境竞争力、产业竞争力 |
| 区域 | 徐淑梅等 | 层次分析法 | 旅游竞争业绩、旅游环境竞争力和旅游竞争潜力 |
| | 李振亭等 | 层次分析、区域旅游竞争力效度模型 | 旅游资源与产品条件、社会经济条件、区位条件、市场与环境条件、旅游业绩 |

---

① 王辉、张萌等：《生态位视角下的沿海城市旅游竞争力研究——以辽宁省6个沿海城市为例》，《海洋开发与管理》2012年第1期。

续表

| 研究尺度 | 作者 | 方法 | 指标体系 |
| --- | --- | --- | --- |
| 区域 | 汪德根等 | 层次分析、聚类分析 | 业绩竞争力、潜在竞争力、支持竞争力 |
| | 李创新等 | 主成分分析、聚类分析 | 市场、资源、区位、对外开放度、企业、规模、发展、环境竞争力 |
| | 江金波等 | 基于生态位理论的数学模型、因子分析、聚类分析 | 旅游资源条件（资源维）、旅游经营业绩（市场维）、社会经济发展水平（社会经济维）、生态环境质量（环境维） |
| | 葛军等 | 静态、动态偏离份额分析法 | 商品销售、饮食销售、景区游览、住宿消费、长途交通、邮政电信和文化娱乐 |
| | 董锁成 | 系统动力学仿真 | 旅游业发展动力、旅游业发展水平、旅游影响、旅游经济联系、单体城市区域旅游贡献度 |
| | 易丽蓉 | 结构方程模型 | 旅游资源、支持因素、旅游管理、区位条件、需求状况 |
| 国家 | 史春云等 | 主成分分析、聚类与判别分析 | 人文旅游指标、价格竞争力指标、设施指标、环境指标、技术指标、人力资源指标、开放度指标、社会指标 |
| | 刘名俭等 | 定量评价、聚类分析 | 规章制度竞争力、人类资源、文化和自然资源竞争力、商业环境和基础设施竞争力 |

资料来源：丁蕾、吴小根等：《城市旅游竞争力评价指标体系的构建及应用》，《经济地理》2006年第3期；王琪延、罗栋：《中国城市旅游竞争力评价体系构建及应用研究——基于我国293个地级以上城市的调查资料》，《统计研究》2009年第7期；岳川江、吴章文等：《滨海城市旅游竞争力评价研究》，《自然资源学报》2010年第5期；张洪、顾朝林等：《基于IEW & TOPSIS法的城市旅游业竞争力评价——以长江三角洲为例》，《经济地理》2009年12月；姜鹏鹏、王晓云：《中国滨海旅游城市竞争力分析——以大连、青岛、厦门和三亚为例》，《旅游科学》2008年第5期；武传、王辉：《中国14个沿海开放城市旅游竞争力定量比较研究》，《旅游科学》2009年第4期；张河清、何奕霏等：《广东省县域旅游竞争力评价体系研究》，《经济地理》2012年第9期；徐淑梅、陈才：《区域旅游竞争力数字化评价体系研究》，《地理科学》2008年第5期；李振亭、马耀峰：《基于旅游竞争力效度的中国省级旅游区旅游发展态研究》，《资源科学》2009年第3期；汪德根、陆林等：《我国边境省区入境客源市场结构及开发战略研究——以内蒙古自治区为例》，《干旱区地理》2004年12月；李创新、马耀峰等：《基于SPSS的中国各省区旅游竞争力研究》，《软科学》2008年第4期；江金波、余构雄：《基于生态位理论的长江三角洲区域旅游竞合模式研究》，《地理与地理信息科学》2009年第5期；葛军、刘家明：《广东省国际旅游产业结构与竞争力的偏离份额分析》，《地理科学进展》2011年第6期；董锁成、李雪等：《城市群旅游竞争力评价指标体系与测度方法探讨》，《旅游学刊》2009年第2期；易丽蓉：《基于结构方程模型的区域旅游产业竞争力评价》，《重庆大学学报》2006年第10期；史春云、张捷等：《旅游目的地竞争力定量评价综述》，《人文地理》2006年第3期；刘名俭、邹丽君：《基于TTCI的中国旅游产业国际竞争力评价》，《经济地理》2011年第3期。

### 3. 旅游竞争力空间结构研究

黄耀丽[①]认为区域城市间旅游竞争力空间结构体系是一个由不同等级、不同空间区位、不同旅游发展阶段的城市通过旅游资源、旅游交通等生产力要素及客流有机耦合而成的。不同级别的城市在综合旅游竞争力方面一般没有可比性，但可以根据自己的相对比较优势参与区域合作。进而以珠江三角洲为例，分别从旅游资源禀赋、城市形象认知、旅游规模时序变化三个方面的旅游竞争力进行对比分析，并对珠江三角洲城市旅游竞争力进行综合评价及聚类分析。

曹诗图[②]认为旅游城市在空间竞争方面的主要特点为距离作用比较明显、特色制胜、对等竞争、非替代性竞争；影响因素为资源、区位、交通、旅游形象、特色与个性，并提出塑造旅游形象、突出个性与特色，整合旅游动力系统要素、形成综合竞争力，实施全民工程、营造优良的旅游环境，双赢竞争、良性互动的提升途径。

## 三　研究中存在的主要问题

### （一）边境旅游研究以定性为主，定量研究较少，缺乏系统性研究成果

国内外对边境旅游的研究覆盖范围比较广泛，多集中在边境旅游的类型、特点、影响因素、驱动机制及边境旅游合作等方面，构成边境旅游研究的基础。但这些研究内容简单，多停留在对问题的描述上，研究方法主要以定性研究为主，缺乏系统、深入的定量研究，高水平的研究成果较少。

### （二）边境旅游侧重大尺度研究，缺少对县（市）尺度的关注

目前对边境旅游的研究多集中在较大（全国、省级）的尺度，但很少有针对县（市）尺度进行的系统的边境旅游发展研究，而这类研究对获取不同类型地区边境旅游发展的差异具有重要意义。对边境旅游地区来说，能够具体到县（市）尺度的研究对边境旅游发展的指导才有实质性的意

---

[①] 黄耀丽、李凡等：《珠江三角洲城市旅游竞争力空间结构体系初探》，《地理研究》2006年第4期。

[②] 曹诗图：《旅游城市空间竞争探析》，《地域研究与开发》2003年第6期。

义，需要引起学者们的关注。

**（三）旅游竞争力研究多运用截面数据进行静态评价和分析，动态分析较少**

旅游竞争力的研究多运用截面数据通过建立一系列指标体系进行静态评价和分析，但是大多数学者并没有详细阐述指标体系的构建依据，权重确定比较主观，评价结果的可靠性有待提高；影响旅游竞争力的因素会随着时间的推移而发生变化，一些原来很重要的因素可能会变得不重要；旅游中决定竞争力的因素可能因不同区位的产品与目标市场的不同而发生改变[1]。对不同时期边境旅游竞争力的动态演变进行研究，有助于更加准确地解释旅游地竞争力强弱的原因，对有效提升边境旅游竞争力更具指导意义。

---

[1] Enright, Newton, "Determinants of Tourism Destination Competitiveness in Asia Pacific: Comprehensiveness and Universality," *Journal of Travel Research*, 2005, 43 (4): 339-350.

# 第三章 中国陆地边境县（市）旅游竞争力研究模型构建

边境旅游竞争力的研究模型构建是边境旅游竞争力研究的基础和首要工作。通过对国内外边境旅游及旅游竞争力的研究综述，发现边境旅游竞争力的影响因素具有复杂性，数据量化和获取具有困难性，目前仍无统一的关于边境旅游竞争力的研究模型。本章在对边境旅游竞争力形成机理及特点分析的基础上，总结边境旅游竞争力的影响因素，进而针对中国陆地边境县（市）旅游发展的特点，构建一个符合中国实际的边境旅游竞争力研究模型。

## 第一节 边境旅游竞争力的形成机理与特点

### 一 边境旅游竞争力的形成机理

旅游竞争力的形成发展过程是旅游竞争力要素的获取、创新与整合的过程[①]。根据比较优势和竞争优势理论，边境旅游竞争力的发展分为比较优势阶段和竞争优势阶段。

根据比较优势理论，边境资源要素的地域根植性是旅游业形成和发展的源泉。边境资源要素主要包括自然资源、人文资源、区位资源等旅游发展的核心要素，以及对边境旅游发展起支撑作用的资本、人力资源、知识资源等。对于边境口岸县（市），除上述资源外还包括边境口岸资源。边境口岸作为旅游资源主要包括物质层面的边境标记、邻国国旗、特色建

---

[①] 曹艳英、李凤霞：《基于自组织系统理论的区域旅游产业竞争力形成发展机制研究》，《软科学》2010年第2期。

筑、边境服务中心、旅游飞地等,以及非物质层面的不同国籍、不同信仰和使用不同语言的人们共市的边境场所氛围,包括边境贸易、异国文化体验、边境赌博等。资源要素是边境县（市）固有的先天优势,具有垄断性和排他性,其根植性越明显,差异性越大,竞争力越强。然而,比较优势是一种存量资源,只有在条件成熟时才能转化为经济优势,其条件包括市场需求、政府的引导和支持、边境贸易、区域相关产业推动等,是比较优势向竞争优势转化的外在驱动力。

根据竞争优势理论,旅游产业组织结构转换、技术制度创新、产业集聚等是边境旅游业有效利用资源,使垄断性旅游资源转化为参与市场竞争的旅游产品的保障,从而为旅游者持续提供有效的产品和服务。随着边境旅游产业要素的进一步完善,食、住、行、游、购、娱六要素之间的自组程度进一步提高,边境地区形成一个产品体系齐全、旅游功能完善的旅游供给体系,边境旅游竞争优势逐步形成。在竞争优势阶段,需要实现旅游资源的产品化、深度化、差异化开发,并保持对旅游产品的更新和优化。这时,资本投入、科技和人才的作用开始凸显,边境旅游竞争力逐步由资源竞争力向资本、技术、人才竞争力转化。

边境旅游竞争力的最终标志是旅游业所具有的开拓市场、占据市场并以此获得市场利润的能力,更多地表现为旅游产业的竞争绩效,一般通过国内外旅游人数及旅游收入来反映。

边境旅游竞争力的形成机理见图3-1。

图3-1　边境旅游竞争力的形成机理

## 二 边境旅游竞争力的特点

### (一) 综合开放性

边境旅游竞争力是边境资源要素、企业战略结构与竞争，以及政府支持与引导、区域相关产业推动、游客需求、边境效应等因素相辅相成、相互融合、综合作用的结果。同时，边境旅游具有高度外向关联性，边境旅游竞争力的形成和演变，不仅受到边境县（市）内部环境的制约，同时也深受外部环境的影响。边境旅游竞争力的综合性主要表现为，作为一个由多因素耦合作用的有机系统，边境旅游竞争力的整体效应大于各个因素的简单叠加，片面强调或忽视任何一个要素都会对边境旅游竞争力的整体功能和结构产生影响。边境旅游竞争力的开放性主要表现为，在边境县（市）旅游系统与其他各旅游地之间持续不断的、双向或多向的旅游人流、信息流、资金流等的高效互动。这种互动强度在一定程度上反映了各旅游地之间旅游联系的大小与旅游竞争力强弱。

### (二) 多样性

边境旅游竞争力的多样性主要表现在影响边境旅游发展主导因素的多样性、边境旅游形式多样性两方面。

边境旅游竞争力影响因素的多样性，决定了边境旅游竞争力类型的多样性。从影响边境旅游竞争力的主导因素看，主要有四种类型：（1）边贸带动型。中国大多数边境口岸县（市）的旅游是伴随边境贸易的发展而形成的，边境旅游与边贸和边民交往相联系，边境贸易的发展对边境旅游竞争力的提升有促进作用。（2）旅游资源推动型。往往存在于具有品质较好、特色明显旅游资源的边境县（市），独特的旅游资源构成了边境地区的比较优势，进而形成的景区（点）及围绕景区（点）逐渐形成的为游客提供服务的饭店、旅行社等初级旅游产业组织无疑具有较强的竞争力。（3）需求拉动型。随着人们生活水平的提高及国内外游客对边境地区的向往，巨大的旅游市场需求将成为拉动边境旅游发展的动力和竞争力提高的源泉。（4）政府主导型。往往存在于经济基础良好、交通条件便利、边境两国友好的边境地区；政府主导为旅游开发提供了强大的资金和环境支持，有效保证了基础设施和景点景区的建设，有利于边境旅游竞争力的增强。

边境旅游形式的多样性在一定程度上影响边境旅游竞争力的强弱。从边境旅游的形式来看，边境县（市）及入境旅游形式具有多样性。由于大部分边境县（市）是少数民族的聚居地，加之原始性的旅游景观及独特的口岸优势，边境县（市）成为开展生态、文化、探险、民俗、商务等旅游的理想目的地。中国与14个国家接壤，各个国家的现实发展进程不同，边境入境旅游形式呈现多样性：中俄边境地区经济相对发达、交通条件好、地方国家开放意识较强，可以开展大规模的入境旅游，影响范围较广；中尼、中老边境地区经济相对落后、可进入性差、对方国家开放意识较差，入境旅游规模较小；中吉、中哈和东北地区的中、朝、俄交界区不仅可以开展以邻国为对象的边境入境旅游，还可以发展吸引第三国的跨国旅游；中巴地区受气候、地形的影响，只能在一定的季节开展某种形式的贸易活动。

（三）受边境效应影响大

边境效应（border effect）是指边境对跨边境行为的影响，这种影响与边境特有的政治、经济、文化、社会等属性密切相关[①]。一方面，边境旅游须在高度敏感的环境中进行，恐怖主义、非法移民的存在会使边境效应对旅游的阻碍作用增强；另一方面，政府在边境区域的合作可以促进旅游的流动，对边境旅游起到一定的促进作用。边境两国的商品和服务价格差异，语言、习俗、艺术差异，过境手续、边境政策、国际环境等都会在一定程度上影响边境旅游竞争力的强弱。

尤其对于边境口岸县（市）来说，边境旅游的发展不仅受到本国海关、边防、旅游等多个部门政策的限制，同时也要受邻国在边境地区开放、旅游发展等方面政策的影响，政策性较强。对于边境入境游客，除部分游客持护照入境旅游外，大多数入境旅游者持边境出入境通行证进出口岸，入境旅游时间的长短受到边境两国旅游政策的影响，分为"一日游""三日游""四日游""七日游"不等，一般不超过15天。

---

[①] 朱海霞、顾海英：《基于引力模型的中美农产品贸易边境效应研究》，《财贸研究》2008年第3期。

## （四）动态性

边境旅游竞争力的形成是一个动态过程，在边境旅游发展的不同阶段，不同影响因素的组合方式和作用程度的不同，导致边境旅游竞争力强弱的差异。从时间上看，边境旅游发展的不同阶段，对边境旅游竞争力影响因素的要求程度是不同的。一般来说，在边境旅游发展初期，边境旅游竞争力的获得主要依赖资源与边境贸易优势，对自然、人文、区位等资源及口岸活力要素要求高；边境旅游发展中期，边境旅游竞争力的获得主要依赖资源的产品化、深度化和差异化开发，对资金、技术等要素要求高；在边境旅游发展后期，边境旅游竞争力的获得主要依赖旅游产品持续的优化与更新，对科技和人才、创新等要素要求高。因而，边境旅游竞争力的高低不是一成不变的，可以通过改善边境旅游竞争力影响因素的组合方式与作用强度来提高边境旅游竞争力水平[①]。

# 第二节　中国陆地边境县（市）旅游竞争力的影响因素

边境旅游竞争力的发展是众多因素共同作用的结果，通过对边境旅游竞争力形成机理的分析，将影响边境旅游竞争力的因素分为资源禀赋因素、内在支撑因素和外在驱动因素三大类。资源禀赋是边境旅游竞争力形成和提高的自然物质基础，内在支撑因素是边境旅游竞争力形成和发展的内在力量，外在驱动因素是促进边境旅游竞争力提升的外在力量。边境旅游竞争力是资源禀赋因素、内在支撑因素和外在驱动因素相辅相成、相互融合、综合作用的结果。

## 一　资源禀赋因素

### （一）旅游自然环境

气候、地貌景观、植被水文等组成的自然环境为游客所直接感受与

---

[①] 时雨晴、虞虎：《我国边境旅游发展的影响因素、机理及现状特征研究》，《宁波大学学报》（人文科学版）2018年第2期。

体验的，是边境旅游竞争力的重要组成部分。中国是世界上陆地边境最长的国家之一，边境地区南北跨度大，气候类型多样，具有热带、亚热带和温带等多种热量带；地形跌宕起伏，平原、山地、高原、盆地、丘陵等各种地貌类型交错分布，自然环境质量差异性较大。舒适的旅游自然环境条件是边境县（市）旅游业赖以持续发展和保持竞争力的重要因素。

（二）旅游资源条件

旅游资源是边境县（市）旅游业形成和发展的前提和基础，其数量、质量及吸引力的大小影响边境旅游业的市场规模、需求层次及收入高低。边境旅游资源的地域根植性是边境旅游竞争力提升的源泉，其根植性越明显，差异性越大，竞争力就越强。边境县（市）旅游资源除一般的自然旅游资源、人文旅游资源外，还包括口岸资源。口岸作为两国政治、经济、文化直接交际融合的区域，是对游客产生强烈吸引力的重要因素。

（三）旅游区位交通

旅游产品生产与消费的同时性和不可转移性，使旅游区位交通成为影响旅游竞争力的重要因素，在很大程度上直接决定边境县（市）旅游发展的条件、地位、作用及在宏观旅游开发中的时序、水平等[1]。优越的旅游区位交通条件能够有效缩短游客到目的地的时间，提高边境县（市）与外界物质、能量和信息的交换能力，从而提高其自身的竞争力水平。旅游区位交通因素包括边境县（市）在整个区域中的区位优势度、边境县（市）内道路连通度和对外可达性等状况。对口岸型边境（市）来说，口岸是旅游区位交通的重要组成部分。

二 内在支撑因素

（一）旅游组织结构

旅游组织结构是指旅游各相关行业、企业部门之间的组织关系及规模大小等，是提高边境旅游竞争力的微观基础，主要包括：（1）旅游观赏娱

---

[1] 董锁成、李雪等：《城市群旅游竞争力评价指标体系与测度方法探讨》，《旅游学刊》2009年第2期。

乐业，包括风景区（点）及娱乐场所等；（2）餐饮住宿业，包括旅游饭店及餐馆等；（3）旅行社业；（4）旅游交通业，包括旅游车船公司等；（5）旅游商品生产与销售公司等。旅游组织结构从两个方面来影响边境旅游竞争力。第一，竞争性旅游组织结构。旅游竞争力来源于竞争环境的创造，边境县（市）有效竞争的旅游行业间及企业内部组织结构是增强边境旅游竞争力的关键因素。第二，规模经济。规模经济可以降低成本，是影响边境旅游组织结构竞争优势的主要因素之一，主要通过旅游相关企业的规模经济表现出来，包括企业内部的规模经济和企业外部的规模经济。

### （二）社会经济发展水平及基础设施建设

边境县（市）基础设施建设为边境旅游竞争力的提升提供了各类软、硬件设施，边境旅游的发展离不开基础设施强有力的支撑。良好的社会经济基础不仅能够保障边境县（市）基础设施和旅游服务设施的建设，而且是刺激潜在与现实旅游消费需求的主要动力，其发展水平决定旅游消费的规模与层次，在某种程度上反映了边境县（市）旅游竞争力的现状与潜力，对边境旅游竞争力的提升至关重要。

### （三）技术与制度创新

创新是边境县（市）旅游竞争力提升的动力和关键，主要包括技术创新和制度创新。技术创新指新生产方式的引入，如新产品的创造、经营产品的新方法或工艺手段的革新等，主要体现在宣传促销、网络营销等营销手段的创新，运用高新技术手段开发旅游景区功能的技术创新，旅游景区、饭店等推行智能化管理系统的服务创新等。制度创新具体包括企业的组织方式、产权结构、管理体制、市场规则及政府相关部门的政策等方面的创新。技术与制度创新能够有效提高劳动生产率，有利于提升边境旅游的活力与竞争力。

### （四）旅游人力资源

旅游人力资源是指从事与旅游业有直接关系并影响旅游发展的人员。在知识化、信息化的现代社会，边境县（市）旅游发展的后劲源于旅游人力资源的状况。旅游人力资源的数量、文化素质、思想观念、文化、科学及技术素养等，对边境旅游竞争力有关键性的影响。随着旅游发展阶段的演进，要保持边境旅游产业的持久竞争力，就需要加强对旅游高级人力资源的引进。

### (五) 旅游文化

旅游文化是人类内心价值观、审美观等精神因素的外在表现，是旅游业的精髓和灵魂，是旅游业提高竞争力的关键因素[①]。随着世界经济持续发展和全球一体化的趋势，旅游竞争策略已经从过去单纯的价格竞争、当前的质量竞争向未来的文化竞争转化，旅游文化价值将更加深刻地影响旅游产品的生产和消费，是旅游竞争中的无形力量。边境县（市）地处两国交界，是向世界展示中国的窗口，旅游文化的建设能使边境旅游在激烈的国际竞争中立于不败之地。

## 三 外在驱动因素

### (一) 旅游市场需求

旅游市场需求指游客对边境县（市）旅游资源、旅游产品的需求，是边境旅游竞争力提升的驱动因素。旅游市场需求可以激励旅游产业创新，促使其提高产品的技术构成、质量等级和附加价值；同时，通过游客来收集旅游市场信息，了解旅游竞争对手的情况等，从而生产出更符合游客需求偏好的旅游产品，进而提升边境旅游竞争力。旅游市场需求既是边境旅游竞争力提高的结果，又是其进一步提高的前提条件。

### (二) 政府支持

政府是旅游发展的宏观调控者，是边境旅游竞争力提升不可或缺的力量。在国家及省域层面，宏观旅游政策对边境旅游发展的基本格局产生决定性的影响，为边境县（市）旅游发展提供相应的竞争环境。在县（市）层面，政府通过制定旅游政策及旅游管理体制为边境旅游发展提供战略指导；通过旅游招商引资、协调旅游开发与当地居民间的矛盾、积极应对突发公共事件等，为边境旅游发展创造稳定的旅游社会环境。在企业层面，政府通过优化资源配置，增强旅游企业发展活力，为边境旅游竞争力的提升提供微观基础。

---

[①] 谢春山：《旅游文化——中国旅游业参与国际竞争成败的关键》，《北京第二外国语学院学报》2001年第3期。

### (三) 边境贸易因素

边境贸易是影响边境旅游竞争力的重要因素。贸易促进了两国的经济联系，经济联系推动了人员交往，这是贸易推动旅游的直接动力。边境贸易对边境旅游竞争力的影响主要体现在对边境入境游客数量的影响，边境两国经贸联系越紧密，两国之间的出入境旅游就越活跃，边境旅游竞争力就越强。贸易与旅游互动的概念模型见图3-2。

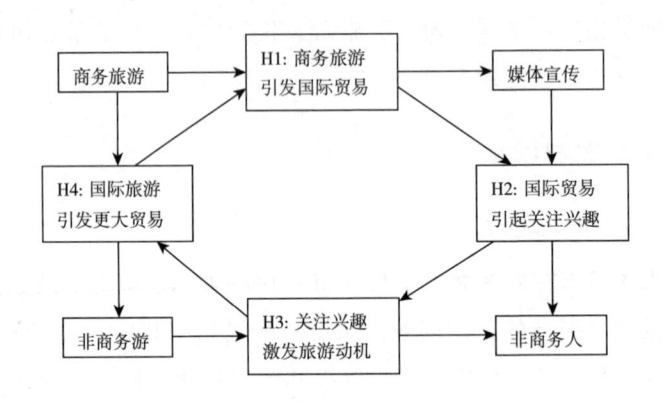

**图3-2 贸易与旅游互动的概念模型**

资料来源：孙根年、张毓等《资源—区位—贸易三大因素对日本游客入境旅游目的选择的影响》，《地理研究》2011年第6期。

### (四) 区域旅游产业集群

边境县（市）所在的更大区域（包括国内区域及邻国区域）范围旅游市场的扩大及旅游产业集群的形成和培育，可以促进边境县（市）自身旅游竞争力的提升。主要表现在两方面：第一，大量旅游企业在更大区域空间上的集聚，不仅能够实现规模效应，还有利于差异化竞争优势的形成，发挥资源共享效应，形成区域旅游品牌，从而提升边境县（市）旅游业的综合竞争力；第二，边境县（市）旅游业在空间上的扩散可以为边境旅游发展开拓新的空间，提供新的利润来源，有利于边境旅游竞争力的发展和提升。更大区域的旅游产业集群是边境旅游竞争力提升的重要模式。

### (五) 地缘政治和经济格局

边境旅游的发展须在高度敏感的政治环境中进行，邻国的政治和经济差异性是影响边境旅游竞争力的重要因素。在地缘政治格局方面，中国陆地周边地区社会制度和经济制度层次性复杂，14个邻国存在几乎世界上所有的社会制度形式和经济体制类型。同时，中国毗邻的中亚、西亚、南亚和东南亚地区一直是大国势力政治斗争和军事斗争的热点地区之一。中、日、俄、美、印等世界大国势力均交会于此，始终被地缘政治学家看作"敏感地带""破碎地带""缓冲地带"[①]。在地缘经济格局方面，中国陆地周边各国家经济发展水平差异巨大，造成区域经济格局呈现"核心-边缘"结构。中国陆地边境的14个邻国中，除俄罗斯、印度以外，均为发展中小国。中国陆地边境县（市）旅游业的发展及竞争力的强弱在很大程度上受到这些大国间关系的状态及各邻国经济发展水平情况的制约。

## 第三节　中国陆地边境县（市）旅游竞争力研究模型构建

通过上述分析，笔者在科学把握边境旅游竞争力的内涵、客观反映中国陆地边境县（市）旅游竞争力特征的基础上，考虑数据的可获得性等因素，尝试构建中国陆地边境县（市）旅游竞争力的研究模型。

### 一　指标体系构建

#### （一）指标的逻辑关系及总体框架设计

中国陆地边境县（市）所具有的一系列有形和无形的资源性要素构成了边境旅游竞争力的内在基础，由此产生一系列外化的产能和综合效能，如市场占有率、市场收益率、游客满意度，以及对当地经济、环境、社会文化的影响度等，构成了边境旅游竞争力的外在表现。为了能够较好地体

---

① 忻华：《"破碎地带"：当代国际关系的地理枢纽》，《世界地理研究》2003年第1期；王逸舟：《中国与非传统安全》，《国际经济评论》2004年第6期。

现边境旅游竞争力的内涵和特点,较为全面地反映影响边境旅游竞争力的多种因素,准确客观地刻画边境旅游竞争力的强弱,本书结合中国陆地边境县(市)旅游业的现状和实际,按照科学性、系统性、静态与动态相结合、可操作性的原则,初步构建了一个由外显竞争力和内在竞争力2个层次11个模块组成的边境旅游竞争力的研究模型。

外显竞争力是边境旅游竞争力的最终表现,一般用旅游市场竞争力来衡量,包括旅游人数和旅游收入指标;内在竞争力是外显竞争力的来源或决定因素,能够更加具体地反映实际旅游竞争力的状况,包括旅游自然环境竞争力、旅游资源竞争力、区位交通竞争力、旅游社会环境竞争力、旅游服务设施竞争力、旅游技术创新竞争力、旅游文化竞争力7个边境旅游发展支持力,以及边境开放度竞争力、旅游集聚竞争力、政府政策竞争力3个边境旅游发展驱动力(见图3-3)。不同模块竞争力之间相互促进、相互制约,共同影响边境县(市)旅游竞争力的强弱。

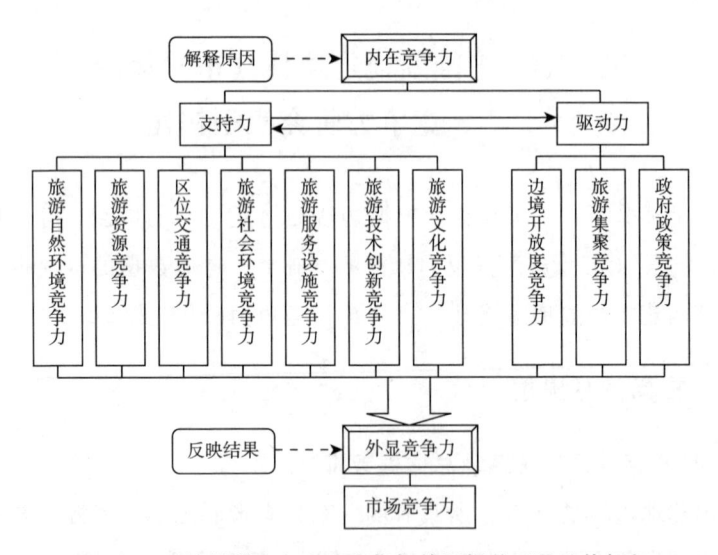

图3-3 边境旅游竞争力研究指标的逻辑关系及总体框架

(二)具体指标选取及计算方法

在上述边境旅游竞争力的研究框架中,有些模块如政府政策竞争力、旅游文化竞争力在现实中很难科学准确地量化,或有些模块如旅游技术创新竞争力在县(市)尺度上的数据获取比较困难,因此,在研究全国范围边境县（市）旅游竞争力的时候予以剔除，选取剩余 8 个模块作为研究指标体系。

1. 旅游自然环境竞争力

（1）旅游气候舒适度

气候对边境旅游竞争力的影响主要体现在气候对旅游者体感舒适度的影响，进而影响边境旅游活动的开展。

数据来源。本书所需的数据主要包括边境县（市）的气温、空气相对湿度、风速、日照时数的月均值资料。数据来源于国家气象局，空间范围包含全国 730 个基准台站，时间范围为 1981~2010 年的月均值资料。分析中采用 ArcGIS 的地统计分析模块，分别运用克里格法（Krige）、样条法（Spline）及梯度距离平方反比法（GIDS）对各要素进行空间内插，进而获取全国 1 千米×1 千米尺度各气象要素的栅格图层。

评价方法。采用温湿指数 $THI$ 和风寒指数 $K$ 作为旅游气候舒适度指标，湿温指数多被用于计算较高气温环境下的人体舒适度，风寒指数用于评价较低时的气温与气流对人体舒适的综合影响。计算公式为：

$$THI = T - 0.55(1-f)(T-58) \tag{3.1}$$

$$T = 1.8t + 32$$

$$K = -(10\sqrt{v} + 10.45 - v)(33-t) + 8.55s \tag{3.2}$$

其中，$THI$ 为温湿指数，$K$ 为风寒指数；$T$ 为华氏温度（℉），$t$ 为摄氏温度（℃），$f$ 为空气相对湿度（%）；$v$ 为风速（m/s）；$s$ 为日照时数（h/d）。

（2）地形起伏度

封志明[①]把地形起伏度定义为在一定区域范围内平均海拔高度水平面上地形的起伏程度，并认为地形起伏度可以较好地反映中国的区域地形地貌特征，是影响中国区域可持续发展程度的重要因素之一，在大尺度和区域人居环境自然评价方面具有很强的实用性。旅游活动作为人类活动的一

---

① 封志明、唐焰等：《中国地形起伏度及其与人口分布的相关性》，《地理学报》2007 年 10 期。

部分，需要考虑地形地貌对旅游活动的影响，本书选取地形起伏度作为旅游地形适宜性的评价指标。

数据来源。本书使用的数据为中国1千米×1千米分辨率DEM数据集，数据来源于地球系统科学数据共享网。

评价方法。采用封志明对地形起伏度的计算方法，计算公式为：

$$RDLS = ALT_{average}/1000 + \{[\text{Max}(H) - \text{Min}(H)] \times [1 - P(A)/A]\}/500 \quad (3.3)$$

公式（3.3）中，$RDLS$为地形起伏度；$ALT_{average}$为以某一栅格单元为中心一定区域内的平均海拔（$m$）；$\text{Max}(H)$和$\text{Min}(H)$分别为以某一栅格单元为中心一定区域内的最高与最低海拔（$m$）；$P(A)$为区域内的平地面积（平方千米）；$A$为区域总面积（平方千米）。本书确定5千米×5千米栅格为基本评价单元，即$A$值为25平方千米。

则旅游自然环境竞争力的计算公式为：

$$Ne = \alpha_1 THI' + \alpha_2 K' + \alpha_3 RDLS' \quad (3.4)$$

公式（3.4）中，$Ne$为边境县（市）旅游自然环境竞争力指数，$\alpha_1$、$\alpha_2$、$\alpha_3$、$THI'$、$K'$、$RDLS'$分别为温湿指数、风寒指数和地形起伏度的权重系数及归一化指数。根据专家打分，本书$\alpha_1$、$\alpha_2$和$\alpha_3$的取值分别为0.2705、0.4856和0.2439。

对于边境旅游气候舒适度的评价，采用ArcGIS的地统计分析模块，运用克里格法（Krige）对各要素进行空间插值，从而获取了全国1千米×1千米尺度各气象要素的栅格图层；根据边境旅游气候舒适度指数的评价模型，以1千米×1千米栅格为基本单元，利用ArcGIS的空间分析模块，分别计算了全国温湿指数和风寒指数。对地形起伏度的提取，主要采用窗口分析等方法，以5千米×5千米栅格大小为单元开辟研究栅格区，以其为准逐个栅格区提取地形起伏度。利用裁剪工具对边境研究区进行提取，根据表3-1，把边境地区温湿指数、风寒指数和地形起伏度的竞争力指数进行标准化处理，进而计算边境旅游自然环境竞争力的等级，并取边境县（市）内栅格值的平均值作为边境县（市）旅游自然环境竞争力的评价结果。

表 3-1　旅游自然环境竞争力评价指标等级划分

| 竞争力等级 | 温湿指数 | 风寒指数 | 地形起伏度 |
| --- | --- | --- | --- |
| 强 | 60~65 | -600~-300 | 0~0.2 |
| 较强 | 55~60；65~70 | -800~-600；-300~-200 | 0.2~1.0 |
| 一般 | 50~55；70~75 | -1000~-800；-200~-50 | 1.0~3.0 |
| 较弱 | 45~50 | -1200~-1000；-50~80 | 3.0~5.0 |
| 弱 | <45 | <-1200；>80 | >5.0 |

2. 旅游资源竞争力

知名度高、信誉好的旅游资源能直接影响旅游者的旅游决策①，旅游者倾向于选择有旅游资源品位高的地方作为旅游目的地，到达目的地后，往往只游玩目的地级别较高的旅游点②。可见，是否具有高品质的旅游资源是旅游者选择旅游目的地的一个重要标准。有鉴于此，本书选择世界地质公园、国家重点风景名胜区、世界生物圈保护区网络、国际重要湿地名录、国家重点风景名胜区、国家5A级及4A级旅游区、国家重点文物保护单位、国家级自然保护区、国家森林公园、国家地质公园、国家水利风景区、中国优秀旅游城市、中国历史文化名城、中国旅游强县、中国历史文化名镇（村）、中国非物质文化遗产、全国爱国主义教育示范基地、全国工农业旅游示范点、边境口岸20项高品质旅游资源进行评价（见表3-2），以期能够清晰把握中国陆地边境县（市）旅游资源的现状。

数据来源。通过联合国教科文组织、国家旅游局、国家林业局、国家文物局、环保部、水利部等公布的数据及相关书籍的查阅，筛选出2006年及2011年边境县（市）旅游资源单体。

评价方法。构建旅游资源条件的评价模型，运用指标得分的加权求和方式进行计算，计算公式为：

$$Re = \sum_{i=1}^{n} X_i P_i \tag{3.5}$$

---

① 李经龙、郑淑婧：《中国品牌旅游资源空间布局研究》，《资源科学》2006年第1期。
② 陈健昌、保继刚：《旅游者的行为研究及其实践意义》，《地理研究》1988年第3期。

其中，$Re$ 为边境县（市）旅游资源竞争力指数，$X_i$ 为第 $i$ 个指标的归一化数值，$P_i$ 为第 $i$ 个指标的权重，$n$ 是指标个数。参考李经龙对旅游资源的评价，确定边境县（市）旅游资源的权重。有些旅游资源拥有多个称号，如内蒙古达赉湖既是世界生物圈保护区网络，又是国际重要湿地名录和国家级自然保护区，为避免重复以权重最高的一种进行统计，达赉湖的权重赋值为 20。

表 3-2　旅游资源竞争力评价指标及权重

| 旅游资源类型 | 权重 | 旅游资源类型 | 权重 | 旅游资源类型 | 权重 |
|---|---|---|---|---|---|
| 世界地质公园 | 40 | 中国历史文化名城 | 20 | 国家地质公园 | 15 |
| 国家重点风景名胜区 | 25 | 中国旅游强县 | 20 | 国家水利风景区 | 15 |
| 国家 5A 级旅游景区 | 25 | 中国历史文化名镇（村） | 15 | 国家重点文物保护单位 | 10 |
| 世界生物圈保护区网络 | 20 | 全国爱国主义教育示范基地 | 15 | 省级自然保护区 | 10 |
| 国际重要湿地名录 | 20 | 全国工农业旅游示范点 | 15 | 边境口岸 | 10 |
| 国家 4A 级旅游景区 | 20 | 国家级自然保护区 | 15 | 非物质文化遗产 | 5 |
| 中国优秀旅游城市 | 20 | 国家森林公园 | 15 | | |

3. 区位交通竞争力

区位交通因素直接影响边境旅游的可进入性与旅游辐射范围的大小，本书借鉴金凤君[①]对中国区域交通优势度的评价方法，把边境县（市）区位交通竞争力分为路网密度竞争力、交通干线影响度竞争力和区位优势度竞争力三方面。

数据来源。边境省域铁路、高速公路、国道、省道和其他道路数据来源于 2007 年和 2012 年的《中国交通地图》矢量化提取；边境口岸数据来源于 2014 年的《中国口岸年鉴》；机场数据来源于全国民用机场布局的权威规划。

---

① 金凤君、王成金等：《中国区域交通优势的甄别方法及应用分析》，《地理学报》2008 年第 8 期。

评价方法。构建区位交通竞争力的评价模型，运用指标得分的加权求和方式进行计算，计算公式为：

$$F(X_e) = \vartheta_1 D'_e + \vartheta_2 C'_e + \vartheta_3 S'_e \tag{3.6}$$

其中，$F(X_e)$ 为区位交通竞争力指数，$D'_e$、$C'_e$、$S'_e$ 分别为交通网络密度、交通干线影响度和区位优势度的无量纲值，$\vartheta_i$ 为三种指标的权重，本书中取值均为1。

(1) 路网密度

路网密度主要指交通设施的运营长度或点的数量与所在区域土地面积的绝对比值，其值越大表明交通设施网络越密集，对边境县（市）旅游发展的支撑能力越强，计算公式为：

$$D_e = L_e / A_e \quad e \in (1, 2, 3, \cdots, n) \tag{3.7}$$

其中，$D_e$ 为边境县（市）$e$ 的路网密度，$L_e$ 为边境县（市）$e$ 的交通设施营运长度或节点数量，$A_e$ 为边境县（市）$e$ 的土地面积。鉴于公路和铁路交通的便捷性和普适性，本书采用公路和铁路网密度进行分析。

(2) 交通干线影响度

交通干线影响度依据交通设施的技术-经济特征，按照专家智能的理念，采用分类赋值的方法进行评价。第一，确定边境县（市）是否拥有重要或大型交通设施及数量，即重要或大型交通设施分布在或途经该县（市）；第二，如果边境县（市）不拥有交通干线，则测算该边境县（市）的行政中心与交通干线的交通距离；第三，根据各距离段的权重（见表3-3），分别计算各边境县（市）的交通干线影响值。计算公式为：

$$f(X_e) = \sum_{e=1, m=1}^{n, M} C_{em} \tag{3.8}$$

$$e \in (1, 2, 3, \cdots, n) \quad m \in (1, 2, 3, \cdots, M)$$

其中，$f(X_e)$ 为边境县（市）$e$ 的交通干线技术的保障水平，$C_{em}$ 为边境县（市）$e$ 的 $m$ 种交通干线影响度，即权重值。

表 3-3　各交通干线及其各距离段权重赋值

| 类型 | 子类型 | 标准 | 赋值 | 类型 | 子类型 | 标准 | 赋值 |
|---|---|---|---|---|---|---|---|
| 铁路 | 铁路 | 拥有铁路 | 2.0 | 口岸 | 口岸 | 拥有口岸 | 2.0 |
|  |  | 30 千米距离 | 1.5 |  |  | 30 千米距离 | 1.5 |
|  |  | 60 千米距离 | 1.0 |  |  | 60 千米距离 | 1.0 |
|  |  | 其他 | 0.0 |  |  | 其他 | 0.0 |
| 公路 | 高速公路 | 拥有高速公路 | 1.5 | 机场 | 机场 | 拥有机场 | 2.5 |
|  |  | 30 千米距离 | 1.0 |  |  | 30 千米距离 | 2 |
|  |  | 60 千米距离 | 0.5 |  |  | 60 千米距离 | 1.5 |
|  |  | 其他 | 0.0 |  |  |  |  |
|  | 国道公路 | 拥有国道 | 0.5 |  |  | 其他 | 0.0 |
|  |  | 其他 | 0.0 |  |  |  |  |

资料来源：参见金凤君、王成金等《中国区域交通优势的甄别方法及应用分析》，《地理学报》2008 年第 8 期。

(3) 区位优势度

本书选择边境省会城市作为关键空间节点，采用 ArcGIS 的网络分析模块，运用最短路径模型，计算边境县（市）与省会城市的距离，并参照距离衰减规律对各边境县（市）进行权重赋值，由此形成各边境县（市）的区位优势度。

4. 旅游社会环境竞争力

社会环境是边境县（市）旅游发展的重要支撑，本书选取地区生产总值、人均地区生产总值、第三产业比重作为边境县（市）旅游社会环境竞争力的评价指标。

数据来源。各边境省份 2007 年及 2012 年《中国区域经济统计年鉴》、《中国城市统计年鉴》及各省年鉴等相关资料。

评价方法。构建旅游社会环境竞争力的评价模型，运用指标得分的加权求和方式进行计算，计算公式为：

$$Se = \sum_{j=1}^{m} Y_j Q_j \qquad (3.9)$$

其中，$Se$ 为边境县（市）旅游社会环境竞争力指数，$Y_j$ 为第 $j$ 个指标的归一化数值，$Q_j$ 为第 $j$ 个指标的权重，$m$ 是指标个数，值为 3。根据专家打分，本书确定地区生产总值、人均地区生产总值和第三产业比重的权重分别为 0.2851，0.5753 和 0.1396。

5. 旅游服务设施竞争力

旅游服务设施主要包括酒店住宿、餐饮娱乐、旅游购物等设施，其中，是否能够拥有满意的住宿条件是游客选择旅游地的一个重要依据，酒店数量及等级是其衡量标准。本书选取酒店房间数量与边境县域酒店的平均等级之积作为旅游服务设施竞争力的评价指标。

数据来源。通过携程网[①]公布信息查找边境县（市）所拥有的酒店名称、酒店星级、总体评价、开业时间、房间数等数据。

评价方法。构建旅游服务设施竞争力的评价模型，计算公式为：

$$Fe = H_e \cdot \frac{\sum N_k \cdot K}{N} \tag{3.10}$$

其中，$Fe$ 为边境县（市）旅游服务设施竞争力指数，$H_e$ 为边境县（市）$e$ 内的旅游酒店房间数，$N_k$ 为边境县（市）$e$ 内第 $k$ 个酒店的等级数量（$k=1, 2, 3, \cdots$），$K$ 为第 $k$ 个酒店的等级；$N$ 为边境县域 $e$ 内的酒店个数。

6. 边境口岸竞争力

边境口岸活力在一定程度上带动了边境旅游的发展，是边境旅游竞争力区别于一般旅游竞争力的重要特征，本书选取边境口岸游客出入境流量作为边境口岸竞争力的评价指标。没有口岸的边境县（市）此指标得分为 0。

数据来源：2007 年和 2012 年的《中国口岸年鉴》。

评价方法：边境口岸游客出入境流量的归一化指数。

7. 旅游集聚竞争力

边境县（市）旅游集群的集聚度对边境旅游竞争力的影响主要表现在规模效应和扩散效应两个方面。本书应用旅游集聚度来衡量旅游集聚竞争力的高低。

---

[①] 参见 http://www.ctrip.com/。

数据来源。各边境省份2007年及2012年统计年鉴、旅游统计年鉴、2006年及2011年国民经济与社会发展统计公报等相关资料查询。

评价方法。国内外对旅游业集聚度的计量方法包括行业集中度与集中系数法、空间集聚指数法、空间基尼系数法、赫希曼-赫佛因德指数法、区位熵指数法等。其中，区位熵指数法能够更准确地反映旅游业中旅游资源空间不可移动性的特征，在旅游集群的产业集聚度判定中广泛应用，计算公式为：

$$LQ = (E_{ef}/E_e)/(E_{qf}/E_q) \quad (3.11)$$

其中，$LQ$为边境县（市）旅游区位熵指数；$E_{ef}$、$E_e$分别为边境县（市）$e$及其所在省域的旅游收入；$E_{qf}$、$E_q$分别为边境县（市）$e$及其所在省域的GDP总量。

8. 旅游市场竞争力

本书选取旅游人数和旅游收入作为旅游市场竞争力的评价指标。

数据来源。各边境县（市）2007年及2012年《国民经济和社会发展统计公报》、《政府工作报告》、各政府网站、各省年鉴等相关书籍资料。

评价方法。构建旅游市场竞争力的评价模型，运用指标得分的加权求和方式进行计算，计算公式为：

$$Mt = \gamma_1 MP'_e + \gamma_2 MI'_e \quad (3.12)$$

其中，$Mt$为旅游市场竞争力指数，$MP'_e$和$MI'_e$分别为边境县域旅游人数和旅游收入的无量纲值，$\gamma_i$为两种指标的权重。根据专家打分，本书$\gamma_1$与$\gamma_2$的取值分别为0.3975、0.6025。

## 二 研究方法

在边境旅游研究方法方面，以往的研究大部分停留在对边境旅游类型、特点、影响因素、驱动机制及边境旅游合作等方面的定性描述上，定量研究较少；在旅游竞争力研究方法方面，以往的研究大部分停留在对旅游竞争力的测度和评价上，大多数学者忽略了影响旅游竞争力的因素会随着时间的推移而发生变化这一特征。有鉴于此，笔者认为边境旅游竞争力研究应在分析边境旅游竞争力要素的时空分异特征和时空演变规律的基础上，对边境县（市）旅游竞争力的类型进行划分，进而采用相关分析等方法剖析不同类型边境旅游竞争力的驱动因素及形成的动力机制，从而为促进边境旅游竞争力的有效提升提供科学依据。

（一）变异系数分析法

采用变异系数测度边境县（市）旅游竞争力水平的差异程度，刻画边境县（市）旅游竞争力的时空差异，该方法已在地理数据的空间差异研究中得到广泛应用。计算公式为：

$$C_v = \frac{1}{\bar{x}} \sqrt{\sum_{i=1}^{n}(x_i - \bar{x})^2/(n-1)} \times 100\% \qquad (3.13)$$

其中，$C_v$ 为变异系数，$\bar{x}$ 为边境旅游竞争要素指数的平均值，$n$ 为边境县（市）的个数，$x_i$ 为各边境县（市）旅游竞争力指数。

（二）Pearson 相关分析法

边境旅游内在竞争力对外显竞争力产生一定的影响，且不同类型边境旅游竞争力的影响因素及影响程度有所不同。Pearson 相关分析法可以用来分析边境县（市）旅游外显竞争力与内在竞争力之间的关系，相关系数取值范围为 [-1, 1]；相关系数的绝对值越大，说明旅游外显竞争力与内在竞争力的相关性越高；绝对值越小，说明两者的相关性越低，计算公式为：

$$r = \frac{N\sum XY - \sum X \sum Y}{\sqrt{N\sum X^2 - (\sum X)^2}\sqrt{N\sum Y^2 - (\sum Y)^2}} \qquad (3.14)$$

其中，$r$ 为 Pearson 相关系数，$X$、$Y$ 分别为边境旅游市场竞争力指数与各影响因素指数，$N$ 为边境县（市）个数。相关系数 $r$ 的绝对值取值在 0.8~1.0 为极强相关，0.6~0.8 为强相关，0.4~0.6 为中等相关，0.2~0.4 为弱相关，0.0~0.2 为极弱相关或无相关。

（三）主成分分析法

主成分分析法可以将具有相关性的变量转化成相互独立的变量，用较少变量解释大部分变量。数据处理主要包括数据标准化，由标准化后的数据求协方差矩阵，计算特征方程中所有特征值并根据特征值累计比例确定主成分的数量，计算主成分载荷值和主成分得分，以及进行主成分评分等。

对边境县（市）旅游内在竞争要素进行主成分分析可以将具有相关性的变量转化成相互独立的变量，是分析边境县（市）旅游外显竞争力与各内在竞争要素之间关系的基础。其中主成分分析过程采用 SPSS 软件的相关分析模块进行处理，具体步骤参见文献①。

## 第四节　本章小结

本章在系统分析边境旅游竞争力的形成机理与特点，总结边境旅游竞争力主要影响因素的基础上，针对中国陆地边境县（市）旅游竞争力的现状，构建了边境县（市）旅游竞争力研究的基本理论框架及研究模型和方法。

中国陆地边境县（市）旅游竞争力具有综合开放性、多样性、受边境效应影响大、动态性等特点。资源禀赋因素、内在支撑因素、外在驱动因素是边境县（市）旅游竞争力的三大影响因素。其中，资源禀赋因素包括旅游自然环境、旅游资源条件、旅游区位交通；内在支撑因素包括旅游组织结构、社会经济发展水平与基础设施建设、技术与制度创新、旅游人力资源、旅游文化；外在驱动因素包括旅游市场需求、政府支持、边境贸易、旅游集聚、地缘政治和经济格局。

结合中国陆地边境县（市）旅游发展现状，按照科学性、系统性、静态与动态相结合、可操作性的原则，初步构建了一个由外显竞争力和内在竞争力 2 个层次 11 个模块组成的边境旅游竞争力的研究模型，并介绍了相关研究方法。

---

① 刘先勇、袁长迎等：《SPSS10.0 统计分析软件与应用》，国防工业出版社，2002，第 33 页；王学民：《应用多元分析》，上海财经大学出版社，2004，第 232 页。

# 第四章 中国陆地边境县（市）旅游竞争力的时空变化及类型特征分析

边境旅游竞争力的形成是自然、社会和经济等多种因素综合作用的结果。中国边境地区南北跨度大，各边境县（市）的资源禀赋、社会经济发展水平和旅游发展条件等差距较大，导致了中国边境旅游各竞争要素的时空分布不平衡，不同边境县（市）旅游竞争力的差异显著。本章运用在第三章中构建的边境旅游竞争力研究模型，针对中国陆地边境县（市）旅游业的发展特点，选取2006年和2011年两个时间节点，揭示近五年来中国边境旅游各竞争要素的时间变化特征及空间分异规律，在此基础上划分中国边境旅游竞争力的类型，并对其特征进行分析。

## 第一节 中国陆地边境县（市）旅游竞争力的时空特征分析

根据第三章中构建的指标体系和评价方法，对2006年及2011年中国陆地边境县（市）旅游竞争力要素进行评价，对评价结果进行标准化处理，并分析中国陆地边境县（市）旅游竞争力的时空特征。

### 一 中国陆地边境县（市）旅游竞争要素的时空特征

#### （一）边境旅游自然环境竞争力

由于边境旅游自然环境在五年内的变化及其微小，可忽略不计，即2006年边境旅游自然环境竞争力水平与2011年相当。中国陆地边境旅游自然环境竞争力指数的平均值为55.30，高于平均值的边境县（市）有75

个，占55.97%。全国陆地边境县（市）旅游自然环境竞争力指数的变异系数为0.46，不同边境省份、不同边境段落竞争力均值及变异系数见表4-1、表4-2。

表4-1 不同边境省份县（市）旅游自然环境竞争力指数均值及变异系数

| 省份 | 竞争力均值 | 变异系数 | 省份 | 竞争力均值 | 变异系数 |
| --- | --- | --- | --- | --- | --- |
| 辽宁 | 98.90 | 0.02 | 新疆 | 70.92 | 0.20 |
| 吉林 | 66.24 | 0.18 | 西藏 | 23.72 | 1.05 |
| 黑龙江 | 36.65 | 0.43 | 云南 | 69.22 | 0.20 |
| 内蒙古 | 42.08 | 0.64 | 广西 | 63.65 | 0.10 |
| 甘肃 | 56.19 | 0.00 | | | |

表4-2 不同边境段落县（市）旅游自然环境竞争力指数均值及变异系数

| 边境 | 竞争力均值 | 变异系数 | 边境 | 竞争力均值 | 变异系数 |
| --- | --- | --- | --- | --- | --- |
| 中朝 | 73.78 | 0.24 | 中巴 | 71.31 | 0.36 |
| 中俄 | 34.13 | 0.53 | 中印 | 42.67 | 0.84 |
| 中蒙 | 54.95 | 0.39 | 中尼 | 9.25 | 0.84 |
| 中哈 | 71.27 | 0.13 | 中不 | 21.62 | 0.76 |
| 中吉 | 73.94 | 0.29 | 中缅 | 67.75 | 0.21 |
| 中塔 | 58.46 | 0.13 | 中老 | 55.85 | 0.16 |
| 中阿 | 52.96 | 0.00 | 中越 | 69.16 | 0.15 |

从空间分布看，边境旅游自然环境竞争力指数为80~100的边境县（市）主要分布在内蒙古西部及新疆边境、西藏南部及云南北部边境、东北南部边境；竞争力指数为60~80的边境县（市）主要分布在新疆边境、广西及云南边境、内蒙古中部边境、吉林边境；竞争力指数为40~60的边境县（市）主要分布在东北东部及内蒙古东部边境、新疆北部及西部边境、甘肃边境、云南及广西中部边境；竞争力指数为0~40的边境县（市）主要分布在西藏西部、黑龙江北部、内蒙古东部边境，不同竞争力等级的边境县（市）数量分布见表4-3。

表 4-3 不同等级边境旅游自然环境竞争力的数量分布

| 竞争力指数 | 80~100 | 60~80 | 40~60 | 20~40 | 0~20 |
| --- | --- | --- | --- | --- | --- |
| 县（市）个数 | 25 | 39 | 38 | 14 | 18 |
| 比例 | 18.66% | 29.10% | 28.36% | 10.45% | 13.43% |

从自然气候看，边境地区跨越30多个纬度，经历了从热带到寒温带多个气候带，多样的气候类型使边境旅游的季节互补性较强[①]。东北边境6~9月气候较为舒适，12月至次年2月冰雪旅游资源较为丰富，宜开展旅游活动；西北边境旅游旺季为夏季，西南边境旅游的最佳季节是冬春时节。从地形看，东北边除长白山、大小兴安岭海拔在千米以上外，边境其他地区为丘陵、平原，地形起伏度不大；内蒙古、甘肃、新疆边境除内蒙古中部地区、新疆伊犁河谷地区为台地或草原，地形起伏度较小，其他地段地形起伏度较大，除少数山口形成交通要道外，大部分为高山阻隔；西藏边境位于中国地形最高的阶梯，边境地段多为高山阻隔，整体高寒缺氧，除少数隘口地势相对较低，具备一定通关能力外，普遍处于封闭状态；西南边境西部与喜马拉雅山脉相连，地处青藏、云贵高原交界处的横断山区，除部分谷地边境县（市）以外，很难开展旅游活动，广西边境地势则相对平缓。

（二）边境旅游资源竞争力

中国陆地边境旅游资源竞争力指数的平均值由 2006 年的 20.21 上升到 2011 年的 26.83，2006 年高于平均值的边境县（市）有 53 个，占 39.55%，2011 年高于平均值的边境县（市）有 58 个，占 43.28%。中国陆地边境县（市）旅游资源竞争力指数的变异系数由 2006 年的 0.85 下降到 2011 年的 0.81，不同边境省份、不同边境段落竞争力指数均值及变异系数见表 4-4、表 4-5。不同竞争力等级的边境县（市）数量及比例见表 4-6。

---

① 钟林生、张生瑞、时雨晴、张爱平：《中国陆地边境县域旅游资源特征评价及其开发策略》，《资源科学》2014年第6期。

表 4-4　不同边境省份县（市）旅游资源竞争力指数均值及变异系数

| 省份 | 竞争力均值 2006 年 | 竞争力均值 2011 年 | 变异系数 2006 年 | 变异系数 2011 年 | 省份 | 竞争力均值 2006 年 | 竞争力均值 2011 年 | 变异系数 2006 年 | 变异系数 2011 年 |
|---|---|---|---|---|---|---|---|---|---|
| 辽宁 | 36.04 | 40.54 | 0.67 | 0.64 | 新疆 | 13.18 | 21.71 | 0.86 | 0.86 |
| 吉林 | 34.05 | 44.32 | 0.66 | 0.53 | 西藏 | 9.76 | 11.26 | 0.95 | 0.90 |
| 黑龙江 | 25.08 | 31.83 | 0.53 | 0.51 | 云南 | 23.89 | 29.30 | 0.95 | 0.97 |
| 内蒙古 | 22.48 | 30.30 | 0.76 | 0.78 | 广西 | 21.62 | 29.39 | 0.36 | 0.33 |
| 甘肃 | 13.51 | 16.22 | 0.00 | 0.00 | | | | | |

表 4-5　不同边境段落县（市）旅游资源竞争力指数均值及变异系数

| 边境 | 竞争力均值 2006 年 | 竞争力均值 2011 年 | 变异系数 2006 年 | 变异系数 2011 年 | 边境 | 竞争力均值 2006 年 | 竞争力均值 2011 年 | 变异系数 2006 年 | 变异系数 2011 年 |
|---|---|---|---|---|---|---|---|---|---|
| 中朝 | 34.51 | 43.45 | 0.63 | 0.53 | 中巴 | 10.81 | 16.22 | 1.41 | 1.41 |
| 中俄 | 25.88 | 33.89 | 0.52 | 0.51 | 中印 | 8.35 | 10.81 | 0.96 | 0.87 |
| 中蒙 | 21.02 | 29.83 | 0.68 | 0.76 | 中尼 | 11.97 | 14.29 | 0.75 | 0.66 |
| 中哈 | 11.26 | 18.92 | 1.03 | 0.88 | 中不 | 8.65 | 9.19 | 1.55 | 1.59 |
| 中吉 | 6.76 | 13.51 | 0.70 | 0.82 | 中缅 | 27.45 | 34.57 | 0.90 | 0.89 |
| 中塔 | 14.86 | 27.03 | 0.64 | 14.86 | 中老 | 9.46 | 28.38 | 1.41 | 1.41 |
| 中阿 | 21.62 | 32.43 | 0.00 | 0.00 | 中越 | 17.12 | 21.44 | 0.51 | 0.56 |

表 4-6　不同边境旅游资源竞争力水平的县（市）数量及比例

单位：个，%

| 年份 | 竞争力指数 | 50~100 | 30~50 | 20~30 | 10~20 | 0~10 |
|---|---|---|---|---|---|---|
| 2006 | 县（市）数量 | 11 | 17 | 25 | 39 | 42 |
| | 比例 | 8.21 | 12.69 | 18.66 | 29.10 | 31.34 |
| 2011 | 县（市）数量 | 23 | 22 | 27 | 32 | 30 |
| | 比例 | 17.16 | 16.42 | 20.15 | 23.88 | 22.39 |

中国陆地边境地区由于地域空间跨度大，各段落旅游资源的特色非常鲜明[①]。从空间分布看，边境旅游资源竞争力指数较高的边境县（市）主要分布在东北边、中蒙边境以及云南广西边境。

---

① 钟林生等：《中国陆地边境县域旅游资源特征评价及其开发策略》，《资源科学》2014 年第 6 期。

东北边境旅游资源包括界江（黑龙江、乌苏里江、鸭绿江）、界湖（兴凯湖）、界山（长白山）、森林（茅兰沟、天桥沟国家森林公园）、湿地（洪河、三江、珍宝岛）等大体量自然旅游资源，极具视觉冲击力，中国的北极（漠河）、东极（抚远）均分布在此。人文旅游资源方面，集安高句丽文物古迹、虎头要塞遗址、瑷珲清朝遗址群等遗址遗迹类旅游资源丰富。此外，随着中俄两国关系的日益密切，一些具有异域风情的村镇如乌苏镇、俄罗斯民族村等逐步发展起来。

中蒙边境的自然景观主要以草原（格根塔拉草原）、沙漠（阿拉善、腾格里沙漠）、森林（古查尔、胡杨林、宝格达乌拉森林公园）为主，此外，还有达赉湖生物圈保护区等。蒙古族的那达慕大会、哈萨克族的阿肯弹唱、维吾尔族的木卡姆艺术节、穆斯林的开斋节等民族节庆对游客的吸引力较大。

云南广西边境复杂的地形和多样的气候使此边境地区拥有丰富的热带雨林景观（屏峰、莫里热带雨林、西双版纳植物园）、峡谷（通灵大峡谷、古龙山峡谷群）、喀斯特地貌（南伞跨国溶洞）等自然旅游资源。曼龙勒傣族特色村寨、易武古镇等少数民族聚居地也颇具风情。

边境旅游资源竞争力指数较低的边境县（市）主要分布在西部边境。西部边境虽然拥有峡谷（雅鲁藏布江大峡谷）、雪山（喜马拉雅山、卓木拉日山）、冰川（希夏邦玛冰川、克州冰川）、湖泊（羊卓雍湖、赛里木湖）、沙漠（鸣沙沙漠）等丰富的自然景观，但由于条件限制，已开发的旅游资源数量不多。西部边境宗教旅游资源较为丰富。此外新疆边境拥有古丝绸之路遗留下来的人文资源，如哈密魔鬼城、巴里坤古城、惠远古城等，其中塔什库尔干是丝绸古道中亚、西亚的桥头堡，蕴藏着丰富的历史文化资源。从2006~2011年均增长率看，东北东部边境、内蒙古西部边境、新疆边境旅游资源竞争力指数增长较快。

**（三）边境旅游区位交通竞争力**

中国陆地边境旅游区位交通竞争力指数的平均值由2006年的31.54上升至2011年的35.84，2006年高于平均值的边境县（市）有63个，占47.01%，2011年高于平均值的边境县（市）有61个，占45.52%。全国陆地边境县（市）旅游区位交通竞争力指数的变异系数由2006年的0.49下降至2011年的0.46，不同边境省份、不同边境段落县（市）旅游区位交通竞争力指数均值及变异系数见表4-7、表4-8。不同边境旅游区位交通竞争力等级的县（市）数量及比例见表4-9。

表4-7　不同边境省份县（市）旅游区位交通竞争力指数均值及变异系数

| 省份 | 竞争力均值 2006年 | 竞争力均值 2011年 | 变异系数 2006年 | 变异系数 2011年 | 省份 | 竞争力均值 2006年 | 竞争力均值 2011年 | 变异系数 2006年 | 变异系数 2011年 |
|---|---|---|---|---|---|---|---|---|---|
| 辽宁 | 65.63 | 70.21 | 0.44 | 0.37 | 新疆 | 23.48 | 29.20 | 0.48 | 0.44 |
| 吉林 | 47.54 | 53.16 | 0.15 | 0.16 | 西藏 | 20.60 | 21.43 | 0.50 | 0.44 |
| 黑龙江 | 36.55 | 43.19 | 0.23 | 0.27 | 云南 | 34.55 | 36.91 | 0.24 | 0.28 |
| 内蒙古 | 25.61 | 31.11 | 0.60 | 0.57 | 广西 | 51.37 | 54.66 | 0.28 | 0.21 |
| 甘肃 | 11.67 | 11.78 | 0.00 | 0.00 | | | | | |

表4-8　不同边境段落县（市）旅游区位交通竞争力指数均值及变异系数

| 边境 | 竞争力均值 2006年 | 竞争力均值 2011年 | 变异系数 2006年 | 变异系数 2011年 | 边境 | 竞争力均值 2006年 | 竞争力均值 2011年 | 变异系数 2006年 | 变异系数 2011年 |
|---|---|---|---|---|---|---|---|---|---|
| 中朝 | 51.72 | 57.09 | 0.30 | 0.26 | 中巴 | 5.76 | 14.07 | 0.38 | 0.62 |
| 中俄 | 31.45 | 37.91 | 0.41 | 0.39 | 中印 | 14.09 | 16.85 | 0.80 | 0.60 |
| 中蒙 | 25.92 | 31.76 | 0.49 | 0.50 | 中尼 | 22.82 | 23.10 | 0.19 | 0.20 |
| 中哈 | 29.87 | 34.09 | 0.35 | 0.39 | 中不 | 29.95 | 30.17 | 0.12 | 0.12 |
| 中吉 | 18.36 | 22.22 | 0.57 | 0.58 | 中缅 | 32.65 | 34.71 | 0.29 | 0.31 |
| 中塔 | 11.13 | 14.01 | 0.49 | 0.62 | 中老 | 30.36 | 30.55 | 0.14 | 0.14 |
| 中阿 | 7.29 | 7.89 | 0.00 | 0.00 | 中越 | 44.59 | 47.66 | 0.31 | 0.29 |

表4-9　不同边境旅游区位交通竞争力水平的县（市）数量及比例

单位：个，%

| 年份 | 竞争力指数 | 50~100 | 40~50 | 30~40 | 20~30 | 0~20 |
|---|---|---|---|---|---|---|
| 2006 | 县（市）数量 | 15 | 19 | 38 | 34 | 28 |
| | 比例 | 11.19 | 14.18 | 28.36 | 25.37 | 20.90 |
| 2011 | 县（市）数量 | 25 | 23 | 33 | 35 | 18 |
| | 比例 | 18.66 | 17.16 | 24.63 | 26.12 | 13.43 |

从空间分布看，边境旅游区位交通竞争力指数较高的边境县（市）主要分布在东北东部边境、西南边境及新疆边境少数县（市）。东北边境处于东北亚经济圈的中心地区，目前已初步形成连接东北亚及省内外大中城市的立体交通网络。

其中，东北东部边境的丹东是连接朝鲜半岛与中国及欧亚大陆的重要陆路通道，拥有口岸、机场、铁路、高速公路等交通设施；珲春地处中、朝、俄三国交界地带，是东北亚地区的地理几何中心，国家级"长吉图开发开放先导区"的窗口城市；绥芬河是承接中国振兴东北和俄罗斯开发远东两大战略的重要节点城市，被誉为连接东北亚和走向亚太地区的"黄金通道"。东北北部边境交通条件较东北东部弱，已形成以黑河、满洲里为中心的边境交通网络；黑河与布拉戈维申斯克隔江相望；满洲里地处中、俄、蒙三国交界，是中国最大的陆运口岸城市，被誉为"东亚之窗"；二连浩特是中国对蒙古国开放的最大公路、铁路口岸。

西南边境面向东南亚，是中国华南经济圈、西南经济圈和东盟经济圈的交界处。其中，东兴是中国与东盟唯一海陆相连的口岸城市；凭祥是中国通往越南及东南亚最大和最便捷的陆路通道，湘桂铁路和322国道贯穿市区；景洪是中国对外交流的重要港口城市；瑞丽位于中缅交会处，是320国道、滇缅公路与中印公路的交点，毗邻国家级口岸城市木姐；河口县与越南老街相望，滇越铁路、昆和公路、红河巷道会聚于此，是云南乃至西南地区通向东南亚、南太平洋的便捷通道。

西北边境中，博乐是中国西部的重要沿边开放城市和闻名世界的第二座亚欧大陆桥的西桥头堡，境内拥有阿拉山口一类口岸；哈密是中国古"丝绸之路"上的重镇，国道312线、兰新铁路、亚欧通信光缆横贯哈密；霍城县拥有城、乡、村柏油公路相通的交通格局，霍尔果斯口岸地处欧亚经济板块的中心位置，是中国西部地区综合运量最大的一类公路口岸，是古"丝绸之路"新北道上的重要驿站。

受自然条件的限制，西藏边境县（市）整体的区位交通条件较差。从2006~2011年均增长率看，内蒙古东部边境及新疆边境旅游区位交通竞争力指数增长较快。

**（四）边境旅游社会环境竞争力**

中国陆地边境旅游社会环境竞争力指数的平均值由2006年的9.56上升至2011年的20.60，2006年高于平均值的边境县（市）有52个，占38.81%，2011年高于平均值的边境县（市）有40个，占29.85%。全国陆地边境县（市）旅游社会环境竞争力指数的变异系数由2006年的0.68

上升至 2011 年的 0.86，不同边境省份、不同边境段落县（市）旅游社会环境竞争力指数均值及变异系数见表 4-10、表 4-11。不同边境旅游社会环境竞争力的县（市）数量及比例见表 4-12。

表 4-10　不同边境省份县（市）旅游社会环境竞争力指数均值及变异系数

| 省份 | 竞争力均值 2006 年 | 竞争力均值 2011 年 | 变异系数 2006 年 | 变异系数 2011 年 | 省份 | 竞争力均值 2006 年 | 竞争力均值 2011 年 | 变异系数 2006 年 | 变异系数 2011 年 |
|---|---|---|---|---|---|---|---|---|---|
| 辽宁 | 25.85 | 52.37 | 0.38 | 0.37 | 新疆 | 7.52 | 14.21 | 0.60 | 0.52 |
| 吉林 | 10.40 | 24.13 | 0.34 | 0.40 | 西藏 | 8.03 | 11.69 | 0.46 | 0.29 |
| 黑龙江 | 10.63 | 19.89 | 0.69 | 0.58 | 云南 | 6.05 | 10.33 | 0.54 | 0.47 |
| 内蒙古 | 14.96 | 45.05 | 0.53 | 0.56 | 广西 | 8.88 | 19.86 | 0.64 | 0.80 |
| 甘肃 | 16.10 | 65.89 | 0.00 | 0.00 | | | | | |

表 4-11　不同边境段落县（市）旅游社会环境竞争力指数均值及变异系数

| 边境 | 竞争力均值 2006 年 | 竞争力均值 2011 年 | 变异系数 2006 年 | 变异系数 2011 年 | 边境 | 竞争力均值 2006 年 | 竞争力均值 2011 年 | 变异系数 2006 年 | 变异系数 2011 年 |
|---|---|---|---|---|---|---|---|---|---|
| 中朝 | 13.96 | 30.64 | 0.61 | 0.55 | 中巴 | 3.18 | 7.47 | 0.37 | 0.04 |
| 中俄 | 11.71 | 24.28 | 0.63 | 0.64 | 中印 | 6.25 | 11.61 | 0.73 | 0.37 |
| 中蒙 | 12.54 | 36.52 | 0.55 | 0.70 | 中尼 | 9.12 | 12.58 | 0.43 | 0.27 |
| 中哈 | 7.96 | 14.66 | 0.59 | 0.48 | 中不 | 7.55 | 10.84 | 0.51 | 0.38 |
| 中吉 | 7.32 | 11.11 | 0.44 | 0.27 | 中缅 | 6.68 | 10.97 | 0.48 | 0.44 |
| 中塔 | 4.77 | 7.22 | 0.22 | 0.09 | 中老 | 5.48 | 9.47 | 0.36 | 0.64 |
| 中阿 | 4.01 | 7.69 | 0.00 | 0.00 | 中越 | 6.89 | 14.55 | 0.72 | 0.90 |

表 4-12　不同边境旅游社会环境竞争力水平的县（市）数量及比例

单位：个，%

| 年份 | 竞争力指数 | 30~100 | 15~30 | 10~15 | 5~10 | 0~5 |
|---|---|---|---|---|---|---|
| 2006 | 县（市）数量 | 3 | 18 | 27 | 54 | 32 |
| | 比例 | 2.24 | 13.43 | 20.15 | 40.30 | 23.88 |
| 2011 | 县（市）数量 | 24 | 38 | 32 | 38 | 2 |
| | 比例 | 17.91 | 28.36 | 23.88 | 28.36 | 1.49 |

从空间分布看，边境旅游社会环境竞争力指数较高的边境县（市）主要分布在内蒙古边境、东北东部边境及边境县级市。从 2006 年和 2011 年均增长率看，内蒙古边境及甘肃边境旅游社会环境竞争力指数增长较快，其次为东北东部边境及西南边境，最后为新疆和西藏边境。

（五）边境旅游服务设施竞争力

中国陆地边境旅游服务设施竞争力指数的平均值由 2006 年的 2.09 上升至 2011 年的 5.34，2006 年高于平均值的边境县（市）有 17 个，占 12.69%，2011 年高于平均值的边境县（市）有 23 个，占 17.16%。全国陆地边境县（市）旅游服务设施竞争力指数的变异系数由 2006 年的 3.42 下降至 2011 年的 2.97，不同边境省份、不同边境段落旅游服务设施竞争力指数均值及变异系数见表 4-13、表 4-14。不同边境旅游服务设施竞争力水平的县（市）数量及比例见表 4-15。

**表 4-13　不同边境省份县（市）旅游服务设施竞争力指数均值及变异系数**

| 省份 | 竞争力均值 2006 年 | 竞争力均值 2011 年 | 变异系数 2006 年 | 变异系数 2011 年 | 省份 | 竞争力均值 2006 年 | 竞争力均值 2011 年 | 变异系数 2006 年 | 变异系数 2011 年 |
|---|---|---|---|---|---|---|---|---|---|
| 辽宁 | 8.35 | 21.40 | 1.35 | 1.26 | 新疆 | 1.38 | 1.60 | 3.53 | 3.24 |
| 吉林 | 1.78 | 10.22 | 2.82 | 1.75 | 西藏 | 0.00 | 0.00 | — | 2.93 |
| 黑龙江 | 1.00 | 3.23 | 2.60 | 2.32 | 云南 | 4.26 | 10.26 | 2.67 | 2.67 |
| 内蒙古 | 2.48 | 5.48 | 4.17 | 3.21 | 广西 | 2.65 | 9.85 | 1.38 | 1.08 |
| 甘肃 | 0.00 | 0.00 | — | — | | | | | |

**表 4-14　不同边境段落县（市）旅游服务设施竞争力指数均值及变异系数**

| 边境 | 竞争力均值 2006 年 | 竞争力均值 2011 年 | 变异系数 2006 年 | 变异系数 2011 年 | 边境 | 竞争力均值 2006 年 | 竞争力均值 2011 年 | 变异系数 2006 年 | 变异系数 2011 年 |
|---|---|---|---|---|---|---|---|---|---|
| 中朝 | 3.30 | 12.80 | 2.11 | 1.53 | 中巴 | 0.24 | 0.24 | 1.41 | 1.41 |
| 中俄 | 3.33 | 6.38 | 2.92 | 2.48 | 中印 | 0.00 | 0.05 | — | 2.24 |
| 中蒙 | 1.64 | 2.71 | 3.22 | 2.34 | 中尼 | 0.00 | 0.04 | — | 2.65 |
| 中哈 | 0.00 | 0.00 | — | — | 中不 | 0.00 | 0.00 | — | — |
| 中吉 | 0.00 | 0.00 | — | — | 中缅 | 5.47 | 13.14 | 2.35 | 2.37 |

续表

| 边境 | 竞争力均值 2006年 | 竞争力均值 2011年 | 变异系数 2006年 | 变异系数 2011年 | 边境 | 竞争力均值 2006年 | 竞争力均值 2011年 | 变异系数 2006年 | 变异系数 2011年 |
|---|---|---|---|---|---|---|---|---|---|
| 中塔 | 0.24 | 0.24 | 1.41 | 1.41 | 中老 | 0.00 | 3.02 | — | 1.41 |
| 中阿 | 0.48 | 0.48 | 0.00 | 0.00 | 中越 | 1.58 | 5.71 | 1.84 | 1.55 |

表 4-15 不同边境旅游服务设施竞争力水平的县（市）数量及比例

单位：个，%

| 年份 | 竞争力指数 | 30~100 | 20~30 | 10~20 | 0~10 | 0 |
|---|---|---|---|---|---|---|
| 2006 | 县（市）数量 | 2 | 3 | 5 | 15 | 109 |
|  | 比例 | 1.49 | 2.24 | 3.73 | 11.19 | 81.34 |
| 2011 | 县（市）数量 | 7 | 4 | 6 | 27 | 90 |
|  | 比例 | 5.22 | 2.99 | 4.48 | 4.48 | 20.15 |

从空间分布看，2006年有81.34%的边境县（市）都缺乏旅游服务设施的建设，2011年这一数值降为20.15%，边境旅游服务设施竞争力指数较高的边境县（市）多为县级市。

（六）边境口岸竞争力

中国陆地边境口岸开放度竞争力指数的平均值由2006年的1.75上升至2011年的2.49，2006年高于平均值的边境县（市）有21个，占15.67%，2011年高于平均值的边境县（市）有22个，占16.42%。全国陆地边境县（市）口岸开放度竞争力指数的变异系数由2006年的3.53上升至2011年的3.96，不同边境省份、不同边境段落县（市）口岸开放度竞争力指数均值及变异系数见表4-16、表4-17。不同边境口岸开放度竞争力水平的县（市）数量及比例见表4-18。

表 4-16 不同边境省份县（市）口岸开放度竞争力指数均值及变异系数

| 省份 | 竞争力均值 2006年 | 竞争力均值 2011年 | 变异系数 2006年 | 变异系数 2011年 | 省份 | 竞争力均值 2006年 | 竞争力均值 2011年 | 变异系数 2006年 | 变异系数 2011年 |
|---|---|---|---|---|---|---|---|---|---|
| 辽宁 | 0.33 | 0.71 | 1.73 | 1.73 | 新疆 | 0.27 | 0.40 | 3.12 | 3.46 |
| 吉林 | 0.48 | 0.66 | 1.22 | 1.44 | 西藏 | 0.06 | 0.08 | 3.05 | 3.09 |

续表

| 省份 | 竞争力均值 2006年 | 竞争力均值 2011年 | 变异系数 2006年 | 变异系数 2011年 | 省份 | 竞争力均值 2006年 | 竞争力均值 2011年 | 变异系数 2006年 | 变异系数 2011年 |
|---|---|---|---|---|---|---|---|---|---|
| 黑龙江 | 1.63 | 1.72 | 1.96 | 1.89 | 云南 | 5.04 | 7.80 | 2.37 | 2.65 |
| 内蒙古 | 1.61 | 2.20 | 2.76 | 2.36 | 广西 | 4.14 | 5.34 | 2.32 | 1.99 |
| 甘肃 | 0.00 | 0.00 | — | — | | | | | |

表 4-17 不同边境段落县（市）口岸开放度竞争力指数均值及变异系数

| 边境 | 竞争力均值 2006年 | 竞争力均值 2011年 | 变异系数 2006年 | 变异系数 2011年 | 边境 | 竞争力均值 2006年 | 竞争力均值 2011年 | 变异系数 2006年 | 变异系数 2011年 |
|---|---|---|---|---|---|---|---|---|---|
| 中朝 | 0.30 | 0.45 | 1.43 | 1.79 | 中巴 | 0.10 | 0.08 | 1.41 | 1.41 |
| 中俄 | 1.98 | 1.98 | 2.09 | 1.90 | 中印 | 0.03 | 0.04 | 3.32 | 3.32 |
| 中蒙 | 0.55 | 1.06 | 4.14 | 3.55 | 中尼 | 0.11 | 0.16 | 2.45 | 2.45 |
| 中哈 | 0.59 | 0.91 | 2.26 | 2.43 | 中不 | 0.00 | 0.00 | — | — |
| 中吉 | 0.11 | 0.13 | 2.45 | 2.45 | 中缅 | 4.59 | 8.15 | 2.66 | 2.84 |
| 中塔 | 0.02 | 0.02 | 1.41 | 1.41 | 中老 | 1.68 | 2.93 | 1.41 | 1.41 |
| 中阿 | 0.00 | 0.00 | — | — | 中越 | 4.87 | 5.67 | 2.16 | 2.10 |

表 4-18 不同边境口岸开放度竞争力水平的县（市）数量及比例

单位：个，%

| 年份 | 竞争力指数 | 10~100 | 1~10 | 0.5~1 | 0~0.5 | 0 |
|---|---|---|---|---|---|---|
| 2006 | 县（市）数量 | 6 | 22 | 9 | 24 | 73 |
| 2006 | 比例 | 4.48 | 16.42 | 6.72 | 17.91 | 54.48 |
| 2011 | 县（市）数量 | 6 | 25 | 9 | 21 | 73 |
| 2011 | 比例 | 4.48 | 18.66 | 6.72 | 15.67 | 54.48 |

从空间分布看，边境口岸竞争力指数较高的边境县（市）主要分布在东北东部边境、西南边境及内蒙古中部边境，2006年和2011年竞争力指数变化不大。边境口岸竞争力的大小受政策影响较大，1992年国家实施沿边开放战略，国务院发布了一系列文件，陆续批准珲春、黑河、绥芬河、满洲里、二连浩特、伊宁、博乐、塔城、畹町、瑞丽、河口、凭祥、东兴

13个城市为沿边开放城市，加上辽宁丹东，共批准了14个国家级边境经济合作区。2007年《兴边富民行动"十一五"规划》出台，极大地推动了边境地区的开放开发。2010年6月，《关于深入实施西部大开发战略的若干意见》出台，明确提出积极建设广西东兴、云南瑞丽、内蒙古满洲里等重点开发开放试验区。在诸多优惠政策的支持下，边境地区对外开放的步伐明显加快，边境贸易迅速发展，逐步带动了边境旅游业的发展。

### （七）旅游集聚竞争力

中国陆地边境旅游集聚竞争力指数的平均值由2006年的5.48上升至2011年的5.57，2006年高于平均值的边境县（市）有31个，占23.13%，2011年高于平均值的边境县（市）有39个，占29.10%。全国陆地边境县（市）旅游集聚竞争力指数的变异系数由2006年的2.27下降至2011年的1.74，不同边境省份、不同边境段落县（市）旅游集聚竞争力指数均值及变异系数见表4-19、表4-20。不同边境旅游集聚竞争力水平的县（市）数量及比例见表4-21。

表4-19　不同边境省份县（市）旅游集聚竞争力指数均值及变异系数

| 省份 | 竞争力均值 2006年 | 竞争力均值 2011年 | 变异系数 2006年 | 变异系数 2011年 | 省份 | 竞争力均值 2006年 | 竞争力均值 2011年 | 变异系数 2006年 | 变异系数 2011年 |
| --- | --- | --- | --- | --- | --- | --- | --- | --- | --- |
| 辽宁 | 7.58 | 7.37 | 0.90 | 0.51 | 新疆 | 5.75 | 4.76 | 3.07 | 1.96 |
| 吉林 | 3.78 | 4.74 | 0.92 | 0.93 | 西藏 | 0.67 | 0.63 | 1.25 | 1.40 |
| 黑龙江 | 3.00 | 3.30 | 0.77 | 0.96 | 云南 | 6.56 | 7.63 | 0.98 | 0.84 |
| 内蒙古 | 11.17 | 10.39 | 1.88 | 1.85 | 广西 | 5.77 | 8.26 | 1.06 | 1.03 |
| 甘肃 | 0.81 | 0.13 | 0.00 | 0.00 | | | | | |

表4-20　不同边境段落县（市）旅游集聚竞争力指数均值及变异系数

| 边境 | 竞争力均值 2006年 | 竞争力均值 2011年 | 变异系数 2006年 | 变异系数 2011年 | 边境 | 竞争力均值 2006年 | 竞争力均值 2011年 | 变异系数 2006年 | 变异系数 2011年 |
| --- | --- | --- | --- | --- | --- | --- | --- | --- | --- |
| 中朝 | 4.65 | 5.35 | 0.95 | 0.80 | 中巴 | 4.38 | 6.05 | 1.38 | 1.39 |
| 中俄 | 8.54 | 6.86 | 2.31 | 1.56 | 中印 | 0.40 | 0.51 | 0.89 | 1.55 |
| 中蒙 | 11.61 | 9.51 | 2.14 | 1.90 | 中尼 | 0.96 | 1.10 | 1.25 | 1.17 |
| 中哈 | 1.66 | 2.17 | 1.02 | 0.77 | 中不 | 0.69 | 0.44 | 0.88 | 0.75 |

续表

| 边境 | 竞争力均值 2006年 | 竞争力均值 2011年 | 变异系数 2006年 | 变异系数 2011年 | 边境 | 竞争力均值 2006年 | 竞争力均值 2011年 | 变异系数 2006年 | 变异系数 2011年 |
|---|---|---|---|---|---|---|---|---|---|
| 中吉 | 1.23 | 1.11 | 1.27 | 1.31 | 中缅 | 6.93 | 8.29 | 0.97 | 0.82 |
| 中塔 | 4.65 | 6.34 | 1.22 | 1.27 | 中老 | 2.09 | 6.76 | 0.32 | 1.04 |
| 中阿 | 8.66 | 12.02 | 0.00 | 0.00 | 中越 | 5.24 | 6.62 | 1.09 | 1.09 |

表4-21　不同边境旅游集聚竞争力水平的县（市）数量及比例

单位：个，%

| 年份 | 竞争力指数 | 10~100 | 5~10 | 2~5 | 1~2 | 0~1 |
|---|---|---|---|---|---|---|
| 2006 | 县（市）数量 | 15 | 21 | 30 | 25 | 43 |
|  | 比例 | 11.19 | 15.67 | 22.39 | 18.66 | 32.09 |
| 2011 | 县（市）数量 | 23 | 18 | 35 | 20 | 38 |
|  | 比例 | 17.16 | 13.43 | 26.12 | 14.93 | 28.36 |

从空间分布看，2006年边境旅游集聚竞争力指数较高的边境县（市）主要分布在新疆北部和西南边境，2011年逐渐向内蒙古边境扩展，东北大兴安岭地区及东北东部边境旅游集聚竞争力指数也有所增加。

(八) 边境旅游市场竞争力

中国陆地边境旅游市场竞争力指数的平均值由2006年的3.20上升至2011年的8.40，2006年高于平均值的边境县（市）有29个，占21.64%，2011年高于平均值的边境县（市）有37个，占27.61%。全国陆地边境县（市）旅游市场竞争力指数的变异系数由2006年的2.38下降至2011年的1.86，不同边境省份、不同边境段落县（市）旅游市场竞争力指数均值及变异系数见表4-22、表4-23。不同边境旅游市场竞争力水平的县（市）数量及比例见表4-24。

表4-22　不同边境省份县（市）旅游市场竞争力指数均值及变异系数

| 省份 | 竞争力均值 2006年 | 竞争力均值 2011年 | 变异系数 2006年 | 变异系数 2011年 | 省份 | 竞争力均值 2006年 | 竞争力均值 2011年 | 变异系数 2006年 | 变异系数 2011年 |
|---|---|---|---|---|---|---|---|---|---|
| 辽宁 | 31.21 | 72.11 | 1.01 | 0.28 | 新疆 | 1.46 | 3.26 | 1.48 | 1.13 |
| 吉林 | 2.17 | 7.39 | 0.82 | 0.66 | 西藏 | 0.12 | 0.27 | 2.06 | 1.65 |

续表

| 省份 | 竞争力均值 2006年 | 竞争力均值 2011年 | 变异系数 2006年 | 变异系数 2011年 | 省份 | 竞争力均值 2006年 | 竞争力均值 2011年 | 变异系数 2006年 | 变异系数 2011年 |
|---|---|---|---|---|---|---|---|---|---|
| 黑龙江 | 1.67 | 4.83 | 1.03 | 0.77 | 云南 | 4.91 | 13.36 | 1.50 | 1.55 |
| 内蒙古 | 4.37 | 8.87 | 1.99 | 1.65 | 广西 | 3.65 | 17.16 | 0.73 | 0.66 |
| 甘肃 | 0.00 | 0.00 | 0.00 | 0.00 | | | | | |

表 4-23　不同边境段落县（市）旅游市场竞争力指数均值及变异系数

| 边境 | 竞争力均值 2006年 | 竞争力均值 2011年 | 变异系数 2006年 | 变异系数 2011年 | 边境 | 竞争力均值 2006年 | 竞争力均值 2011年 | 变异系数 2006年 | 变异系数 2011年 |
|---|---|---|---|---|---|---|---|---|---|
| 中朝 | 8.87 | 22.32 | 2.05 | 1.33 | 中巴 | 0.44 | 1.14 | 0.80 | 0.98 |
| 中俄 | 3.40 | 7.73 | 2.11 | 1.53 | 中印 | 0.05 | 0.15 | 1.92 | 1.63 |
| 中蒙 | 2.66 | 5.71 | 1.38 | 1.09 | 中尼 | 0.08 | 0.28 | 1.05 | 0.79 |
| 中哈 | 1.02 | 2.43 | 0.91 | 0.59 | 中不 | 0.29 | 0.54 | 1.41 | 1.39 |
| 中吉 | 0.58 | 0.90 | 1.14 | 1.02 | 中缅 | 5.51 | 15.37 | 1.51 | 1.52 |
| 中塔 | 0.53 | 1.25 | 0.43 | 0.75 | 中老 | 2.69 | 13.66 | 0.62 | 1.10 |
| 中阿 | 0.70 | 1.92 | 0.00 | 0.00 | 中越 | 3.14 | 11.96 | 0.82 | 0.88 |

表 4-24　不同边境旅游市场竞争力水平的县（市）数量及比例

单位：个，%

| 年份 | 竞争力指数 | 10~100 | 5~10 | 2~5 | 1~2 | 0~1 |
|---|---|---|---|---|---|---|
| 2006 | 县（市）数量 | 7 | 14 | 28 | 19 | 66 |
| 2006 | 比例 | 5.22 | 10.45 | 20.90 | 14.18 | 49.25 |
| 2011 | 县（市）数量 | 30 | 23 | 31 | 16 | 34 |
| 2011 | 比例 | 22.39 | 17.16 | 23.13 | 11.94 | 25.37 |

从空间分布看，2006年边境旅游市场竞争力指数较高的边境县（市）主要分布在东北东部边境和西南边境，2011年逐渐向东北北部及内蒙古边境扩展，西部边境旅游市场竞争力指数仍然较低。从2006年和2011年均增长率看，东北北部边境、内蒙古西部边境、新疆东北部边境旅游市场竞争力指数增长较快，部分边境县（市）旅游竞争力在全国边境县（市）中

的位次发生了大幅度变动（见表4-25）。其中一些边境县（市）旅游竞争力大幅度提升，如广西防城港市辖区旅游竞争力排名由第53位上升至第10位，黑龙江漠河旅游竞争力排名由第68位上升至第27位，内蒙古额尔古纳市旅游竞争力排名由第52位上升至第24位，吉林长白朝鲜族自治县旅游竞争力排名由第70位上升至第48位，新疆奇台县旅游竞争力排名由第39位上升至第19位；一些边境县（市）旅游竞争力大幅度下降，如云南孟连傣族拉祜族佤族自治县旅游竞争力排名由第34位下降至第58位，新疆霍城县旅游竞争力排名由第28位下降至第52位，阿勒泰市旅游竞争力排名由第12位下降至第32位，内蒙古四子王旗旅游竞争力排名由第44位下降至第68位。

表4-25  2006年和2011年旅游竞争力位次变化幅度在20位以上的边境县（市）

| 变化幅度 | 2006年 | 2011年 |
| --- | --- | --- |
| 0~30 | 阿勒泰市、霍城县、龙陵县 | 防城港市辖区、奇台县、额尔古纳市、漠河县 |
| 30~50 | 孟连县、新巴尔虎右旗、**奇台县**、四子王旗、鸡东县、新巴尔虎左旗、阿图什市 | 阿勒泰市、**萝北县**、**宁明县**、**富蕴县**、**长白县** |
| 50~80 | **额尔古纳市**、**防城港市市辖区**、**萝北县**、**富蕴县**、**漠河县**、浪卡子县、**长白县**、**宁明县** | 龙陵县、霍城县、新巴尔虎右旗、孟连县、**昭苏县**、**哈巴河县**、四子王旗、新巴尔虎左旗、**塔河县**、鸡东县 |
| 80~100 | 昭苏县、哈巴河县 | **和龙市**、**呼玛县**、浪卡子县、阿图什市 |
| 100~134 | 和龙市、塔河县、呼玛县 | |

注：字体加粗的边境县（市）旅游竞争力排名大幅度上升。

## 二 外显竞争力与内在竞争要素匹配特征

边境旅游外显竞争力是内在竞争要素综合作用的结果。利用2011年边境县（市）外显竞争力水平分级与各内在竞争要素聚类分级进行耦合匹配分析，在ArcGIS平台进行数据处理得到外显竞争力分级与各内在竞争要素分级匹配结果，结果表明：

一是东北东部边境、西南边境和中蒙边境旅游具有较高的外显竞争力。东北东部边境具有区位交通和旅游资源优势；西南边境具有丰富的旅游资源、众多的边境口岸、较高的旅游集聚度；中蒙边境具有社会经济优势，旅游自然环境和旅游资源条件也较好。

二是东北北部边境旅游发展受到气候环境和社会经济发展的影响，旅游配套服务设施基础比较薄弱，边境地区的可进入性较差，导致旅游外显竞争力水平较东北东部边境低。

三是新疆维吾尔自治区西部边境虽然具有良好的自然环境，但旅游发展受到旅游资源、区位交通、社会经济环境的制约，旅游外显竞争力水平一直较低。

四是西藏自治区边境自然生态环境脆弱，经济基础薄弱，基础设施落后，严重制约着旅游业的发展。

五是中国与周边各国之间的关系也在一定程度上影响边境县（市）旅游的发展。与中朝、中老、中缅、中越、中俄、中蒙相邻的边境县（市）旅游发展水平明显高于与中亚、中印、中尼等相邻的边境县（市）。

## 第二节　中国陆地边境县（市）旅游竞争力的类型划分及特征分析

### 一　边境旅游竞争力的类型划分

根据2011年外显竞争力指数及2006年和2011年均增长率，笔者将边境旅游竞争力划分为九类。其中，市场竞争力指数大于10的边境县（市）为高水平型，市场竞争力指数为1~10的边境县（市）为中水平型，市场竞争力指数小于1的边境县（市）为低水平型；市场竞争力指数年均增长率大于25%的边境县（市）为高速增长型，年均增长率为10%~25%的边境县（市）为中速增长型，年均增长率小于10%的边境县（市）为低速增长型。根据内在竞争要素之间的相互作用和组合关系的不同特点，以及内在要素竞争力的排名，将边境县（市）划分为资源优势型、口岸优势型、区位优势型、集聚优势型、相对均衡型五类（见表4-26）。

表 4-26　不同类型边境县（市）统计

| 类型 | 资源优势型 | 口岸优势型 | 区位优势型 | 集聚优势型 | 相对均衡型 |
| --- | --- | --- | --- | --- | --- |
| 高水平高速增长型 | 宽甸县、潞西市、奇台县、阿拉善左旗、靖西县 | 东兴市、凭祥市、勐腊县、勐海县 | 东港市、防城港市辖区 | 大新县、额尔古纳市 | 珲春市、漠河县 |
| 高水平中速增长型 | 景洪市、集安市、安图县、阿尔山市、密山市、哈密市 | 二连浩特市、河口县、盈江县、麻栗坡县 | | | 腾冲县、瑞丽市、满洲里市 |
| 高水平低速增长型 | | | | 布尔津县 | 丹东市辖区 |
| 中水平高速增长型 | 阿拉善右旗、抚松县、和龙市、哈巴河县、昭苏县、塔河县、伊吾县 | 富宁县、龙州县、陇川县、泸水县、沧源县、黑河市市辖区 | 宁明县、白山市辖区、图们市、龙井市、额敏县、温宿县 | 富蕴县、木垒县、呼玛县、绥滨县 | 萝北县、额济纳旗、长白县、饶河县、嘉荫县、和布克赛尔旗、东乌珠穆沁旗 |
| 中水平中速增长型 | 同江市、虎林市、那坡县、温泉县、乌拉特后旗、马关县、科尔沁右翼前旗、穆棱市、龙陵县 | 耿马县、镇康县、抚远县、乌拉特中旗、绥芬河市、东宁县 | 达尔罕茂明安联合旗、临江市、浪卡子县 | 贡山县、塔什库尔干县、察布查尔县、福贡县、澜沧县、江城县、裕民县、陈巴尔虎旗、西盟县 | 博乐市、塔城市、巴里坤县、金平县、福海县、青河县 |
| 中水平低速增长型 | 四子王旗 | 孟连县、霍城县 | 鸡东县 | 阿勒泰市、新巴尔虎左旗、新巴尔虎右旗 | |
| 低水平高速增长型 | 孙吴县 | | 阿巴嘎旗 | | 皮山县、苏尼特左旗、察隅县、墨脱县、定结县、普兰县、聂拉木县、逊克县 |

续表

| 类型 | 资源优势型 | 口岸优势型 | 区位优势型 | 集聚优势型 | 相对均衡型 |
|---|---|---|---|---|---|
| 低水平中速增长型 | 定日县、札达县、洛扎县、吉隆县 | | 错那县、亚东县、康马县 | 绿春县 | 托里县、叶城县、萨嘎县、仲巴县、岗巴县、日土县、噶尔县、乌恰县、和田县 |
| 低水平低速增长型 | 肃北县 | 吉木乃县 | 阿图什市、苏尼特右旗 | | 乌什县、阿合奇县、阿克陶县 |

基于外显竞争力的类型划分，中水平中速增长型及中水平高速增长的边境县（市）数量所占的比例最大，其次为低水平中速增长型、高水平高速增长型、高水平中速增长型、低水平高速增长型，最后为低水平低速增长型、中水平低速增长型、高水平低速增长型。基于内在竞争要素的类型划分，相对均衡型及资源优势型边境县（市）数量较多，口岸优势型、集聚优势型、区位优势型边境县（市）数量相对较少（见图4-1）。

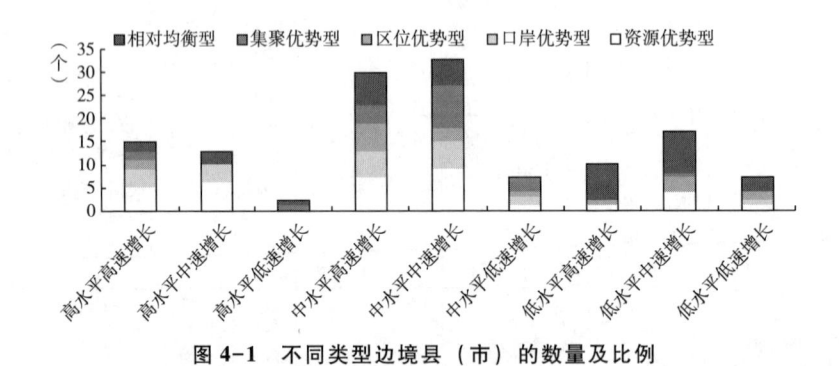

图4-1 不同类型边境县（市）的数量及比例

## 二 不同类型边境县（市）的特征分析

### （一）基于外显竞争力的类型划分

1. 高市场竞争力

高水平高速增长型边境县（市）2006年和2011年的旅游市场、自然环境、旅游资源、区位交通、社会环境、旅游服务设施、旅游集聚竞争力指数在高水平三类县（市）中均最低。但2006~2011年社会环境、旅游服务设施、旅游集聚竞争力指数的年均增长率较其他两种类型高，区位交通、边境口岸竞争力指数年均增长率低于其他两种类型。高水平高速增长型边境县（市）主要分布在中越、中缅、中朝边境，少数分布在中俄、中蒙边境。2006年此类边境县（市）除东港市之外，旅游市场竞争力指数均处于中等水平；虽然2011年旅游发展水平仍然不及其他两种类型，但五年内此类边境县（市）旅游业快速发展，旅游集聚竞争力指数显著上升，处于旅游地生命周期的快速发展阶段。

高水平中速增长型边境县（市）2006年和2011年的旅游资源和边境口岸竞争力指数在高水平三类县（市）中均最高，大部分要素竞争力指数的年均增长率处于中等水平。高水平中速增长型边境县（市）主要分布在中朝、中越、中缅、中俄、中蒙边境，多为沿边开放城市。此类边境县（市）中，2006年二连浩特、景洪、满洲里、瑞丽、腾冲的市场竞争力指数已为高水平，其他边境县（市）旅游市场竞争力指数均处于中等水平；五年内此类边境县（市）均取得了一定的增长。

高水平低速增长型边境县（市）2006年和2011年的旅游市场、自然环境、区位交通、社会环境、旅游服务设施、旅游集聚竞争力指数在高水平三类县（市）中均最高。2006~2011年旅游资源、边境口岸竞争力指数的年均增长率较其他两种类型高，社会环境、旅游服务设施竞争力指数的年均增长率明显低于其他两种类型，旅游集聚竞争力指数呈现负增长。高水平低速增长型边境县（市）只有2个，即位于中朝边境的丹东市辖区和位于中、俄、蒙三国交界的布尔津县，是中国较早一批开展边境旅游的县（市），旅游业发展已较为成熟，基础设施较为完备，处于旅游地生命周期的稳固阶段。

2. 中市场竞争力

中水平高速增长型边境县（市）2006年区位交通竞争力指数在中水平三类县（市）中为最高，旅游市场、社会环境、边境口岸、集聚竞争力指数最低；2011年旅游市场、旅游资源、区位交通、旅游服务设施、旅游集聚竞争力指数均为最高，边境口岸竞争力指数为最低。2006~2011年旅游市场、旅游资源、旅游服务设施、旅游集聚竞争力指数的年均增长率高于其他两种类型，区位交通竞争力指数低于其他两种类型。中水平高速增长型边境县（市）主要分布在黑龙江中俄边境，吉林中朝边境，新疆中哈、中吉、中蒙边境，内蒙古中蒙边境，云南、广西中缅、中越边境。此类边境县（市）对旅游业发展较为重视，旅游收入占边境县（市）GDP的比重逐渐增加。

中水平中速增长型边境县（市）2006年旅游资源、服务设施竞争力指数在中水平三类县（市）中最低，旅游市场、区位交通、社会环境、边境口岸、旅游集聚竞争力指数均处于中等水平；2011年旅游市场、旅游资源、社会环境、服务设施、旅游集聚竞争力指数均为最低，区位交通、边境口岸竞争力指数为中等水平。2006~2011年旅游资源、社会环境、旅游服务设施、边境口岸竞争力指数的年均增长率均低于其他两种类型，旅游集聚竞争力指数呈现负增长。中水平中速增长型边境县（市）主要分布在云南、黑龙江、内蒙古等边境省份。此类边境县（市）虽然在2006年旅游发展处于中等水平，但五年内旅游业发展动力明显不足，2011年大部分旅游竞争要素的竞争力指数处于最低水平。

基于外显竞争力的类型划分见表4-27。

中水平低速增长型边境县（市）2006年旅游市场、旅游资源、社会环境、旅游服务设施、边境口岸、旅游集聚竞争力指数在中水平三类县（市）中均为最高，2011年社会环境、边境口岸竞争力指数为最高。2006~2011年区位交通、社会环境、边境口岸竞争力指数年均增长率均高于其他两种类型，旅游集聚竞争力指数呈现负增长。中水平低速增长型边境县（市）主要分布在新疆、内蒙古等边境省份。此类边境县（市）2006年在三类县（市）中旅游业发展最好，但五年内旅游业发展缓慢。

3. 低市场竞争力

低水平高速增长型边境县（市）2006年旅游资源、区位交通、社会环境、边境口岸竞争力指数在低水平三类县（市）中均为最高，但旅游市场和旅游集聚竞争力指数为最低；2011年旅游资源、区位条件、旅游服务设施竞争力指数均为最高，但旅游市场和旅游集聚竞争力指数仍为最低。2006~2011年旅游资源和旅游集聚竞争力指数的年均增长率高于其他两种类型。低水平高速增长型边境县（市）主要分布在中印、中尼等边境。此类边境县（市）虽然存在一定的旅游资源，但因边境区域封闭，交通、经济、文化等旅游发展的支撑条件不足，很多县（市）旅游发展较为滞后。

低水平中速增长型边境县（市）2006年和2011年自然环境、区位交通、社会环境、边境口岸竞争力指数在低水平三类县（市）中均为最低；旅游资源、旅游集聚、旅游市场竞争力指数均为中等水平。2006~2011年旅游资源、社会环境竞争力指数年均增长率均低于其他两种类型，旅游服务设施从无到有，旅游集聚度呈现负增长。低水平中速增长型边境县（市）主要分布在西藏中尼、中印、中不边境，少数分布在新疆中吉、中哈、中巴边境等。

低水平低速增长型边境县（市）2006年和2011年旅游市场、自然环境、社会环境、旅游集聚竞争力指数在低水平三类县（市）中均为最高，旅游资源为最低。2006~2011区位交通、社会环境、边境口岸竞争力指数年均增长率高于其他两类，一直无旅游服务设施，旅游市场及旅游集聚竞争力指数均呈现负增长。低水平低速增长边境县（市）主要分布在新疆、内蒙古、甘肃的中吉、中哈、中蒙、中塔边境。此类边境县（市）旅游资源较为缺乏或有待探寻，暂不具备旅游业发展的条件。

表4-27 基于外显竞争力的类型划分

| 类型 | | 项目 | 自然环境 | 旅游资源 | 区位交通 | 社会环境 | 服务设施 | 边境口岸 | 集聚竞争力 | 旅游市场 |
|---|---|---|---|---|---|---|---|---|---|---|
| 高水平 | 高速增长型 | 2006年 | 59.83 | 31.53 | 40.33 | 12.02 | 2.56 | 2.67 | 5.84 | 4.91 |
| | | 2011年 | 59.83 | 43.42 | 44.87 | 30.56 | 10.19 | 3.68 | 10.06 | 23.96 |
| | | 增长率 | 0.00% | 6.61% | 2.16% | 20.52% | 31.82% | 6.63% | 11.49% | 37.30% |
| | 中速增长型 | 2006年 | 62.52 | 44.49 | 40.59 | 12.97 | 13.49 | 9.87 | 22.27 | 12.87 |
| | | 2011年 | 62.52 | 58.00 | 48.63 | 24.32 | 29.99 | 14.37 | 19.67 | 28.26 |
| | | 增长率 | 0.00% | 5.45% | 3.68% | 13.40% | 17.33% | 7.80% | -2.45% | 17.04% |
| | 低速增长型 | 2006年 | 75.93 | 36.49 | 60.19 | 21.11 | 21.67 | 0.49 | 57.69 | 38.65 |
| | | 2011年 | 75.93 | 54.05 | 67.03 | 30.46 | 34.62 | 1.06 | 29.65 | 52.93 |
| | | 增长率 | 0.00% | 8.17% | 2.18% | 7.61% | 9.82% | 16.69% | -12.46% | 6.49% |

续表

| 类型 | | 项目 | 自然环境 | 旅游资源 | 区位交通 | 社会环境 | 服务设施 | 边境口岸 | 集聚竞争力 | 旅游市场 |
|---|---|---|---|---|---|---|---|---|---|---|
| 中水平 | 高速增长型 | 2006年 | 59.70 | 18.92 | 34.37 | 8.85 | 0.38 | 0.80 | 2.14 | 1.06 |
| | | 2011年 | 59.70 | 27.21 | 37.91 | 20.86 | 2.76 | 1.08 | 4.61 | 4.78 |
| | | 增长率 | 0.00% | 7.54% | 1.98% | 18.71% | 48.67% | 6.19% | 16.59% | 35.15% |
| | 中速增长型 | 2006年 | 61.14 | 18.26 | 31.77 | 9.01 | 0.20 | 0.89 | 3.04 | 1.53 |
| | | 2011年 | 61.14 | 21.79 | 36.49 | 19.36 | 0.34 | 1.13 | 2.66 | 3.27 |
| | | 增长率 | 0.00% | 3.60% | 2.81% | 16.53% | 11.20% | 4.89% | -2.64% | 16.40% |
| | 低速增长型 | 2006年 | 46.25 | 19.69 | 27.99 | 10.58 | 0.66 | 1.24 | 6.80 | 3.13 |
| | | 2011年 | 46.25 | 23.94 | 34.11 | 25.40 | 1.33 | 2.22 | 4.62 | 4.36 |
| | | 增长率 | 0.00% | 3.99% | 4.03% | 19.14% | 15.04% | 12.35% | -9.54% | 6.85% |
| 低水平 | 高速增长型 | 2006年 | 42.69 | 9.46 | 23.61 | 8.08 | 0 | 0.13 | 0.30 | 0.05 |
| | | 2011年 | 42.69 | 15.14 | 25.77 | 16.08 | 0.03 | 0.15 | 0.51 | 0.22 |
| | | 增长率 | 0.00% | 9.86% | 1.77% | 14.76% | — | 2.90% | 11.20% | 34.49% |
| | 中速增长型 | 2006年 | 31.18 | 8.11 | 18.27 | 6.42 | 0 | 0.04 | 0.92 | 0.14 |
| | | 2011年 | 31.18 | 9.70 | 20.79 | 10.59 | 0.01 | 0.05 | 0.76 | 0.33 |
| | | 增长率 | 0.00% | 3.65% | 2.62% | 10.53% | — | 4.56% | -3.75% | 18.71% |
| | 低速增长型 | 2006年 | 65.65 | 6.18 | 21.46 | 8.97 | 0 | 0.11 | 1.51 | 0.56 |
| | | 2011年 | 65.65 | 8.88 | 24.55 | 20.24 | 0 | 0.15 | 1.14 | 0.54 |
| | | 增长率 | 0.00% | 7.52% | 2.73% | 17.67% | — | 6.40% | -5.47% | -0.72% |

**（二）基于内在竞争要素的类型划分**

1. 资源优势型

从内在竞争要素的结构看，此类边境县（市）旅游资源竞争力与其他竞争要素相比占据相对优势，旅游业的发展多由丰富的旅游资源带动。2006年和2011年旅游资源竞争力指数均值排名第1位，自然环境、区位交通、边境口岸、旅游集聚竞争力指数均值排名第3位；旅游社会环境竞争力指数均值排名由2006年的第4位上升至2011年的第2位，旅游服务设施竞争力指数均值排名由第1位下降至第2位，旅游市场竞争力指数均值排名由第3位上升至第2位，2011年此类边境县（市）绝大多数旅游市场竞争力处于中高水平。区位交通和社会环境竞争力指数的年均增长率排名第 1，其次为旅游市场和旅游集聚竞争力，说明社会经济发展是制约资源优势型边境县（市）旅游发展的重要因素。

2. 口岸优势型

从内在竞争要素的结构看，此类边境县（市）边境口岸竞争力与其他竞争要素相比占据相对优势，旅游业的发展多由边境贸易带动。2006 年和 2011 年自然环境、区位交通、边境口岸竞争力指数均值排名第 1 位，旅游资源和旅游集聚竞争力指数均值排名第 2 位；旅游服务设施竞争力指数均值排名由第 4 位上升至第 3 位，旅游市场竞争力指数均值排名由第 2 位上升至第 1 位，社会环境竞争力指数均值排名由第 3 位下降至第 4 位，2011 年此类边境县（市）绝大多数旅游市场竞争力处于中高水平。旅游资源和旅游服务设施竞争力指数的年均增长率排名第 2，其次为边境口岸和旅游市场竞争力，社会环境竞争力指数的年均增长率排名最后，说明旅游资源开发及旅游服务设施的建设是制约口岸优势型边境县（市）旅游发展的重要因素。

3. 区位优势型

从内在竞争要素的结构看，此类边境县（市）区位或自然环境竞争力与其他竞争要素相比占据相对优势，旅游业的发展多通过休闲娱乐、商业、人文景观等配套服务设施的建设及县（市）整体环境的美化来带动。2006 年和 2011 年社会环境竞争力指数均值排名第 1 位，旅游自然环境、区位交通竞争力指数均值均排名第 2 位，旅游资源、社会环境、边境口岸、旅游集聚竞争力指数均值均排名最后；旅游市场竞争力指数均值排名由第 5 位上升至第 4 位，2011 年此类边境县（市）大部分旅游市场竞争力处于中低水平。旅游服务设施、旅游集聚、旅游市场竞争力指数的年均增长率排名第 1，其次为社会环境竞争力，最后为旅游资源、边境口岸、区位交通竞争力，说明旅游服务设施及边境县（市）整体的建设是区位优势型边境县（市）旅游业发展的重点。

4. 集聚优势型

从内在竞争要素的结构看，此类边境县（市）旅游集聚竞争力与其他竞争要素相比占据相对优势，旅游业的发展多因边境县（市）旅游集聚优势而带动。2006年和2011年旅游集聚竞争力指数均值排名第1位，旅游资源、边境口岸竞争力指数均值均排名第4位，自然环境、区位交通、社会环境竞争力指数均值均排名最后；旅游服务设施竞争力指数均值排名由第3位下降至第4位，旅游市场竞争力排名由第4位下降至第5位，2011年此类边境县（市）大部分旅游市场竞争力处于中等水平。旅游资源竞争力指数的年均增长率排名第1位，区位交通、边境口岸竞争力指数的年均增长率排名第2位，其次为社会环境竞争力，最后为旅游市场和旅游服务设施，说明集聚优势型边境县（市）在其所在区域旅游发展的环境中，应逐步开发旅游资源，完善旅游发展的基础设施。

5. 相对均衡型

从内在竞争要素的结构看，此类边境县（市）各竞争要素发展较为均衡。2006年和2011年边境口岸竞争力指数均值排名第2，旅游资源竞争力指数均值排名第3，旅游自然环境、区位交通、旅游集聚竞争力指数均值排名第4；旅游服务设施竞争力指数均值排名由第2位上升至第1位，社会环境竞争力指数均值由第2位下降至第3位，旅游市场竞争力指数均值由第1位下降至第3位，2011年此类边境县（市）大部分旅游市场竞争力处于中等水平。边境口岸竞争力指数的年均增长率排名第1，其次为旅游资源、区位交通、服务设施、旅游集聚竞争力，旅游市场竞争力指数的年均增长率排在最后。

基于内在竞争要素的类型划分及类型数量统计分别见表4-28、图4-2。

表4-28 基于内在竞争要素的类型划分

| 类型 | 项目 | 自然环境 | 旅游资源 | 区位交通 | 社会环境 | 服务设施 | 边境口岸 | 集聚竞争力 | 旅游市场 |
|---|---|---|---|---|---|---|---|---|---|
| 资源优势型 | 2006年 | 55.09 | 30.92 | 30.16 | 9.63 | 2.93 | 0.13 | 4.94 | 3.25 |
| | 2011年 | 55.09 | 39.98 | 35.37 | 23.35 | 7.15 | 0.10 | 6.31 | 10.49 |
| | 增长率 | 0.00% | 5.27% | 3.24% | 19.38% | 19.53% | -5.1% | 5.02% | 26.41% |
| 口岸优势型 | 2006年 | 61.33 | 20.68 | 42.07 | 9.64 | 1.38 | 6.37 | 8.94 | 3.75 |
| | 2011年 | 61.33 | 28.44 | 46.68 | 17.47 | 4.00 | 8.31 | 8.41 | 10.59 |
| | 增长率 | 0.00% | 6.58% | 2.10% | 12.63% | 23.72% | 5.46% | -1.21% | 23.08% |

续表

| 类型 | 项目 | 自然环境 | 旅游资源 | 区位交通 | 社会环境 | 服务设施 | 边境口岸 | 集聚竞争力 | 旅游市场 |
|---|---|---|---|---|---|---|---|---|---|
| 区位优势型 | 2006年 | 56.66 | 10.36 | 41.24 | 11.34 | 0.39 | 0.05 | 0.98 | 1.93 |
|  | 2011年 | 56.66 | 13.66 | 45.56 | 27.24 | 2.05 | 0.06 | 1.29 | 6.94 |
|  | 增长率 | 0.00% | 5.69% | 2.01% | 19.16% | 39.36% | 3.71% | 5.65% | 29.17% |
| 集聚优势型 | 2006年 | 51.09 | 12.03 | 22.39 | 7.47 | 1.53 | 0.05 | 10.34 | 2.15 |
|  | 2011年 | 51.09 | 16.62 | 25.83 | 16.50 | 2.25 | 0.08 | 9.01 | 5.18 |
|  | 增长率 | 0.00% | 6.68% | 2.90% | 17.17% | 8.02% | 9.86% | -2.72% | 19.23% |
| 相对均衡型 | 2006年 | 53.47 | 19.33 | 26.73 | 9.70 | 2.85 | 2.09 | 3.48 | 3.97 |
|  | 2011年 | 53.47 | 25.71 | 30.51 | 19.09 | 7.67 | 3.48 | 3.47 | 7.62 |
|  | 增长率 | 0.00% | 5.87% | 2.68% | 14.50% | 21.90% | 10.74% | -0.06% | 13.93% |

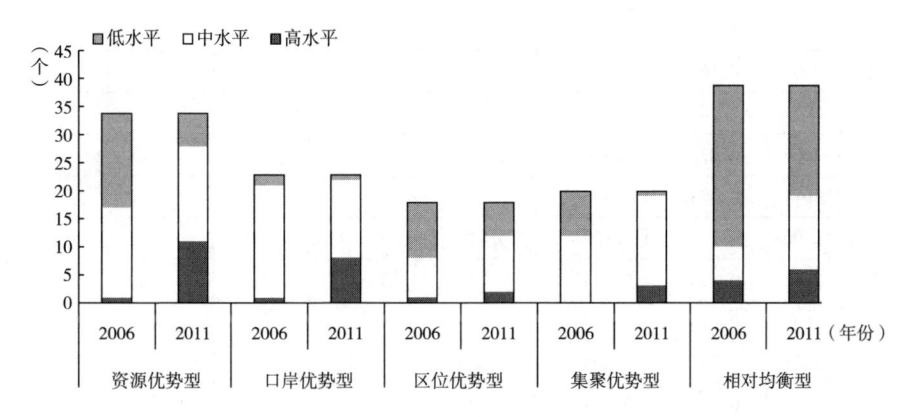

图4-2 基于内在竞争要素划分的边境县（市）类型数量统计

## 第三节 不同类型边境县（市）旅游外显竞争力与内在竞争要素的相关性分析

为进一步探讨内在竞争要素对外显竞争力的贡献，以及内在竞争要素之间的关联性，本节对基于内在竞争要素划分的不同类型边境县（市）旅游外显竞争力及其内在竞争要素的耦合机制进行深入探讨和剖析。

## 一　资源优势型

应用 SPSS 统计分析软件对资源优势型边境县（市）内在竞争要素进行分析计算，得出相关系数矩阵、特征值及主成分贡献率、主成分载荷矩阵（见表 4-29、表 4-30 和表 4-31）。

表 4-29 表明部分要素之间存在显著的相关性，有必要通过主成分分析把原有指标组合成相互独立的综合指标。根据表 4-30，2006 年和 2011 年第一、第二、第三主成分的特征值均大于 1，累积方差贡献率分别为 68.520% 和 72.982%，说明它们包含 7 个内在竞争要素的大部分信息。

表 4-29　资源优势型边境县（市）内在竞争要素间的相关系数矩阵

| 要素 | 年份 | 自然环境 | 旅游资源 | 区位交通 | 社会环境 | 服务设施 | 边境口岸 | 旅游集聚 |
|---|---|---|---|---|---|---|---|---|
| 自然环境 | 2006 | 1 | | | | | | |
| | 2011 | 1 | | | | | | |
| 旅游资源 | 2006 | 0.155 | 1 | | | | | |
| | 2011 | 0.241 | 1 | | | | | |
| 区位交通 | 2006 | 0.272 | 0.549** | 1 | | | | |
| | 2011 | 0.353* | 0.590** | 1 | | | | |
| 社会环境 | 2006 | 0.272 | 0.309 | 0.014 | 1 | | | |
| | 2011 | 0.426* | 0.354* | -0.028 | 1 | | | |
| 服务设施 | 2006 | 0.075 | 0.473** | 0.379* | 0.230 | 1 | | |
| | 2011 | 0.081 | 0.598** | 0.408* | 0.127 | 1 | | |
| 边境口岸 | 2006 | -0.039 | 0.168 | 0.305 | -0.022 | 0.055 | 1 | |
| | 2011 | -0.052 | 0.294 | 0.373* | -0.054 | 0.060 | 1 | |
| 旅游集聚 | 2006 | -0.196 | 0.398* | -0.032 | 0.109 | 0.219 | 0.022 | 1 |
| | 2011 | -0.183 | 0.351* | 0.035 | -0.068 | 0.247 | -0.047 | 1 |

注："**"表示在 0.01 水平（双侧）上显著相关；"*"表示在 0.05 水平（双侧）上显著相关。

表 4-30　资源优势型边境县（市）特征值及主成分贡献率

| 主成分 | 2006 年 | | | 2011 年 | | |
|---|---|---|---|---|---|---|
| | 特征值 | 贡献率（%） | 累积（%） | 特征值 | 贡献率（%） | 累积（%） |
| 1 | 2.281 | 32.579 | 32.579 | 2.454 | 35.051 | 35.051 |
| 2 | 1.309 | 18.704 | 51.283 | 1.455 | 20.780 | 55.830 |

续表

| 主成分 | 2006年 特征值 | 2006年 贡献率（%） | 2006年 累积（%） | 2011年 特征值 | 2011年 贡献率（%） | 2011年 累积（%） |
|---|---|---|---|---|---|---|
| 3 | 1.207 | 17.237 | 68.520 | 1.201 | 17.151 | 72.981 |
| 4 | 0.820 | 11.715 | 80.235 | 0.770 | 11.001 | 83.982 |
| 5 | 0.651 | 9.300 | 89.535 | 0.625 | 8.932 | 92.914 |
| 6 | 0.473 | 6.755 | 96.290 | 0.317 | 4.523 | 97.436 |
| 7 | 0.260 | 3.710 | 100.000 | 0.179 | 2.564 | 100.000 |

由此，进一步得出主成分载荷矩阵（见表4-31），第一主成分2006年和2011年的贡献率分别为32.579%和35.051%，与之相关性较强的内在竞争要素均为旅游资源、区位交通和旅游服务设施，且为正相关。第二主成分2006年的贡献率为18.704%，与之相关性较强的内在竞争要素为旅游集聚与自然环境，其中旅游集聚与第二主成分负相关；2011年的贡献率为20.780%，与之相关性较强的内在竞争要素为自然和社会环境，均为正相关。第三主成分2006年的贡献率为17.237%，与之相关性较强的内在竞争要素为边境口岸和社会环境，其中边境口岸与第三主成分负相关；2011年的贡献率为17.151%，与之相关性较强的内在竞争要素为边境口岸，且为负相关。

表4-31 资源优势型边境县（市）主成分载荷矩阵

| 要素 | 2006年 主成分1 | 2006年 主成分2 | 2006年 主成分3 | 2011年 主成分1 | 2011年 主成分2 | 2011年 主成分3 |
|---|---|---|---|---|---|---|
| 自然环境 | 0.326 | 0.749 | 0.287 | 0.437 | 0.735 | -0.047 |
| 旅游资源 | 0.865 | -0.163 | 0.019 | 0.907 | -0.104 | 0.132 |
| 区位交通 | 0.717 | 0.300 | -0.428 | 0.768 | -0.069 | -0.407 |
| 社会环境 | 0.437 | 0.131 | 0.644 | 0.369 | 0.664 | 0.353 |
| 服务设施 | 0.705 | -0.144 | 0.085 | 0.708 | -0.232 | 0.265 |
| 边境口岸 | 0.303 | 0.022 | -0.697 | 0.372 | -0.257 | -0.701 |
| 旅游集聚 | 0.364 | -0.770 | 0.182 | 0.274 | -0.581 | 0.574 |

对三个主成分因素与外显竞争力进行相关性分析（见表4-32），结果表明，2006年和2011年第一主成分资源-区位-设施竞争要素与市场竞争

力在0.01水平上显著正相关,且五年来相关性有所减弱;2006年第二主成分集聚-自然竞争要素与市场竞争力基本无相关性,第三主成分口岸-社会竞争要素与市场竞争力有弱正相关性;2011年第二主成分自然-社会竞争要素、第三主成分口岸竞争要素与市场竞争力基本无相关性,说明五年来资源优势型边境县(市)旅游竞争一直是以旅游资源、区位交通、旅游服务设施的竞争为主。

表4-32 资源优势型边境县(市)外显竞争力与主成分因素的相关性分析

| 主成分 | 2006年 | | | 2011年 | | |
| --- | --- | --- | --- | --- | --- | --- |
| | 资源-区位-设施 | 集聚-自然 | 口岸-社会 | 资源-区位-设施 | 自然-社会 | 口岸 |
| 旅游市场 | 0.774** | 0.040 | 0.262 | 0.663** | -0.174 | 0.195 |

注:"**"表示在0.01水平(双侧)上显著相关。

## 二 口岸优势型

应用SPSS统计分析软件对口岸优势型边境县(市)内在竞争要素进行分析计算,得出相关系数矩阵、特征值及主成分贡献率、主成分载荷矩阵(见表4-33、表4-34和表4-35)。

表4-33表明部分要素之间存在显著的相关性,有必要通过主成分分析把原有指标组合成相互独立的综合指标。根据表4-34,2006年和2011年第一、第二、第三主成分的特征值均大于1,累积方差贡献率分别为75.857%和78.048%,说明它们包含7个内在竞争要素的大部分信息。

表4-33 口岸优势型边境县(市)内在竞争要素间的相关系数矩阵

| 要素 | 年份 | 自然环境 | 旅游资源 | 区位交通 | 社会环境 | 服务设施 | 边境口岸 | 旅游集聚 |
| --- | --- | --- | --- | --- | --- | --- | --- | --- |
| 自然环境 | 2006 | 1 | | | | | | |
| | 2011 | 1 | | | | | | |
| 旅游资源 | 2006 | -0.071 | 1 | | | | | |
| | 2011 | -0.404 | 1 | | | | | |
| 区位交通 | 2006 | -0.204 | -0.086 | 1 | | | | |
| | 2011 | -0.263 | 0.128 | 1 | | | | |

续表

| 要素 | 年份 | 自然环境 | 旅游资源 | 区位交通 | 社会环境 | 服务设施 | 边境口岸 | 旅游集聚 |
|---|---|---|---|---|---|---|---|---|
| 社会环境 | 2006 | -0.427* | -0.023 | 0.546** | 1 | | | |
| | 2011 | -0.394 | -0.073 | 0.587** | 1 | | | |
| 服务设施 | 2006 | -0.346 | 0.042 | 0.454* | 0.529** | 1 | | |
| | 2011 | -0.373 | 0.406 | 0.353 | 0.150 | 1 | | |
| 边境口岸 | 2006 | 0.151 | -0.067 | 0.353 | 0.306 | 0.584** | 1 | |
| | 2011 | 0.124 | 0.011 | 0.495* | 0.264 | 0.449* | 1 | |
| 旅游集聚 | 2006 | -0.093 | -0.348 | 0.526** | 0.408 | -0.005 | 0.334 | 1 |
| | 2011 | -0.005 | -0.017 | 0.686** | 0.201 | 0.199 | 0.511* | 1 |

注："**"表示在0.01水平（双侧）上显著相关；"*"表示在0.05水平（双侧）上显著相关。

由此，进一步得出主成分载荷矩阵（见表4-35），第一主成分2006年的贡献率为39.469%，与之相关性较强的内在竞争要素为社会环境、区位交通和旅游服务设施，均为正相关；2011年的贡献率为39.285%，与之相关性较强的内在竞争要素为交通区位、旅游集聚、边境口岸，均为正相关。第二主成分2006年的贡献率为20.002%，与之相关性较强的内在竞争要素为旅游资源，且为负相关；2011年的贡献率为22.711%，与之相关性较强的内在竞争要素为自然环境和旅游资源，其中旅游资源与第二主成分负相关。第三主成分2006年的贡献率为16.386%，与之相关性较强的内在竞争要素为边境口岸和自然环境，均为正相关；2011年的贡献率为16.052%，与之相关性较强的内在竞争要素为社会环境，且为正相关。

表4-34 口岸优势型边境县（市）特征值及主成分贡献率

| 主成分 | 2006年 | | | 2011年 | | |
|---|---|---|---|---|---|---|
| | 特征值 | 贡献率（%） | 累积（%） | 特征值 | 贡献率（%） | 累积（%） |
| 1 | 2.763 | 39.469 | 39.469 | 2.750 | 39.285 | 39.285 |
| 2 | 1.400 | 20.002 | 59.470 | 1.590 | 22.711 | 61.996 |
| 3 | 1.147 | 16.386 | 75.857 | 1.124 | 16.052 | 78.048 |
| 4 | 0.748 | 10.692 | 86.549 | 0.676 | 9.663 | 87.711 |
| 5 | 0.447 | 6.391 | 92.940 | 0.440 | 6.279 | 93.990 |

续表

| 主成分 | 2006 年 ||| 2011 年 |||
|---|---|---|---|---|---|---|
| | 特征值 | 贡献率（%） | 累积（%） | 特征值 | 贡献率（%） | 累积（%） |
| 6 | 0.379 | 5.420 | 98.360 | 0.268 | 3.832 | 97.822 |
| 7 | 0.115 | 1.640 | 100.000 | 0.152 | 2.178 | 100.000 |

表 4-35　口岸优势型边境县（市）主成分荷载矩阵

| 要素 | 2006 年 ||| 2011 年 |||
|---|---|---|---|---|---|---|
| | 主成分 1 | 主成分 2 | 主成分 3 | 主成分 1 | 主成分 2 | 主成分 3 |
| 自然环境 | -0.404 | 0.550 | 0.613 | -0.426 | 0.720 | 0.378 |
| 旅游资源 | -0.157 | -0.704 | 0.251 | 0.283 | -0.725 | 0.385 |
| 区位交通 | 0.797 | 0.108 | -0.071 | 0.880 | 0.181 | -0.167 |
| 社会环境 | 0.812 | -0.185 | -0.205 | 0.615 | 0.025 | -0.682 |
| 服务设施 | 0.730 | -0.406 | 0.354 | 0.638 | -0.382 | 0.420 |
| 边境口岸 | 0.626 | 0.185 | 0.674 | 0.677 | 0.402 | 0.380 |
| 旅游集聚 | 0.595 | 0.598 | -0.286 | 0.685 | 0.452 | 0.137 |

　　对三个主成分因素与外显竞争力进行相关性分析（见表 4-36），结果表明，2006 年第一主成分社会-区位-设施竞争要素、第二主成分资源竞争要素与市场竞争力在 0.01 水平上显著正相关，且前者的相关性更强，第三主成分口岸-自然竞争要素与市场竞争力基本无相关性；2011 年第一主成分区位-集聚-口岸竞争要素与市场竞争力在 0.01 水平上显著正相关，第二主成分自然-资源竞争要素、第三主成分社会竞争要素与市场竞争力有弱相关性，说明五年来口岸优势型边境县（市）旅游竞争逐渐由旅游资源、社会环境、旅游服务设施的竞争转为边境口岸、旅游集聚的竞争。

表 4-36　口岸优势型边境县（市）外显竞争力与主成分因素的相关性分析

| 主成分 | 2006 年 ||| 2011 年 |||
|---|---|---|---|---|---|---|
| | 社会-区位-设施 | 资源 | 口岸-自然 | 区位-集聚-口岸 | 自然-资源 | 社会 |
| 旅游市场 | 0.624** | 0.580** | -0.047 | 0.679** | 0.252 | 0.365 |

注："**"表示在 0.01 水平（双侧）上显著相关。

## 三 区位优势型

应用 SPSS 统计分析软件对区位优势型边境县（市）内在竞争要素进行分析计算，得出相关系数矩阵、特征值及主成分贡献率、主成分载荷矩阵（见表4-37、表4-38和表4-39）。

表4-37表明部分要素之间存在显著的相关性，有必要通过主成分分析把原有指标组合成相互独立的综合指标。根据表4-38，2006年第一、第二、第三主成分和2011年第一、第二主成分的特征值均大于1，2011年第三主成分的特征值为0.879，累积方差贡献率分别为77.562%和77.736%，说明它们包含七个内在竞争要素的大部分信息。

表4-37 区位优势型边境县（市）内在竞争要素间的相关系数矩阵

| 要素 | 年份 | 自然环境 | 旅游资源 | 区位交通 | 社会环境 | 服务设施 | 边境口岸 | 旅游集聚 |
|---|---|---|---|---|---|---|---|---|
| 自然环境 | 2006 | 1 | | | | | | |
| | 2011 | 1 | | | | | | |
| 旅游资源 | 2006 | 0.241 | 1 | | | | | |
| | 2011 | 0.412 | 1 | | | | | |
| 区位交通 | 2006 | 0.382 | 0.592** | 1 | | | | |
| | 2011 | 0.408 | 0.483* | 1 | | | | |
| 社会环境 | 2006 | 0.385 | 0.234 | 0.422 | 1 | | | |
| | 2011 | 0.291 | 0.191 | 0.377 | 1 | | | |
| 服务设施 | 2006 | 0.121 | 0.331 | 0.325 | 0.342 | 1 | | |
| | 2011 | 0.253 | 0.125 | 0.307 | 0.600** | 1 | | |
| 边境口岸 | 2006 | 0.110 | 0.507* | 0.510* | 0.148 | -0.142 | 1 | |
| | 2011 | 0.085 | 0.477* | 0.411 | 0.278 | -0.162 | 1 | |
| 旅游集聚 | 2006 | 0.504* | 0.255 | 0.441 | 0.422 | -0.117 | 0.458 | 1 |
| | 2011 | 0.494* | 0.464 | 0.693** | 0.406 | 0.419 | 0.293 | 1 |

注："**"表示在0.01水平（双侧）上显著相关；"*"表示在0.05水平（双侧）上显著相关。

表 4-38 区位优势型边境县（市）特征值及主成分贡献率

| 主成分 | 2006 年 | | | 2011 年 | | |
|---|---|---|---|---|---|---|
| | 特征值 | 贡献率（%） | 累积（%） | 特征值 | 贡献率（%） | 累积（%） |
| 1 | 2.966 | 42.366 | 42.366 | 3.176 | 45.367 | 45.367 |
| 2 | 1.336 | 19.091 | 61.456 | 1.387 | 19.817 | 65.184 |
| 3 | 1.127 | 16.106 | 77.562 | 0.879 | 12.552 | 77.736 |
| 4 | 0.614 | 8.764 | 86.327 | 0.578 | 8.261 | 85.997 |
| 5 | 0.363 | 5.182 | 91.509 | 0.492 | 7.026 | 93.023 |
| 6 | 0.325 | 4.640 | 96.149 | 0.287 | 4.101 | 97.124 |
| 7 | 0.270 | 3.851 | 100.000 | 0.201 | 2.876 | 100.000 |

由此，进一步得出主成分载荷矩阵（见表4-39），第一主成分2006年的贡献率为42.366%，与之相关性较强的内在竞争要素为区位交通，为正相关；2011年的贡献率为45.367%，与之相关性较强的内在竞争要素为旅游集聚、交通区位，均为正相关。第二主成分2006年的贡献率为19.091%，与之相关性较强的内在竞争要素为旅游服务设施，为正相关；2011年的贡献率为19.817%，与之相关性较强的内在竞争要素为旅游服务设施和边境口岸，其中边境口岸与第二主成分负相关。第三主成分2006年的贡献率为16.106%，与之相关性较强的内在竞争要素为自然环境和旅游资源，其中旅游资源与第三主成分负相关；2011年的贡献率为12.552%，与之相关的内在竞争要素为自然环境和社会环境，其中自然环境为负相关。

表 4-39 区位优势型边境县（市）主成分荷载矩阵

| 要素 | 2006 年 | | | 2011 年 | | |
|---|---|---|---|---|---|---|
| | 主成分 1 | 主成分 2 | 主成分 3 | 主成分 1 | 主成分 2 | 主成分 3 |
| 自然环境 | 0.609 | 0.022 | 0.561 | 0.639 | 0.072 | -0.587 |
| 旅游资源 | 0.709 | 0.102 | -0.517 | 0.675 | -0.442 | -0.160 |
| 区位交通 | 0.840 | 0.076 | -0.209 | 0.816 | -0.139 | -0.015 |
| 社会环境 | 0.637 | 0.312 | 0.394 | 0.651 | 0.406 | 0.495 |
| 服务设施 | 0.320 | 0.872 | -0.153 | 0.534 | 0.742 | 0.125 |
| 边境口岸 | 0.623 | -0.531 | -0.426 | 0.483 | -0.671 | 0.475 |
| 旅游集聚 | 0.700 | -0.424 | 0.376 | 0.838 | 0.036 | -0.148 |

对三个主成分因素与外显竞争力进行相关性分析（见表4-40），结果表明，2006年第一主成分区位竞争要素、第三主成分自然-资源竞争要素与市场竞争力在0.05水平上显著正相关，且后者的相关性更强，第二主成分设施竞争要素与市场竞争力基本无相关性；2011年第一主成分集聚-区位竞争要素与市场竞争力在0.01水平上显著正相关，第二主成分设施竞争要素与市场竞争力在0.05水平上显著正相关，第三主成分自然-社会竞争要素与市场竞争力基本无相关性，说明五年来区位优势型边境县（市）旅游竞争逐渐由自然环境、旅游资源的竞争转为服务设施、旅游集聚、边境口岸的竞争。

表4-40 区位优势型边境县（市）外显竞争力与主成分因素的相关性分析

| 主成分 | 2006年 | | | 2011年 | | |
| --- | --- | --- | --- | --- | --- | --- |
| | 区位 | 设施 | 自然-资源 | 集聚-区位 | 设施-口岸 | 自然-社会 |
| 旅游市场 | 0.567* | 0.145 | 0.581* | 0.655** | 0.575* | 0.011 |

注："*"表示在0.05水平（双侧）上显著相关；"**"表示在0.01水平（双侧）上显著相关。

### 四 集聚优势型

应用SPSS统计分析软件对集聚优势型边境县（市）内在竞争要素进行分析计算，得出相关系数矩阵、特征值及主成分贡献率、主成分载荷矩阵（见表4-41、表4-42和表4-43）。

表4-41表明部分要素之间存在显著的相关性，有必要通过主成分分析把原有指标组合成相互独立的综合指标。根据表4-42，2006年和2011年第一、第二主成分的特征值均大于1，累积方差贡献率分别为74.195%和72.556%，说明它们包含7个内在竞争要素的大部分信息。

表4-41 集聚优势型边境县（市）内在竞争要素间的相关系数矩阵

| 要素 | 年份 | 自然环境 | 旅游资源 | 区位交通 | 社会环境 | 服务设施 | 边境口岸 | 旅游集聚 |
| --- | --- | --- | --- | --- | --- | --- | --- | --- |
| 自然环境 | 2006 | 1 | | | | | | |
| | 2011 | 1 | | | | | | |
| 旅游资源 | 2006 | -0.489* | 1 | | | | | |
| | 2011 | -0.283 | 1 | | | | | |

续表

| 要素 | 年份 | 自然环境 | 旅游资源 | 区位交通 | 社会环境 | 服务设施 | 边境口岸 | 旅游集聚 |
|---|---|---|---|---|---|---|---|---|
| 区位交通 | 2006 | 0.503* | -0.443 | 1 | | | | |
| | 2011 | 0.417 | 0.050 | 1 | | | | |
| 社会环境 | 2006 | -0.553* | 0.432 | -0.454* | 1 | | | |
| | 2011 | -0.604** | 0.206 | -0.377 | 1 | | | |
| 服务设施 | 2006 | 0.002 | 0.391 | 0.044 | 0.150 | 1 | | |
| | 2011 | -0.024 | 0.737** | 0.400 | -0.003 | 1 | | |
| 边境口岸 | 2006 | -0.444* | 0.558* | -0.696** | 0.486* | -0.118 | 1 | |
| | 2011 | -0.491* | 0.511* | -0.469* | 0.395 | 0.003 | 1 | |
| 旅游集聚 | 2006 | 0.007 | 0.375 | -0.050 | 0.190 | 0.986** | -0.065 | 1 |
| | 2011 | -0.083 | 0.720** | 0.011 | -0.038 | 0.779** | 0.112 | 1 |

注："*"表示在0.05水平（双侧）上显著相关；"**"表示在0.01水平（双侧）上显著相关。

**表4-42 集聚优势型边境县（市）特征值及主成分贡献率**

| 主成分 | 2006年 | | | 2011年 | | |
|---|---|---|---|---|---|---|
| | 特征值 | 贡献率（%） | 累积（%） | 特征值 | 贡献率（%） | 累积（%） |
| 1 | 3.102 | 44.318 | 44.318 | 2.757 | 39.391 | 39.391 |
| 2 | 2.091 | 29.877 | 74.195 | 2.322 | 33.165 | 72.556 |
| 3 | 0.672 | 9.595 | 83.790 | 0.762 | 10.891 | 83.446 |
| 4 | 0.508 | 7.250 | 91.040 | 0.573 | 8.189 | 91.636 |
| 5 | 0.421 | 6.009 | 97.049 | 0.383 | 5.477 | 97.112 |
| 6 | 0.200 | 2.863 | 99.912 | 0.105 | 1.494 | 98.606 |
| 7 | 0.006 | 0.088 | 100.000 | 0.098 | 1.394 | 100.000 |

由此，进一步得出主成分载荷矩阵（见表4-43），第一主成分2006年的贡献率为44.318%，与之相关性较强的内在竞争要素为旅游资源、边境口岸、区位交通、社会环境、自然环境，其中区位交通和自然环境为负相关；2011年的贡献率为39.391%，与之相关性较强的内在竞争要素为旅游资源和旅游集聚，均为正相关。第二主成分2006年的贡献率为29.877%，与之相关性较强的内在竞争要素为旅游集聚和旅游服务设施，均为正相

关；2011年的贡献率为33.165%，与之相关性较强的内在竞争要素为区位交通和旅游服务设施，均为正相关。

表 4-43　集聚优势型边境县（市）主成分荷载矩阵

| 要素 | 2006 年 | | 2011 年 | |
| --- | --- | --- | --- | --- |
| | 主成分 1 | 主成分 2 | 主成分 1 | 主成分 2 |
| 自然环境 | -0.725 | 0.254 | -0.591 | 0.565 |
| 旅游资源 | 0.803 | 0.192 | 0.890 | 0.314 |
| 区位交通 | -0.759 | 0.309 | -0.241 | 0.744 |
| 社会环境 | 0.749 | -0.064 | 0.488 | -0.582 |
| 服务设施 | 0.306 | 0.946 | 0.639 | 0.705 |
| 边境口岸 | 0.763 | -0.388 | 0.644 | -0.480 |
| 旅游集聚 | 0.346 | 0.920 | 0.705 | 0.533 |

对两个主成分因素与外显竞争力进行相关性分析（见表4-44），结果表明，2006年第一主成分资源-口岸-区位-社会-自然竞争要素与市场竞争力有弱相关性，第二主成分集聚-设施竞争要素与市场竞争力在0.01水平上显著正相关；2011年第一主成分资源-集聚竞争要素与市场竞争力在0.01水平上显著正相关，第二主成分区位-设施竞争要素与市场竞争力有中相关性，说明五年来集聚优势型边境县（市）旅游竞争逐渐由旅游服务设施的竞争转为旅游资源的竞争，此外区位交通竞争要素也较为重要。

表 4-44　集聚优势型边境县（市）外显竞争力与主成分因素的相关性分析

| 主成分 | 2006 年 | | 2011 年 | |
| --- | --- | --- | --- | --- |
| | 资源-口岸-区位-社会-自然 | 集聚-设施 | 资源-集聚 | 区位-设施 |
| 旅游市场 | 0.334 | 0.810** | 0.596** | 0.430 |

注："**"表示在0.01水平（双侧）上显著相关。

## 五　相对均衡型

应用SPSS统计分析软件对相对均衡型边境县（市）内在竞争要素进行分析计算，得出相关系数矩阵、特征值及主成分贡献率、主成分载荷矩阵（见表 4-45、表 4-46 和表 4-47）。

表 4-45 表明部分要素之间存在显著的相关性，有必要通过主成分分析把原有指标组合成相互独立的综合指标。根据表 4-46，2006 年和 2011 年第一、第二主成分的特征值均大于 1，累积方差贡献率分别为 69.224% 和 65.001%，说明它们包含 7 个内在竞争要素的大部分信息。

表 4-45　相对均衡型边境县（市）内在竞争要素间的相关系数矩阵

| 要素 | 年份 | 自然环境 | 旅游资源 | 区位交通 | 社会环境 | 服务设施 | 边境口岸 | 旅游集聚 |
|---|---|---|---|---|---|---|---|---|
| 自然环境 | 2006 | 1 | | | | | | |
| | 2011 | 1 | | | | | | |
| 旅游资源 | 2006 | .144 | 1 | | | | | |
| | 2011 | .178 | 1 | | | | | |
| 区位交通 | 2006 | .195 | .610** | 1 | | | | |
| | 2011 | .258 | .636** | 1 | | | | |
| 社会环境 | 2006 | .009 | .457** | .555** | | | | |
| | 2011 | .060 | .493** | .324* | 1 | | | |
| 服务设施 | 2006 | .012 | .614** | .396* | .568** | 1 | | |
| | 2011 | .100 | .725** | .464** | .304 | 1 | | |
| 边境口岸 | 2006 | .022 | .444** | .199 | .210 | .516** | 1 | |
| | 2011 | .066 | .375* | .200 | .074 | .309 | 1 | |
| 旅游集聚 | 2006 | -.024 | .661** | .447** | .593** | .928** | .685** | 1 |
| | 2011 | -.073 | .705** | .392* | .468** | .717** | .618** | 1 |

注：* 在 0.05 水平（双侧）上显著相关；** 在 0.01 水平（双侧）上显著相关。

表 4-46　相对均衡型边境县（市）特征值及主成分贡献率

| 主成分 | 2006 年 | | | 2011 年 | | |
|---|---|---|---|---|---|---|
| | 特征值 | 贡献率（%） | 累积（%） | 特征值 | 贡献率（%） | 累积（%） |
| 1 | 3.697 | 52.811 | 52.811 | 3.396 | 48.510 | 48.510 |
| 2 | 1.149 | 16.413 | 69.224 | 1.154 | 16.491 | 65.001 |
| 3 | 0.911 | 13.021 | 82.244 | 0.944 | 13.489 | 78.490 |
| 4 | 0.545 | 7.786 | 90.030 | 0.661 | 9.449 | 87.938 |

续表

| 主成分 | 2006 年 | | | 2011 年 | | |
|---|---|---|---|---|---|---|
| | 特征值 | 贡献率（%） | 累积（%） | 特征值 | 贡献率（%） | 累积（%） |
| 5 | 0.396 | 5.656 | 95.686 | 0.508 | 7.263 | 95.202 |
| 6 | 0.262 | 3.747 | 99.433 | 0.208 | 2.973 | 98.174 |
| 7 | 0.040 | 0.567 | 100.000 | 0.128 | 1.826 | 100.000 |

由此，进一步得出主成分载荷矩阵（见表4-47），第一主成分2006年和2011年的贡献率分别为52.811%和48.510%，与之相关性较强的内在竞争要素均为旅游集聚、旅游服务设施、旅游资源，且为正相关。第二主成分2006年和2011年的贡献率分别为16.413%和16.491%，与之相关性较强的内在竞争要素均为自然环境，且为正相关。

对两个主成分因素与外显竞争力进行相关性分析（见表4-48），结果表明，2006年和2011年第一主成分集聚-设施-资源竞争要素与市场竞争力在0.01水平上显著正相关，且五年来相关性有所增强，第二主成分自然竞争要素与市场竞争力由2006年的弱相关性逐渐变为2011年的基本无相关性，说明五年来相对均衡型边境县（市）旅游竞争一直是以旅游集聚、旅游服务设施和旅游资源的竞争为主。

表 4-47　相对均衡型边境县（市）主成分荷载矩阵

| 要素 | 2006 年 | | 2011 年 | |
|---|---|---|---|---|
| | 主成分1 | 主成分2 | 主成分1 | 主成分2 |
| 自然环境 | 0.095 | 0.790 | 0.178 | 0.819 |
| 旅游资源 | 0.813 | 0.175 | 0.906 | 0.102 |
| 区位交通 | 0.670 | 0.491 | 0.686 | 0.412 |
| 社会环境 | 0.717 | 0.138 | 0.576 | 0.103 |
| 服务设施 | 0.880 | -0.201 | 0.820 | -0.049 |
| 边境口岸 | 0.645 | -0.362 | 0.553 | -0.393 |
| 旅游集聚 | 0.934 | -0.250 | 0.874 | -0.368 |

表 4-48　相对均衡型边境县（市）外显竞争力与主成分因素的相关性分析

|  | 2006 年 ||  2011 年 ||
| --- | --- | --- | --- | --- |
|  | 集聚-设施-资源 | 自然 | 集聚-设施-资源 | 自然 |
| 旅游市场 | 0.790** | 0.202 | 0.797** | 0.128 |

注："**"表示在 0.01 水平（双侧）上显著相关。

## 第四节　本章小结

本章利用第三章中构建的指标体系和评价方法，评价边境县（市）旅游各竞争要素，并对其时空特征进行分析。

从时间演变看，2006~2011 年，边境县（市）旅游竞争力水平有所提高，但总体增长缓慢。

东北东部边境具有区位交通和旅游资源优势；西南边境具有丰富的旅游资源、众多的边境口岸、较高的旅游集聚度；中蒙边境具有社会经济优势，旅游自然环境和旅游资源条件也较好。这三个边境地区旅游市场竞争力较高。

东北北部边境旅游发展受到气候环境和社会经济发展水平的影响，旅游配套服务设施比较薄弱，边境地区的可进入性较差，导致旅游外显竞争力较东北东部边境弱。

新疆西部边境虽然具有良好的自然环境，但旅游发展受到旅游资源、区位交通、社会经济环境的制约，旅游外显竞争力水平一直较低。

西藏自治区边境自然生态环境脆弱，经济基础薄弱，基础设施落后，严重制约着旅游业的发展。

中国与周边各国之间的关系也在一定程度上影响边境县（市）旅游的发展。与中朝、中老、中缅、中越、中俄、中蒙相邻的边境县（市）旅游发展水平明显高于与中亚、中印、中尼、中不等相邻的边境县（市）。

在此基础上对划分中国边境旅游竞争力的类型，并对其特征进行分析。

根据外显竞争力指数及 2006~2011 年均增长率，将边境旅游竞争力划分为高水平高速增长型、高水平中速增长型、高水平低速增长型、中水平高速增长型、中水平中速增长型、中水平低速增长型、低水平高速增长型、低水平中速增长型、低水平低速增长型九类。在高市场竞争力的边境县（市）中，高速增长型边境县（市）处于旅游地生命周期的快速发展阶段，但旅游发展的整体水平不及其他两类，低速增长型边境县（市）旅游业发展已较为成熟，处于旅游地生命周期的稳固阶段。在中市场竞争力的边境县（市）中，高速增长型边境县（市）对旅游业发展的投入高于其他两种类型。在低市场竞争力的边境县（市）中，高速增长型边境县（市）存在一定的旅游资源，但因交通、经济、文化等旅游发展的支撑条件不足，很多县（市）旅游发展较为滞后；中低速增长型边境县（市）暂不具备旅游业发展条件。

　　根据内在竞争要素之间相互作用和组合关系的不同特点，以及各要素竞争力的排名，将边境县（市）划分为资源优势型、口岸优势型、区位优势型、集聚优势型、相对均衡型五类。2006~2011年，资源优势型边境县（市）旅游竞争主要以旅游资源、区位交通、旅游服务设施的竞争为主，社会经济是制约其旅游发展的重要因素；口岸优势型边境县（市）旅游竞争逐渐由旅游资源、社会环境、旅游服务设施的竞争转为边境口岸、旅游集聚的竞争，旅游资源开发及旅游服务设施的建设是制约其旅游发展的重要因素；区位优势型边境县（市）旅游竞争逐渐由自然环境、旅游资源的竞争转为服务设施、旅游集聚、边境口岸的竞争，旅游服务设施及边境县（市）整体的建设是其旅游发展的重点；集聚优势型边境县（市）旅游竞争逐渐由旅游服务设施的竞争转为旅游资源的竞争，此外区位交通竞争要素也较为重要；相对均衡型边境县（市）旅游竞争一直以旅游集聚、旅游服务设施和旅游资源的竞争为主。

# 第五章 中国陆地边境县（市）入境旅游竞争力的时空特征及发展机理

中国边境县（市）入境旅游竞争力受边境效应影响较大，是边境旅游区别于一般旅游的显著特征。边境效应分为屏蔽效应和中介效应两种，边境的屏蔽效应属于边境天然的封闭属性，是旅游流空间相互作用的障碍；边境的中介效应属于边境天然的开放属性，指边境作为接触和交往最频繁的地带，能促进边境两侧旅游流的空间互动。本章在把握边境县（市）入境旅游竞争力时空特征和中国主要陆地跨国边境地区旅游业的发展状况的基础上，分析边境县（市）入境旅游竞争力的发展机理。

## 第一节 边境县（市）入境旅游竞争力的时空变化特征分析

### 一 研究设计

中国边境入境旅游发展的研究成果较少。陈秀琼等[1]采用可以多层次分解的Theil系数测量1990~2004年中国入境旅游时间尺度上的地带间、地带内核省际差异变化状况；黄爱莲[2]以中国接待越南入境旅游为例，构建了基于引力模型的入境旅游理论模型；赵多平等[3]以满洲里为例，分析

---

[1] 陈秀琼、黄福才：《中国入境旅游的区域差异特征分析》，《地理学报》2006年12期。
[2] 黄爱莲：《基于引力模型的中越入境旅游影响因素分析》，《商业研究》2011年第9期。
[3] 赵多平、孙根年等：《中国对俄口岸城市出入境旅游与进出口贸易互动关系的研究——1993—2009年满洲里市的实证分析》，《经济地理》2011年第10期。

了中俄出入境旅游对双边贸易的促进作用；王辉等[1]以新疆为例，探讨了新疆口岸跨国旅游合作的总体机制与实现途径；方世巧等[2]依据1980~2011年中国边境九省区入境旅游客流量和旅游收入数据，分析其入境旅游发展的时间同步性与区域响应。

本书把边境口岸入境人数作为边境县（市）入境旅游竞争力指数的值，各边境口岸入境人数数据来源于《中国口岸年鉴》，个别年份个别县（市）缺失的数据则根据纵向增长率和同一时间内与其发展相似的县（市）发展情况做出推断。入境旅游竞争力时空特征分析中所运用到的研究方法主要包括以下两种。

**（一）环比增长率**

环比增长率可以反映边境县（市）入境旅游逐年净增长的速度，其计算公式为：

$$r = 100 * (x_{t+1} - x_t)/x_t \tag{5.1}$$

其中，$r$为环比增长率，$X_{t+1}$为后一年的入境旅游人数，$X_t$为上一年的入境旅游净人数。

**（二）标准差与变异系数**

差异性分为绝对差异与相对差异两种，分别用标准差（$SD$）和变异系数（$CV$）来衡量。在时间上可以反映边境入境旅游竞争力的增长变化和波动程度，在空间上可以反映不同区域间边境入境旅游竞争力水平的空间差异程度，计算公式为：

$$SD = \sqrt{\sum_{i=1}^{n}(X_{ij}-\overline{X}_i)^2/(n-1)}$$
$$CV = SD/\overline{X}_i \tag{5.2}$$

其中，在空间差异程度的分析中，$X_{ij}$是第$i$年第$j$个边境省份的边境口

---

[1] 王辉、杨兆萍：《边境口岸跨国旅游合作机理研究——以新疆为例》，《经济地理》2011年第8期。

[2] 方世巧、马耀峰等：《中国边境省区入境旅游发展的时间同步性与区域响应》，《西部论坛》2013年第4期。

岸入境旅游总人数，$\overline{X}_i$ 是第 $i$ 年各边境省份的边境口岸平均入境旅游人数，$n$ 为边境省域的个数；在时间增长变化和波动程度的分析中，$X_{ij}$ 是第 $i$ 个边境省份第 $j$ 年边境口岸入境旅游总人数，$\overline{X}_i$ 是第 $i$ 个边境省域的边境口岸平均入境旅游人数，$n$ 为年数。

## 二 时间变化特征

### （一）中国边境入境旅游人数增长缓慢

从全国范围看，2001～2006 年，中国边境县（市）入境旅游人数的增长速度较为缓慢，由 2001 年的 877.64 万人增长至 2011 年的 1787.08 万人，年均增长率为 7.37%；环比增长率波动较大，其中 2003 年、2006 年和 2009 年出现了负增长，平均环比增长率为 7.70%。

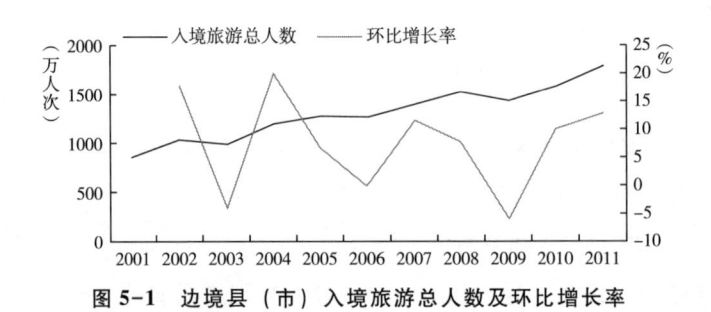

图 5-1 边境县（市）入境旅游总人数及环比增长率

### （二）中国边境入境旅游竞争力的省份差距随着时间的推移有逐步扩大趋势

以边境省份为基本单元，分析边境省份边境口岸入境旅游差异程度的时间变化，图 5-2 表明：2001～2011 年，边境省份边境口岸入境旅游总人数标准差总体上呈增长态势；而变异系数则呈现先上升后下降又上升的变化，说明中国陆地边境省份边境县（市）口岸入境旅游总人数的发展绝对差异逐渐扩大、相对差异先增大后缩小又增大。绝对差异从 2001 年的 170.89 上升到 2011 年的 349.05，增长了 104.25%，年均增长率为 7.40%，且在 2003 年和 2006 年出现了下降。相对差异从 2001 年的 1.56 上升到 2002 年的 1.65，缓慢下降至 2008 年的 1.34，之后又上升到 2011 年的 1.56，说明边境入境旅游竞争力的发展仍处于不平衡状态。

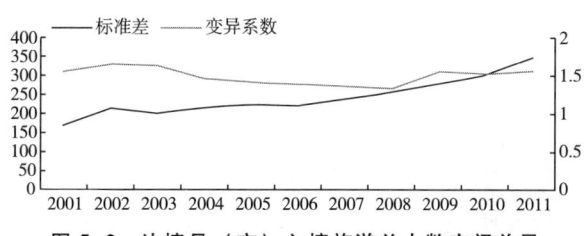

图 5-2 边境县（市）入境旅游总人数空间差异

### （三）新疆年均增长率及变化波动性最高，吉林最低

从全国及各边境省份入境旅游人数的增长变化和波动程度看，2001~2011 年全国入境旅游人数的年均增长率为 7.37%，高于全国年均增长率的边境省份有新疆、辽宁、内蒙古、云南；全国入境旅游人数的变异系数为 0.21，高于全国变异系数的省份为新疆、辽宁、内蒙古、广西、黑龙江。其中，新疆近十年来入境旅游的发展速度远高于其他省份，年均增长率为 30.28%，变异系数为 0.56；吉林入境旅游的发展速度最低，年均增长率仅为 3.44%，变异系数为 0.15。

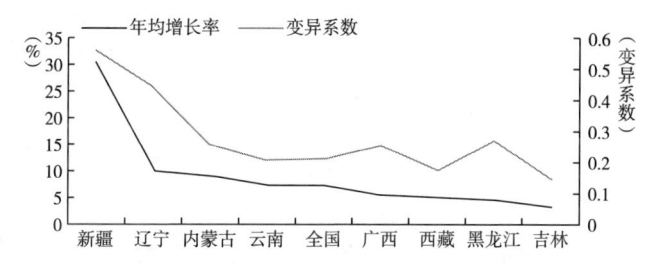

图 5-3 全国及各边境省份入境旅游总人数年均增长率及变异系数

## 三 空间差异特征

中国边境入境旅游竞争力水平呈现明显的地区差异。云南 2001 年、2006 年及 2011 年的入境旅游总人数均远高于其他各省份，广西、内蒙古、黑龙江次之，最后为新疆、吉林、辽宁、西藏。中国西南边境入境旅游总人数较高，东北边境次之，西部边境入境旅游总人数最低。

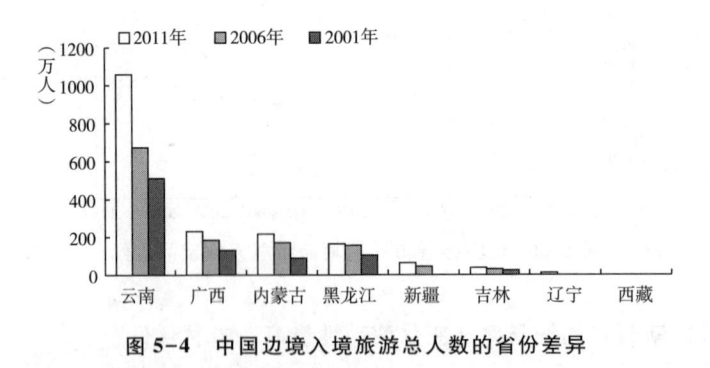

图 5-4　中国边境入境旅游总人数的省份差异

## 第二节　中国主要陆地跨国边境地区旅游业的发展状况

### 一　中朝边境旅游区

中朝边境线长 1334 千米，其中与辽宁接壤 226 千米，与吉林接壤 1108 千米。在中国与朝鲜接壤的 13 个边境县（市）中，有 8 个边境县（市）拥有对朝口岸，口岸数量共 11 个（见表 5-1）。

表 5-1　中国对朝边境口岸

| 省 | 市 | 县 | 口岸 | 对应国家 |
| --- | --- | --- | --- | --- |
| 吉林 | 延边州 | 珲春市 | 圈河口岸 | 朝鲜 |
| | | | 沙坨子口岸 | 朝鲜 |
| | | 图们市 | 图们口岸 | 朝鲜 |
| | | 龙井市 | 开山屯口岸 | 朝鲜 |
| | | | 三合口岸 | 朝鲜 |
| | | 和龙市 | 南坪口岸 | 朝鲜 |
| | | | 古城里口岸 | 朝鲜 |
| | 通化市 | 集安市 | 集安口岸 | 朝鲜 |
| | 白山市 | 长白县 | 长白口岸 | 朝鲜 |
| | | 临江市 | 临江口岸 | 朝鲜 |
| 辽宁 | 丹东市 | 振兴区 | 丹东口岸 | 朝鲜 |

资料来源：根据《中国口岸年鉴》（中国口岸协会编，中国海关出版社，2014）整理。

丹东是中国与朝鲜半岛开展边境合作的前沿地带，为边境旅游发展提供了条件。1987年，丹东开通了中国第一个边境跨境旅游线路，丹东-新义州一日游；随后在中朝双方的共同商议下，又开通了三日游，旅游地延伸至妙香山、平壤等地，边境旅游市场不断开放，但由于旅游管理的弱化，边境旅游出现了无序竞争现象。1998年，国家强制暂停赴朝旅游，经相关部门整治，一年后边境旅游恢复开通。2001年成立辽宁省丹东边境旅游管理办公室，对中朝边境旅游实行统一管理，使丹东旅游业快速发展。2002年，赴朝旅游业务由原来的中国国际旅行社一家发展到五家。2009年，丹东被批准为开展边境旅游异地办证试点城市，出境旅游业又迎来了一次快速发展[1]。近年来，中朝两国积极探索，构建跨境合作机制，双方在丹东推进边境旅游和跨境旅游方面形成多项合作共识。2012年10月，丹东正式挂牌成为辽宁赴朝旅游聚集区。2014年10月，丹东开通赴新义州、东林景区二日游；2016年4月，开通朝鲜全境游，并将赴新义州、东林景区的二日游与赴平壤等地的三日游线路串联起来，成为全国唯一游客办理一次手续就可实现赴朝边境游和深度游的赴朝旅游边境口岸。此外，20世纪90年代初，吉林延边州开通了到罗津、先锋、南阳、清津、七宝山等的中朝旅游线路，中朝边境地区旅游业呈现良好的发展势头。

由于朝鲜旅游业处于旅游发展初期，其国内社会经济发展水平和居民收入较低，开放程度较低，出境旅游限制条件较多，尚未形成一定的出境旅游市场，少量的出境人员多为政府公派交流人员；其旅游发展形势具有"入境旅游开始起步，国内旅游稍有萌芽，出境旅游基本空缺"的特征；中国边境入朝旅游主要为观光驱动型，且主动权多由朝方控制。总体而言，中朝边境县（市）以边境出境游为主，入境旅游人数较少，但边境旅游的发展为中国边境县（市）带来了大量国内游客。

---

[1] 满海峰：《辽宁省"北黄海经济带"开放开发与中朝边境旅游经济发展》，《东北亚论坛》2010年第3期。

## 二 中俄边境旅游区

中俄边境线长 4334 千米,其中与吉林接壤 230 千米,与黑龙江接壤 3040 千米,与内蒙古接壤 1010 千米,与新疆接壤 54 千米。在中国与俄罗斯接壤的 26 个边境县(市)中,有 15 个边境县(市)拥有对俄口岸,口岸数量共 16 个(见表 5-2)。

表 5-2 中国对俄边境口岸

| 省份 | 市 | 县 | 口岸 | 对应国家 |
| --- | --- | --- | --- | --- |
| 内蒙古 | 呼伦贝尔市 | 满洲里市 | 满洲里口岸 | 俄罗斯 |
| | | 额尔古纳市 | 黑山头口岸 | 俄罗斯 |
| | | | 室韦口岸 | 俄罗斯 |
| 黑龙江 | 鸡西市 | 虎林市 | 虎林口岸 | 俄罗斯 |
| | | 密山市 | 密山口岸 | 俄罗斯 |
| | 鹤岗市 | 萝北县 | 萝北口岸 | 俄罗斯 |
| | 双鸭山市 | 饶河县 | 饶河口岸 | 俄罗斯 |
| | 伊春市 | 嘉荫县 | 嘉荫口岸 | 俄罗斯 |
| | 佳木斯市 | 抚远县 | 抚远口岸 | 俄罗斯 |
| | | 同江市 | 同江口岸 | 俄罗斯 |
| | 牡丹江市 | 东宁县 | 东宁口岸 | 俄罗斯 |
| | | 绥芬河市 | 绥芬河口岸 | 俄罗斯 |
| | 黑河市 | 爱辉区 | 黑河口岸 | 俄罗斯 |
| | | 逊克县 | 逊克口岸 | 俄罗斯 |
| | 大兴安岭地区 | 漠河县 | 漠河口岸 | 俄罗斯 |
| 吉林 | 延边州 | 珲春市 | 珲春口岸 | 俄罗斯 |

资料来源:根据《中国口岸年鉴》(中国口岸协会编,中国海关出版社,2014)整理。

1998 年,黑河-布拉戈维申斯克边境一日游开通,随后相继开通同江-下列宁斯科耶-比罗比詹、绥芬河-波格拉尼奇-符拉迪沃斯托克、东宁-乌苏里斯克、逊克-波亚尔科夫镇、抚远-哈巴罗夫斯克、密山-卡缅雷博洛夫-斯帕斯克达尔尼、嘉荫-奥布卢奇耶、萝北-阿穆尔杰特-共青城、虎林-列索扎沃斯科、饶河-比金-哈巴罗夫斯克等旅游线路,中俄边境旅游业逐步发展。在中俄边境旅游发展初期，边境旅游采取对等交换团队，边境贸易采取以物换物的办法。随着旅游人数的增加，旅游结算方式改为现汇交易，使边境购物快速发展，同时出现了旅游商品质量和旅游市场秩序等问题。这一时期，边境旅游团体由简单的边境一日游转变为边境主体多日游，旅游线路得以延伸。1995年，经过国家治理，边境旅游和边境贸易逐渐走上规范化管理的轨道；2005年，俄罗斯成为全境对中国游客团免签证的国家，中俄边境旅游的发展进入新的阶段。黑龙江中俄边境入境旅游发展较好。首先，俄罗斯与中国接壤的远东地区共有9个州，分布着19个口岸城市，出境旅游价格相对较低，交通方便，加之俄罗斯经济水平日渐复苏，国人具有旅游传统，出境旅游越来越多；其次，黑龙江具有适合俄罗斯游客需求的旅游购物、旅游观光等多种旅游产品，其夏季宜人的气候条件和冬季独特的冰雪旅游资源使边境县（市）入境旅游具有明显的时间性，主要集中在夏季（7~8月）和冬季（12~1月）。中俄两国边境旅游合作逐步深入，带动了边境地区国际旅行社、宾馆、酒店等相关旅游基础设施的建设[①]。

　　20世纪90年代末，吉林延边州开通了到符拉迪沃斯托克、斯拉夫扬卡、扎鲁比诺、波谢特等港口城市的中俄旅游线路。当时，珲春口岸是唯一开通中俄边境旅游的口岸。随后，图们江边境地区逐步开通了跨多国的旅游线路：2000年开通了中国珲春－俄罗斯扎鲁比诺－韩国束草旅游航线；2008年开通了中国珲春－俄罗斯扎鲁比诺港－韩国束草－日本新潟环日本海旅游航线，开辟了中国东北第二条出海大通道；2011年开通了中国珲春（珲春口岸）－俄罗斯符拉迪沃斯托克－俄罗斯斯拉夫扬卡－俄罗斯哈桑－朝鲜豆满江－朝鲜罗先－中国珲春（圈河口岸）环形跨国旅游线路，为珲春三疆国际旅行社独家经营，为推出多国环线旅游线路打下良好的基础。俄罗斯哈桑地区经济发展较为落后，尚未形成以观光为主的旅游形式，但边民互市贸易带动了观光为主的旅游客源。在吉林中俄边境县（市）入境旅游方面，近年来，口岸入境人数逐步增多，其中通过珲春口岸的俄罗斯游客人数增长最快，韩国游客主要以商务旅游为

---

① 姜晓娜：《黑龙江省边境旅游发展探析》，硕士学位论文，河南大学，2010，第38~40页。

主。在吉林中俄边境县（市）出境旅游方面，由于延边异地办证政策的取消和恢复等原因，出境旅游呈现不稳定和不规律的特征[①]。

### 三　中蒙边境旅游区

中蒙边境线长4673千米，其中与内蒙古接壤3192千米，与甘肃接壤65千米，与新疆接壤1416千米。在中国与蒙古国接壤的27个边境县（市）中，有10个边境县（市）拥有对蒙口岸，口岸数量共10个（见表5-3）。

表5-3　中国对蒙边境口岸

| 省份 | 市 | 县 | 口岸 | 对应国家 |
| --- | --- | --- | --- | --- |
| 新疆 | 阿勒泰地区 | 阿勒泰市 | 红山嘴口岸 | 蒙古国 |
|  |  | 青河县 | 塔克什肯口岸 | 蒙古国 |
|  | 哈密地区 | 巴里坤县 | 老爷庙口岸 | 蒙古国 |
| 内蒙古 | 包头市 | 达尔罕茂明安联合旗 | 满都拉口岸 | 蒙古国 |
|  | 巴彦淖尔市 | 乌拉特中旗 | 甘其毛都口岸 | 蒙古国 |
|  | 锡林郭勒盟 | 二连浩特市 | 二连浩特口岸 | 蒙古国 |
|  |  | 东乌珠穆沁旗 | 珠恩嘎达布其口岸 | 蒙古国 |
|  | 阿拉善盟 | 额济纳旗 | 策克口岸 | 蒙古国 |
|  | 呼伦贝尔市 | 新巴尔虎左旗 | 额布都格口岸 | 蒙古国 |
|  |  | 新巴尔虎右旗 | 阿日哈沙特口岸 | 蒙古国 |

资料来源：根据《中国口岸年鉴》（中国口岸协会编，中国海关出版社，2014）整理。

受中俄关系影响，中蒙关系发展较为曲折，边境旅游发展较晚。1992年，中蒙开通二连浩特-扎门乌德边境对等交换一日游、二连浩特-乌兰巴托五日游、二连浩特-赛因山达三日游等旅游线路。2005年，中蒙两国签署《关于中国旅游团队赴蒙古国旅游实施方案的谅解备忘录》，并建立边境旅游协调会议制度，标志着中蒙两国旅游合作进入新的阶段；2006年开通二连浩特-哈喇哈林六日游、二连浩特-色楞格省七日游等旅游线路；2009年，新疆塔克什肯口岸正式开通边境旅游，成为新疆首条中蒙边境

---

[①] 李英花、崔哲浩：《图们江区域边境旅游合作的现状与展望》，《延边大学学报》2011年第3期。

旅游线路,并举办了"中蒙塔克什肯口岸-雅人特口岸国际边境旅游节"及"边境旅游节研讨会"。2013年,中国内蒙古与蒙古国在乌兰巴托举办了旅游协调会议,希望在边境旅游、旅游宣传促销、旅游项目开发、"茶叶之路"跨国旅游线路等方面展开合作,促进两国边境旅游稳定持续发展。

中蒙边境贸易带动了边境旅游业的发展。中蒙两国热推中蒙旅游线路,大大激活了两国边境口岸经济的发展,大量蒙古国游客来到中国,积极购置日用百货,加快了边境口岸地区及辐射地区旅游业的发展[①]。

## 四 中国与中亚边境旅游区

与中国接壤的中亚国家包括哈萨克斯坦、吉尔吉斯斯坦、塔吉克斯坦和阿富汗,总边境线长3394千米,均与新疆接壤。其中,中哈边境线长1753千米,中吉边境线长1096千米,中塔边境线长453千米,中阿边境线长92千米。在中国与中亚接壤的19个边境县(市)中,有7个边境县(市)拥有边境口岸,口岸数量共8个。其中,对塔口岸1个,对吉口岸2个,对哈口岸5个(见表5-4)。

表5-4 中国对中亚各国的边境口岸

| 省份 | 市 | 县 | 口岸 | 对应国家 |
| --- | --- | --- | --- | --- |
| 新疆 | 喀什地区 | 塔什库尔干县 | 卡拉苏口岸 | 塔吉克斯坦 |
|  | 克孜勒苏州 | 乌恰县 | 伊尔克什坦口岸 | 吉尔吉斯斯坦 |
|  |  |  | 吐尔尕特口岸 | 吉尔吉斯斯坦 |
|  | 博尔塔拉州 | 博乐市 | 阿拉山口口岸 | 哈萨克斯坦 |
|  | 伊犁州 | 霍城县 | 霍尔果斯口岸 | 哈萨克斯坦 |
|  |  | 察布查尔县 | 都拉塔口岸 | 哈萨克斯坦 |
|  | 塔城地区 | 塔城市 | 巴克图口岸 | 哈萨克斯坦 |
|  | 阿勒泰地区 | 吉木乃县 | 吉木乃口岸 | 哈萨克斯坦 |

资料来源:根据《中国口岸年鉴》(中国口岸协会编,中国海关出版社,2014)整理。

---

① 葛全胜、钟林生等:《中国边境旅游发展报告》,科学出版社,2014,第42~48页。

新疆与中亚各国的边境旅游开始于20世纪80年代中期，由边境购物旅游开始。中国于1993年批准对哈萨克斯坦、吉尔吉斯斯坦和塔吉克斯坦的边境旅游。1995年，中亚各国与中国建立了元首定期会晤制度。2001年中、俄、吉、哈、塔、乌六国宣布成立上海合作组织，为中亚边境旅游的发展提供了良好的政治基础。2009年，阿拉山口口岸边民互市开通，哈萨克斯坦公民可持"一日免签证"进入边民互市贸易区开展边境贸易、旅游购入和边民互市活动。2011年，中哈两国战略项目霍尔果斯国际边境合作中心封关运营，成为世界上第一个跨境经济贸易区和投资合作中心，中哈两国及第三国公民可以在开发区内的跨国大市场内自由进行商贸洽谈和商品交易。近年来，新疆借助亚洲地理中心的区位优势，与中亚国家联手开发丝绸之路旅游资源，整合中亚旅游资源链条，促使边境旅游线路向各国腹地延伸。

中亚边境各国的经济发展水平仍然比较落后，虽然中亚各6国对旅游业的重视程度不断提高，但旅游基础设施整体水平还是比较低，是中亚各国发展旅游业的瓶颈。新疆中亚段边境入境旅游人数一直在新疆入境旅游市场中占较大的份额。由于中亚国家对中国经济的依赖性较强，入境游客主是以购物为主的商务旅游。随着新疆与中亚边境游的发展，边境旅游在活动范围、游客来源和数量上不断突破，旅游形式也由以前的纯购物旅游向多元化旅游方向转变①。

## 五 中国与南亚边境旅游区

与中国接壤的南亚国家包括巴基斯坦、印度、尼泊尔和不丹，总边境线长4464千米。其中，中巴边境线长599千米，与新疆接壤；中印边境线长1900千米，与新疆接壤200千米，与西藏接壤1700千米；中尼边境线长1415千米，中不边境线长550千米，均与西藏接壤。在中国与南亚接壤的22个边境县（市）中，有5个边境县（市）拥有边境口岸，口岸数量

---

① 普拉提·莫合塔尔、海米提·依米提：《我国西部边境的跨国旅游合作研究——以中国新疆与中亚五国旅游合作为例》，《干旱区资源与环境》2009年第1期。

共 5 个。其中，对巴口岸 1 个，对印口岸 2 个，对尼口岸 2 个。在与南亚接壤的四个国家中，边境旅游发展主要以中国与尼泊尔为主（见表 5-5）。

表 5-5 中国对南亚各国的边境口岸

| 省份 | 市 | 县 | 口岸 | 对应国家 |
| --- | --- | --- | --- | --- |
| 西藏 | 阿里地区 | 普兰县 | 普兰口岸 | 印度 |
| | 日喀则地区 | 亚东县 | 亚东口岸 | 印度 |
| | | 吉隆县 | 吉隆口岸 | 尼泊尔 |
| | | 聂拉木县 | 樟木口岸 | 尼泊尔 |
| 新疆 | 喀什地区 | 塔什库尔干县 | 红其拉甫口岸 | 巴基斯坦 |

资料来源：根据《中国口岸年鉴》（中国口岸协会编，中国海关出版社，2014）整理。

中尼两国最早是以经济、文化宗教等交流为主。2001 年，中尼签署《关于中国公民赴尼泊尔旅游实施方案的谅解备忘录》，尼泊尔成为中国公民旅游目的地。2002 年，中国公民赴尼旅游正式启动。2004 年起，西藏与尼泊尔每年举行一次"旅游联合协调委员会议"，签署了一系列"中国西藏与尼泊尔双边旅游合作备忘录"。2005 年，拉萨至加德满都开通客运直达车。2009 年成立藏尼经贸协调会，每年在西藏和尼泊尔轮流举行会议，是沟通和解决藏尼经贸问题的重要磋商机制，在藏尼经贸合作及人文旅游交流方面发挥了积极作用。2011 年，尼泊尔旅游年在拉萨举行推介会，在上海举行推广会。

## 六 中国与东南亚边境旅游区

与中国接壤的东南亚国家包括缅甸、老挝和越南，总边境线长 4037 千米。其中，中缅边境线长 2185 千米，与西藏接壤 188 千米，与云南接壤 1997 千米；中老边境线长 505 千米，与云南接壤；中越边境线长 1347 千米，与云南接壤 710 千米，与广西接壤 637 千米。在中国与东南亚接壤的 34 个边境县（市）中，有 21 个边境县（市）拥有边境口岸，口岸数量共 22 个。其中，对缅口岸 12 个，对老口岸 1 个，对越口岸 9 个（见表 5-6）。

表 5-6  中国对东南亚各国的边境口岸

| 省份 | 市 | 县 | 口岸 | 对应国家 |
|---|---|---|---|---|
| 云南 | 保山地区 | 腾冲县 | 猴桥口岸 | 缅甸 |
| | 思茅地区 | 孟连县 | 孟连口岸 | 缅甸 |
| | 临沧地区 | 镇康县 | 南伞口岸 | 缅甸 |
| | | 沧源县 | 沧源口岸 | 缅甸 |
| | | 耿马县 | 孟定清水河口岸 | 缅甸 |
| | 德宏州 | 瑞丽市 | 瑞丽口岸 | 缅甸 |
| | | | 畹町口岸 | 缅甸 |
| | | 盈江县 | 盈江口岸 | 缅甸 |
| | | 陇川县 | 章凤口岸 | 缅甸 |
| | 怒江州 | 泸水县 | 片马口岸 | 缅甸 |
| | 西双版纳州 | 景洪市 | 景洪港 | 缅甸 |
| | | 勐海县 | 打洛口岸 | 缅甸 |
| | | 勐腊县 | 磨憨口岸 | 老挝 |
| | 红河州 | 金平县 | 金水河口岸 | 越南 |
| | | 河口县 | 河口口岸 | 越南 |
| | 文山州 | 麻栗坡县 | 天保口岸 | 越南 |
| | | 富宁县 | 田蓬口岸 | 越南 |
| 广西 | 防城港市 | 东兴市 | 东兴口岸 | 越南 |
| | 百色市 | 靖西县 | 龙邦口岸 | 越南 |
| | 崇左市 | 龙州县 | 水口口岸 | 越南 |
| | | 凭祥市 | 凭祥口岸 | 越南 |
| | | | 友谊关口岸 | 越南 |

资料来源：根据《中国口岸年鉴》（中国口岸协会编，中国海关出版社，2014）整理。

1950 年，中缅两国建交，长期稳固的友好关系是两国边境旅游发展的基础。中缅两国在多层次展开合作，1991 年，中缅边境地方政府正式签署会议纪要，开通中缅边境一日游；2003 年，腾冲县政府与缅甸联邦克钦邦密支那县和平与发展委员会签订了《旅游合作协议书》；2008 年，云南西盟县与缅甸第二特区掸邦签订《缅甸第二特区与中国云南省普洱市西盟县关于边境旅游合作意向性协议》，同年，开通了瑞丽至缅甸木姐和缅甸南坎的客运线路；2009年，开通了瑞丽口岸、打洛口岸非定期国际道路旅游客运；2012年，云南德宏旅游协会与缅甸缅中旅游合作发展监理会签署协议，将中缅边境跨境旅游交由中国瑞丽市海外、畹町海外、芒市金太阳旅游公司和缅甸的思达、珍宝、民族旅游公司承办，建立长效的区域合作联络机制①。中缅边境旅游是由边境互市贸易带动发展起来的。中缅边境旅游资源差异性大、互补性强，中国逐步优化滇西火山热海边境旅游结构，整合云南瑞丽、陇川、盈江、腾冲、龙陵等中缅边境县（市）旅游资源，建立无障碍旅游发展新机制，加大中缅边境地区的旅游合作开发力度，为中缅边境县（市）入境旅游的发展提供了条件。但总体上，中缅边境县（市）出境旅游人数多于中缅边境县（市）入境旅游人数。

中老边境旅游发展较晚。磨憨口岸是通往老挝的唯一国家级一类陆路口岸。2004年，国务院批准磨憨口岸开展口岸签证工作，并对第三国人员实行开放。2012年，西双版纳至老挝琅勃拉邦边境旅游环线经国家旅游局批准开通。磨憨国家级边境经济合作区建设工作稳步推进，磨憨口岸基础设施、配套功能日益完善，边境旅游业逐步发展起来。

中越边境旅游是由边境互市贸易带动发展起来的。1992年，广西中越边境旅游业务开通。2004年，中越边境地区成功开展了凭祥-凉山-河内-下龙湾越南自驾游活动，友谊关口岸正式开办落地签证，大大简化了通关办证手续，越南国家旅游局也对从公路、铁路等进入越南的中国游客实行免签证待遇，中越边境旅游由开始的一日游或两日游逐步发展为多日游，旅游空间逐步向内地延伸。随着中越边境旅游合作的加深，旅游合作主体呈现多元化。2005年，广西加入大湄公河次区域合作网络。2007年，北部湾经济区的南宁、北海、防城港、崇左等六个城市签署协议，建立城市旅游联盟，共同打造旅游产品，使中越边境入境旅游路线得以扩展。2009年，广西旅游局与越南旅游局进行会谈，积极推动"中越跨境自驾游"线路的开通，中方出境游较多。2016年，广西制订《崇左市边境旅游实验区实施方案》，计划以中越德天-板约国际旅游合作区、中越友谊关-友谊国际旅游合作区、中越龙州-北坡国际旅游合作区和中越宁明爱店-禄评峙马

---

① 麻新华、舒小林：《中缅旅游合作现状及前景探讨》，《东南亚纵横》2014年第6期。

国际旅游合作区为载体，打造中越边境旅游经济共同体。

### 七 边境跨境旅游的特点总结

总体来看，辽宁、吉林中朝边境的边境旅游主要为观光驱动型，供需矛盾较大，主动权多由朝方控制，旅游者出多进少，基本上是单向流动，并逐渐演化为内地游。东北北部及西北边境包括中俄、中蒙、中亚等国家的边境地区，边境跨境旅游的目的主要为贸易和购物，游客双向流动数量较大，并逐渐向边境两国内地延伸。中尼边境两国具有深厚的历史底蕴，其边境旅游发展潜力较大。西南边境包括中越、中缅、中老边境，边境跨境旅游的主要目的为观光和购物，边境互市贸易活跃，中方的出境游需求较大，出多进少，因而中方旅游线路向邻国的延伸较远，邻国基本未向中方内地发展。

## 第三节 边境县（市）入境旅游竞争力的影响因素及发展机理

### 一 良好的地缘关系是边境县（市）入境旅游发展的重要保障

#### （一）中国与周边国家的地缘政治与经济格局

边境地区是国家对外经济、政治、军事交往的前沿，旅游是国际外交和国家对外政策议程的一部分[1]。边境县（市）旅游发展尤其是涉外旅游发展必然受到两国甚至多边国家外交、经济、政治关系等方面的约束，良好的地缘政治和经济格局可以减少边界效应的屏蔽作用，促进边境两侧旅游流的空间互动。中国陆地边境与14个国家接壤，周边国家政治与经济结构复杂，几乎存在世界上所有的经济体制和社会制度形式，同时还面临世界大国势力的干预，其基本格局如下[2]。

第一，中国与缅甸、老挝、越南三个东盟国家在地缘、亲缘、文缘上

---

[1] C. M. Hall, *Tourism and Politics: Policy, Power and Place* (Chiehester: Wiley, 1994), p. 66.

[2] 毛汉英：《中国周边地缘政治与地缘经济格局和对策》，《地理科学进展》2014年第3期。

有紧密的联系和长期的友好交往，在政治、经济、社会、文化等多个领域的合作不断深化拓展，在重大国际事务中相互支持、密切配合。随着中国-东盟自由贸易区和"21世纪海上丝绸之路"等的建设，中国与东盟的合作将进一步深化。

第二，中国与俄罗斯、蒙古国在经济、贸易、科技、文化、教育等领域建立了双边合作机制，其地缘政治关系较为紧密，地缘经济发展较快。中俄两国的地缘政治关系在进入21世纪以来取得了前所未有的发展，地缘经济合作领域与规模不断扩大，从以能源（石油及天然气）、原材料为主的领域向核电、金融、高技术、航空航天和交通基础设施等领域拓展。虽然中蒙两国目前保持着良好的地缘政治和经济关系，但近年来美国、日本、印度等大国势力加紧了对蒙古国政治、经济和文化领域的渗透。

第三，中国与中亚三国保持着持续稳定的地缘政治关系，经济合作中的能源合作成效显著。2013年9月，习近平主席访问中亚三国，提出了建设"丝绸之路经济带"的构想，加强政治、经贸、人文、科技、安全及国际事务六大领域合作，有力地推进了中亚地缘经济的持续发展，合作领域进一步向交通基础设施、制造业、金融、服务业、农业等领域拓展。但中亚地区民族和宗教问题错综复杂，应加强对恐怖势力和跨国犯罪分子的打击，确保边境安全。

第四，中国与阿富汗、巴基斯坦、印度、尼泊尔和不丹五国接壤的边境是地缘政治的破碎地带，地缘经济的合作极具潜力。这一地区地缘政治结构不稳定，国与国之间及国内民族和宗教冲突较为显著，同时这一地区是国际恐怖势力等"三股势力"的重要存在地。中巴两国1951年正式建交，具有相同的地缘政治利益，近年来在经济、军事、矿业、农业、环保、信息等领域合作不断深化。印度是世界上仅次于中国的发展中大国，一方面，印度与中国地缘文化相近，在打破大国垄断、共建国际新秩序等方面与中国有共同语言；另一方面，中印在边界问题上有较大的争议。中印两国应逐步建立相互信任的边境关系，求同存异，共同构筑睦邻友好的地缘关系。阿富汗是亚欧大陆中部的地理枢纽及亚洲的地缘政治枢纽，各种文化交会于此。随着"21世纪海上丝绸之路"及中印、中巴经济走廊的建设，此边境地区地缘经济的发展潜力较大。

图5-5可看出，与缅甸、越南相邻的边境县（市）入境旅游人数最多，其次为与俄罗斯、蒙古国相邻的边境县（市），再次为与哈萨克斯坦、朝鲜、老挝等相邻的边境县（市），最后为与巴基斯坦、印度、塔吉克斯坦等相邻的边境县（市）。结果表明，与周边邻国地缘关系越好，边境入境旅游人数越多，竞争力越强。

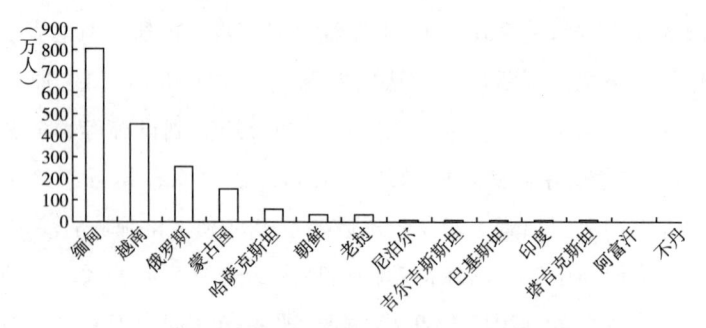

图5-5 不同邻国段落边境县（市）入境旅游总人数

### （二）边境两侧的地缘条件是边境县（市）入境旅游发展的驱动因素

在边境县（市）入境旅游发展初期，其旅游发展的驱动因素主要以地缘驱动为主，包括地域邻近性、社会文化相似性、交通便捷性、旅游资源空间互补与差异性、边境贸易等因素。

1. 边境两侧自然地理连续性和文化认同性

中国边境县（市）与邻国边境地区基本具有相同的地形、气候、植被等自然地理环境，自然地理上的连续性与相似性使边境区域旅游要素的有效流动具有巨大潜力，国家边境间的开放性使边境两侧的地理势能得以释放，空间邻近效应发挥作用，有力促进了边境县（市）入境旅游竞争力的形成和发展。

文化认同性是边境县（市）与邻国边境地区旅游开展的黏合剂，能够有效减少旅游开展中的磨合成本，在一定程度上减少了旅游开展的经济、政治及经营风险[①]。边境两侧区域的社会文化相似程度的大小

---

① 王辉、杨兆萍：《边境口岸跨国旅游合作机理研究——以新疆为例》，《经济地理》2011年第8期。

直接影响该边境地区跨境旅游的总体水平，社会文化相似程度越高，游客的跨境旅游越容易。边境地区是少数民族的聚居区，在中国陆地边境线上，少数民族自治地方占85%[1]，其中有20多个少数民族与境外同一民族跨境而居，如东北边境地区的朝鲜族、鄂伦春族、赫哲族等，西北边境地区的柯尔克孜族、乌孜别克族、塔塔尔族、哈萨克族、蒙古族、塔吉克族等，西南边境地区的彝族、壮族、傣族、哈尼族、佤族、瑶族等；跨境而居的民族在语言、文化习俗等方面具有很大的相似性，具有地理界限无法阻隔的血缘关系，容易在心理情感上建立起对区域共同体的归属感和依赖感，从而焕发牢固的内聚力，有利于双边的旅游合作和发展。

2. 边境两侧旅游资源的连续性和差异性

边境两侧旅游资源的互补性和差异性是边境县（市）跨境旅游发展的基础。中朝边境以长白山、鸭绿江、图们江为边界，旅游资源具有互补性，边境跨境旅游是在双方边境地区居民互通有无、友好访问的基础上发展起来的；中俄边境地区旅游资源丰富，拥有湿地、森林、河流、湖泊及得天独厚的冰雪旅游资源、独特的少数民族民俗旅游资源、历史文化古迹资源等；中蒙边境地区旅游资源总体呈现"整体分散、局部集聚"的空间特征，有利于边境旅游资源的整合开发[2]；新疆边境跨境分布着气势磅礴的自然景观和古丝绸之路历史文化遗迹，建筑物风格差异明显；西藏边境以喜马拉雅山为界，境内多为冰川、湖泊等冷峻景观，边境另一侧则草木葱茏、风景秀丽，旅游资源差异明显；云南中缅边境旅游资源差异性大，缅甸边境拥有独特的自然、田园风光，神秘的佛教文化，以及多姿多彩的民间艺术及民族文化，与中国边境的火山热海等自然景观形成强烈的对比；中越边境旅游资源包括瀑布、峡谷、田园、河流等奇特的山水资源，独特的南国边关风情、历史悠久的古迹名胜等人文旅游资源，其旅游资源具有较强的连续性。

---

[1] 张善余：《中国人口地理》，科学出版社，2003，第37~44页。
[2] 张会会：《内蒙古边境旅游驱动力机制研究》，《内蒙古财经大学学报》2014年第3期。

### 3. 边境贸易带动边境旅游的发展

在边境县（市）入境旅游发展初期，由于边境两侧经济、文化等的差异，逐步形成以购物、观光为主要形式的边境入境旅游活动，从而发展成边境贸易活动。边境贸易指边境地区在一定范围内边民或企业与邻国边境地区的边民或企业之间的货物贸易，主要包括边民互市贸易和边境小额贸易两种形式。其中边民互市贸易指边境地区边民在边境线20千米以内、经政府批准的开放点或指定的集市上，在不超过规定的金额或数量范围内进行的商品交换活动。边境小额贸易指沿陆地边境线经国家批准对外开放的边境县（旗）、边境市辖区内经批准有边境小额贸易经营权的企业，通过国家指定的陆地边境口岸，与毗邻国家边境地区的企业或其他贸易机构之间的贸易活动。边境小额贸易是进出口贸易的有机组成部分，是边境地区发展外向型经济的主要途径[①]，能很好地反映边境县（市）贸易的竞争力水平。考虑到数据的可获得性等因素，本书把全国边境小额贸易总量作为边境县（市）贸易总和的评价指标，省域边境小额贸易量作为省域边境县（市）贸易总和的评价指标。边境小额贸易进出口总额的数据来源于海关统计（2002～2012年）及各省统计年鉴。

贸易与旅游有密切关系，旅游引发贸易，贸易促进旅游[②]。从时间变化看，2001～2011年，除2009年受国际经济危机影响，边境小额贸易有大幅度下降外，其余年份均保持逐年上升的态势。2005年，边境小额贸易由逆差转变为顺差，且在之后的三年呈现逐渐扩大的趋势，2009年之后贸易顺差逐渐减小。由图5-6可以看出，边境进口贸易的发展曲线同边境入境旅游总人数曲线基本保持一致状态。

### 4. 国际大通道是边境县（市）入境旅游发展的轴线

国际大通道建设可以促进旅游轴线的发展，是实现旅游轴线沟通国内与国外市场的必要条件，为边境县（市）入境旅游提供了线路基础。目前，边境地区国际大通道的建设情况如下。

---

① 曹科学：《我国边境小额贸易的发展机遇和对策》，《中国国情国力》2012年第6期。
② 孙根年：《大国优势与中国旅游业的高速持续增长》，《旅游学刊》2008年第4期。

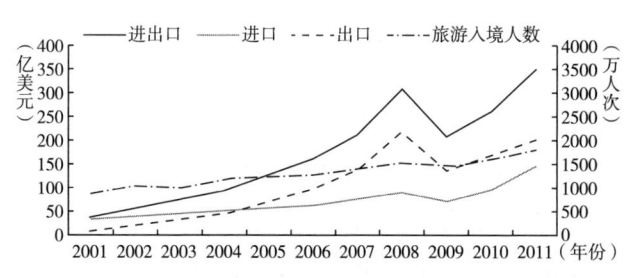

图 5-6　2001~2011 年中国边境小额贸易进出口额与入境旅游总人数

吉林：建设面向朝鲜、俄罗斯和东北亚的国际大通道，包括珲春铁路口岸、图们铁路口岸、中蒙大通道等。

黑龙江：建设面向俄罗斯和东北亚的国际大通道，包括建设地市与国家一类开放边境口岸、边境互市贸易区间二级以上公路，建设黑河、绥芬河等国家公路运输枢纽，建设东、中、西、北、南五个对俄国际道路运输通道等。

内蒙古：建设面向蒙古国、俄罗斯和东北亚的国际大通道，包括建设阿尔山-乔巴山（蒙古国）铁路等。

新疆：建设面向中亚、南亚等的国际大通道，包括精（河）-伊（宁）-霍（尔果斯）铁路、中吉乌（中国、吉尔吉斯斯坦、乌兹别克斯坦）铁路、喀什和霍尔果斯两个特殊经济开发区等。

西藏：建设面向南亚的国际大通道，包括以"一线、两基地、三出口"为主要内容，"一线"即青藏铁路及拉日铁路为干线，"两基地"即青藏铁路那曲物流中心、拉萨经济技术开发区，"三出口"即樟木、吉隆和亚东三大口岸为出口。

云南：建设面向东南亚、南亚等的国际大通道，包括昆明-曼谷-新加坡高速铁路、澜沧江-湄公河航道、中缅、中老泰、中越公路云南境内路段的高速化改造等。

广西：建设面向东南亚的国际大通道，包括泛亚铁路中线等。

## 二　边境政策对边境县（市）入境旅游竞争力影响较大

一方面，边境旅游政策能够保障边境入境旅游安全，维持边境地区旅游市场的秩序；另一方面，边境旅游政策是边境旅游不断发展和升级的主要动力，边境两国之间自发性的旅游合作在得到政府政策的支持和鼓励后会加快发展的规模和速度，通过构建快捷的边境跨境旅游通道，减少边境屏蔽效应，从而影响边境入境旅游竞争力。

**（一）中国边境旅游政策的时间演变特征**

中国与边境邻国的合作起步较晚，自20世纪70年代末，边境周边地缘政治和经济形势才得以不断改善和发展。1992年3月，国务院批准开放黑、吉、蒙、新、云、桂等省区共14个沿边城市，拉开了沿边开放的序幕，随后提出"兴边富民"等政策方针，并在《西部大开发"十二五"规划》中第一次全面部署了沿边开放的具体任务。边境旅游是在中国与边境邻国合作的基础上不断发展起来的，根据中国边境旅游的发展历程，大致可以分为三个阶段①。

1. 缓慢起步期（1978~1991年）

1978年改革开放以来，随着边境口岸的陆续开放，中国与周边邻国边境地区的经济、贸易、文化交流日益增多，人们相互了解与合作的愿望也日益强烈。经协商，1985年中朝两个边境城市丹东与新义州开展了居民互访活动，开启了国家层面边境旅游的新纪元，打破了边境地区长期人流封闭的状态。1987年，国家旅游局和对外经贸部联合发文《关于拟同意辽宁省试办丹东至新义州自费旅游事》，是政府主管部门首次发文批准边境城市开展边境旅游活动。随后，政府又陆续批准了吉林、辽宁、黑龙江、内蒙古等部分边境城市开展边境旅游活动。

这一时期，边境旅游处于起步阶段，边境旅游政策出台较少，对边境旅游的限制较多；边境旅游带有明显的政治目的或奖励旅游的倾向；政策的制定主要以政府间的磋商为主，并以暂行办法的形式颁布。

2. 发展调整期（1992~2005年）

随着沿边地区的进一步开放及边境地区经济的进一步发展，边境旅游进入大发展时期。一方面，国务院陆续批准了中俄、中朝、中蒙、中越等多条线路开展三至七日游，边境旅游线路逐步增多。边境旅游业的蓬勃发

---

① 葛全胜、钟林生等：《中国边境旅游发展报告》，科学出版社，2014，第53~69页。

展，使边境旅游市场出现无序竞争局面，旅行社非法经营、团款纠纷、服务质量投诉、边境赌博等情况频繁发生。另一方面，以国务院办公厅或国家旅游局名义下发的大量有关边境旅游的文件陆续颁布，使边境旅游的经营和管理有了依据，如1997年颁布的《边境旅游暂行管理办法》等。为进一步规范边境旅游经营和管理秩序，2005年公安部等13部委停止了全国所有边境地区异地办证业务，由此中国进入整顿边境旅游市场、规范边境旅游经营、调整边境旅游政策的阶段。因此，2006年中国入境边境旅游人数出现了小幅度的下降。

这一时期，中国边境旅游发展已初具规模，边境旅游政策更加宽松，参游人数和旅游时间的范围逐渐扩大；同时，边境旅游的发展更多地强调对当地经济的促进作用，把边境旅游与边境贸易，以及促进边境地区的开放紧密结合起来。

3. 规范提升期（2006年至今）

随着中国旅游政策的稳健完善，出境、入境、国内三大旅游形式在中国有序开展。面对市场的变化，边境地区的管理和经营部门认真总结在过去几年中开展边境旅游的经验和教训，制定了新的边境旅游战略。迄今为止，中国已经开展几乎与所有国家的边境旅游活动，边境旅游发展进入完善、有序的发展阶段。

这一时期，边境旅游政策种类繁多，涉及商贸、金融、交通、安全等各个方面，主要特点包括：针对旅游者日益增长的边境旅游需求，政策的制定更加"人性化"和"灵活化"；边境旅游的开放程度更高，异地办证业务的重新启动，带来了丰富的人流、物流、信息流，极大促进了边境地区的发展及与周边国家之间的交流；边境政策更加重视与周边国家的合作，共同发展边境旅游。

**（二）中国边境政策的空间分异特征**

党的十九大报告提出，推动形成全面开放新格局，以"一带一路"建设为契机，形成陆海内外联动、东西双向互济的开放格局。边疆地区作为连接国内外的重要节点、对外开放的前沿地带，在推动"一带一路"建设中发挥着重要的作用。近年来，国家高度重视中国边境地区的经济发展和沿边开放开发，相继提出了一系列发展战略：

一是辽宁沿海经济带，建设成为东北地区对外开放的重要平台、东北亚重要的国际航运中心、具有国际竞争力的临港产业带、生态环境优美和人民生活富足的宜居区；

二是长吉图开发开放先导区，发展成为中国沿边开放开发的重要区域、中国面向东北亚开放的重要门户和东北亚经济技术合作的重要平台，培育形成东北地区新的重要增长极，并以延边为中心，以长白山、边境和朝鲜文化为重要特色，打造图们江区域跨境旅游合作圈；

三是向北开放重要桥头堡，深化内蒙古与俄罗斯、蒙古国等国家的经贸合作与技术交流，发挥内引外联的枢纽作用，努力构建面向北方、服务内地的对外开放新格局；

四是向西开放门户，深化新疆与中亚、西亚、南亚及欧洲国家的合作，加快与内地及周边国家物流大通道建设，发挥上海合作组织作用；

五是向西南开放重要桥头堡，加强云南与东南亚、南亚、印度洋沿岸国家合作，把云南打造成为中国连接东南亚和南亚国家的陆路交通枢纽、对外开放的重要门户、西南地区的重要经济增长极；

六是北部湾经济区，努力建成中国-东盟开放合作的物流基地、商贸基地、加工制造基地和信息交流中心，成为带动、支撑西部大开发的战略高地和开放度高、辐射力强、经济繁荣、社会和谐、生态良好的重要国际区域经济合作区。

《推动共建丝绸之路经济带和21世纪海上丝绸之路的愿景与行动》根据地理区位、经济发展水平的差异，结合其比较优势，对各边疆省份做出了不同的发展定位：

第一，东北三省及内蒙古的发展定位是"向北开放的重要窗口"，发挥内蒙古连通俄、蒙的区位优势，以及东北三省与俄远东地区陆海联运合作，推进北京-莫斯科欧亚高速运输走廊的构建；

第二，新疆承担着建设"丝绸之路经济带核心区"的使命，发挥独特的区位优势和向西开放重要窗口作用，深化与中亚、南亚、西亚等国家交流合作，形成丝绸之路经济带上重要的交通枢纽、商贸物流和文化科教中心；

第三，云南要建设成为"面向南亚、东南亚的辐射中心"，推进与周边国家的国际运输通道建设，打造大湄公河次区域经济合作新高地；

第四,广西要构建"面向东盟区域的国际通道",加快北部湾经济区和珠江-西江经济带开放发展,打造西南、中南地区开放发展新的战略支点,形成"21世纪海上丝绸之路"与"丝绸之路经济带"有机衔接的重要门户;

第五,西藏的重要使命是"推进与尼泊尔等国家边境贸易和旅游文化合作"。

## 三 跨境旅游合作促进边境县(市)入境旅游竞争力的提升

边境邻国和地区是中国外向型旅游业发展和世界旅游强国战略的"地缘战略依托带",也是西部大开发战略的外部延伸地带[①]。边境口岸城市的跨国旅游合作是一种典型的边境区域合作。在边境未开放之前,边境地区是边境各国国内旅游的终点,边境开放之后,使边境各国国内旅游线路得以拓展,成为各邻国间边境出入境的关键节点,边境县(市)入境旅游才能得以形成。边境县(市)应充分利用地缘优势,以国家为依托,不断加强与周边国家的旅游经济合作及与国内旅游业的对接,充分利用国内外旅游资源与旅游市场,拓展旅游边界,通过跨境旅游合作把边境地区的旅游末梢转变为中国面向周边国家和地区旅游业的桥头堡,进而提升边境县(市)入境旅游竞争力。

### (一) 中国边境跨境旅游合作区的概况

跨境旅游合作区[②]由跨经济合作区衍生而来,跨境经济合作区是由边境两国或多国政府共同推动的,集投资贸易、国际物流、出口加工、旅游于一体的多功能经济区[③];跨境旅游合作区需要相邻国家参与,包括交通、金融、餐饮、住宿、物流、商贸等旅游相关领域合作,如免签证、免税、车辆自由通行等,在明确划定的地域范围内允许邻国之间旅游要素的自由

---

[①] 黄华:《边疆省区旅游空间结构的形成与演进研究》,博士学位论文,华东师范大学,2012,第3页。

[②] 夏友照:《关于建立中俄朝跨境旅游合作区的战略思考》,《社会科学战线》2011年第11期。

[③] 张旭华:《跨境经济合作区的构建与中国的跨边境合作策略探析》,《亚太经济》2011年第4期。

流动,具有主体清晰、产业多元、方式具体、空间明确的特点①。跨境旅游合作应充分利用大湄公河次区域（GMS）、上海合作组织、中国-东盟自由贸易区等现有的次区域合作机制（见表5-7），使边境地区真正成为中国与相关次区域合作的直接受惠地区,推动边境地区的旅游线路、旅游产品向境外腹地延伸,旅游要素向邻国流动,逐步吸引国外游客到中国边境地区进行旅游。

2010年以来,边境各省份逐步建立跨境旅游合作区（见表5-8）。跨境旅游合作区的建立使相邻国家边境在一定区域内实现旅游生产要素的自由流动与合理配置,最终接近或实现"帕累托最优"。

表5-7 边境跨境旅游合作可依托的区域合作平台

| 区域合作机制 | 主要涉及的国内省份 | 主要涉及的国家 |
| --- | --- | --- |
| 上海合作组织 | 西北边境地区 | 中国、哈萨克斯坦、吉尔吉斯斯坦、塔吉克斯坦、俄罗斯 |
| 大湄公河次区域 | 广西、云南 | 中国、越南、老挝、缅甸等湄公河沿岸国家 |
| 中国-东盟自由贸易区 | 广西、云南 | 中国和东盟国家 |

表5-8 边境跨境旅游合作区

| 项目 | 提出时间 | 边境省份 | 合作国家 | 跨境旅游合作区 |
| --- | --- | --- | --- | --- |
| 目前提出的跨境旅游合作区 | 2010年11月 | 吉林 | 中俄朝 | 珲春-哈桑-罗先跨境旅游合作区 |
| | 2011年12月 | 内蒙古 | 中俄 | 室韦-涅尔琴斯克札沃德跨境旅游合作区 |
| | 2011年12月 | 内蒙古 | 中俄 | 额尔古纳-普里阿尔贡斯克跨境旅游合作区 |
| | 2011年12月 | 内蒙古 | 中俄 | 满洲里-后贝加尔跨境旅游合作区 |
| | 2011年7月 | 云南 | 中缅 | 瑞丽-木姐中缅跨境旅游合作区 |
| | 2011年7月 | 云南 | 中老 | 磨憨-磨丁中老跨境旅游合作区 |
| | 2011年7月 | 云南 | 中越 | 河口-老街跨境旅游合作区 |
| | 2011年3月 | 广西 | 中越 | 大新德天-板约跨境旅游合作区 |
| | 2011年3月 | 广西 | 中越 | 东兴-芒街跨境旅游合作区 |

---

① 李飞：《跨境旅游合作区：探索中的边境旅游发展新模式》,《旅游科学》2013年第5期。

续表

| 项目 | 提出时间 | 边境省份 | 合作国家 | 跨境旅游合作区 |
|---|---|---|---|---|
| 跨境旅游合作潜力区 | — | 辽宁 | 中朝 | 丹东-新义州跨境旅游合作区 |
| | — | 黑龙江 | 中俄 | 绥芬河-波格尼奇内跨境旅游合作区 |
| | — | 黑龙江 | 中俄 | 抚远-哈巴罗夫斯克跨境旅游合作区 |
| | — | 黑龙江 | 中俄 | 萝北-阿穆尔捷特跨境旅游合作区 |
| | — | 黑龙江 | 中俄 | 黑河-布拉戈维申斯克跨境旅游合作区 |
| | — | 内蒙古 | 中蒙 | 二连浩特-扎门乌德跨境旅游合作区 |
| | — | 云南 | 中缅 | 猴桥边境经济合作区 |
| | — | 广西 | 中越 | 凭祥-同登跨境旅游合作区 |
| | — | 广西 | 中越 | 龙邦-茶岭跨境旅游合作区 |

资料来源：根据李飞（2013）整理。

**（二）多层次边境跨境旅游合作**

边境跨境旅游合作主体包括两国政府、以行业协会为主的非政府组织及旅游企业三个方面。三个层面相互促进，协调发展，共同推动边境跨境旅游合作的深入发展。

政府是边境跨境旅游合作中的管理主体，一方面，政府在社会公共资源的开发利用、市场调控、环境保护的监督等方面发挥着重要作用；另一方面，边境跨境旅游合作中的旅游资源的整合开发、旅游基础设施建设、旅游品牌塑造、旅游信息网络构建、旅游政策环境的营造等方面也需要政府的引导。

以行业协会为主的非政府组织是合作的参与主体，一方面，在政府和旅游企业之间起到承上启下的作用，反馈各企业对政府管理的反映，并向政府部门提出建议；另一方面，增进企业间的联系，加强行业自律及各企业间利益的协调，规范企业行为，维护行业秩序。

旅游企业是边境跨境旅游合作中的市场主体，是旅游产品和服务的生产和供给者，在旅游项目开发、旅游产品创新、旅游线路制定等方面发挥着重要作用；同时，旅游企业规模的扩大及旅游企业之间的合作共赢，有助于区域整体旅游竞争力的提升。

在边境跨境旅游合作发展初期，由于旅游市场结构不合理、市场主体缺失、企业规模小,政府在边境跨境旅游合作中发挥着主导作用,引导和推动企业与民间非政府组织间的合作,具体包括与邻国边境协商制定旅游合作协议,建立有关境外投资的法律法规保障,确保边境地区旅游合作的安全性,为边境旅游项目提供资金政策支持,负责边境地区的交通、信息、政策等方面的协作与沟通等。边境各方政府的旅游行政管理部门还可以组建统一的管理机构,共同规范市场行为,培育市场主体。在该阶段,企业应配合政府的引导,积极参与合作。

在边境跨境旅游合作发展中期,边境地区内各旅游企业已具备一定规模,旅游市场发展较为成熟,旅游企业可以承担起市场主体的重任,边境地区的旅游合作逐步转为以企业为主导,以市场为导向,政府推动的合作模式。企业在市场调节、利益驱动下对景区进行投资、经营、管理等方面的合作。企业享有旅游景区的开发及经营权,政府负责对合作规划景区进行审批、对其开发进行监督管理、设立相关协调机制等。

在边境跨境旅游合作发展的成熟期,主要依赖一定规模的非政府组织,如旅行社协会、酒店协会等,可以促进各企业间的联系,协调企业与企业、企业与政府间的合作关系,其方式包括:举办边境跨境旅游合作主题研讨会,组织边境各国旅游企业交流活动,参与边境各国旅游交易博览会,开办边境旅游推介会,为游客提供边境区域旅游业相关信息等。

## 四 边境县(市)入境旅游竞争力的发展机理小结

边境县(市)入境旅游的持续发展,不仅要有持续的需求和吸引力,还要有外部环境的支持和引导。边境县(市)入境旅游竞争力的发展因其所处的旅游发展阶段、邻国及次区域条件等的不同而有所差别。

在边境县(市)入境旅游发展初期,旅游发展的驱动因素主要是地缘驱动,包括地域邻近性、社会文化相似性、交通便捷性、旅游资源空间互补与差异性、边境贸易等因素。这一时期,边境县(市)入境旅游是一个自然生长的过程,边境旅游活动主要以旅游观光和旅游购物为主,且活动地点多发生在边境互市贸易点,分布较为零散,客流量较少,旅游发展速度较为缓慢。

在边境县(市)入境旅游发展中期,一方面,边境贸易等的不断发展带动了人流的流动，大大促进了边境地区交通、环保、信息通信、金融保险等行业的发展，为边境县（市）入境旅游发展提供保障；另一方面，边境入境旅游活动的不断发展和旅游市场不断扩大，推动了边境两国在旅游发展方面的合作，外部宏观环境的调控成为边境县（市）入境旅游竞争力发展的重要影响因素。边境两国的外交关系、对外政策、合作意愿、安全形势等对边境两国的决策行为及旅游发展的深度与广度发挥着重要作用。在这一时期，边境两国应在政府、企业及以行业协会为主的非政府组织等方面加强旅游合作，建立统一的旅游政策和制度，保证边境地区各种旅游要素在市场中自由流动，逐步取消妨碍边境地区旅游产业要素自由流动的壁垒。

在边境县（市）入境旅游发展后期，随着"一带一路"建设的发展，边境地区跨国旅游协作体系逐步形成。边境旅游发展以边境主要旅游城市及边境旅游合作示范区为中心，边境跨境旅游线路为骨架，边境两侧旅游资源及旅游产品为依托，逐步将边境旅游路线向中国内陆及边境邻国地区延伸，充分发挥边境不同国家在旅游发展中旅游资源、旅游产业结构、旅游客源市场等的互补性，扩展和充实旅游线路，逐渐消除边境屏蔽效应，形成边境跨国旅游协作体系，参与全球旅游一体化的发展。

## 第四节 本章小结

本章分析了边境县（市）入境旅游竞争力的时空特征及中国主要陆地跨国边境地区旅游业的发展状况，在此基础上归纳总结了边境县（市）入境旅游竞争力的发展机理。

从时间变化看，2001~2011年，中国边境入境旅游人数增长缓慢，边境入境旅游竞争力的省域差距随着时间的推移有逐步扩大的趋势，其中新疆年均增长率及变化波动性最高，吉林最低。从空间差异看，中国边境入境旅游竞争力水平地区差异明显，竞争力最强的为云南省边境县（市），其次为广西、内蒙古、黑龙江，最后为新疆、吉林、辽宁、西藏。

中朝边境旅游主要为观光驱动型，旅游者出多进少；东北北部及西北边境旅游的目的主要为贸易和购物，游客双向流动数量较大，并逐渐向边境两国内地延伸。西南边境旅游的主要目的为观光和购物，边境互市贸易活跃，出多进少，旅游线路中方向邻国的延伸较远。

中国陆地边境县（市）入境旅游竞争力受到周边国家的地缘政治与经济格局、边境两侧地理、文化、旅游资源、边境贸易、国际大通道的影响，同时，边境政策和跨境旅游合作对入境旅游竞争力影响较大。在边境县（市）入境旅游发展初期，旅游发展的驱动因素主要是地缘驱动，包括地域邻近性、社会文化相似性、交通便捷性、旅游资源空间互补与差异性、边境贸易等因素。在入境旅游发展中期，外部宏观环境的调控成为边境县（市）入境旅游竞争力发展的重要影响因素，边境两国的外交关系、对外政策、合作意愿、安全形势等对边境两国的决策行为及旅游发展的深度与广度起到重要作用。在边境县（市）入境旅游发展后期，逐步形成边境地区跨国旅游协作体系，参与全球旅游一体化的发展。

# 第六章　典型边境县（市）旅游竞争力发展机理的案例研究

为进一步深入剖析不同类型边境县（市）旅游竞争力的发展机理及旅游发展的不同阶段不同影响因素对边境旅游竞争力的影响程度，本章对典型边境县（市）旅游发展现状及旅游竞争力发展历程进行总结，分析不同类型边境县（市）旅游竞争力的发展机理。本书结合中国边境旅游的发展现状和特点，兼顾案例区的分布等原则，选取五个典型案例地进行实证研究，它们分别是：资源优势型——内蒙古阿尔山市、口岸优势型——广西凭祥市、区位优势型——吉林图们市、集聚优势型——新疆布尔津县、相对均衡型——云南腾冲县[①]。这五个案例地旅游发展各具特点，能够从不同的侧面反映中国边境县（市）旅游竞争力的发展机理，具有一定的代表性。

## 第一节　典型边境县（市）旅游发展现状

### 一　外显竞争力

#### （一）阿尔山市

2011 年，阿尔山市共接待游客 84 万人，实现旅游收入 9.7 亿元；占兴安盟旅游总人数和旅游总收入的 36.71% 和 43.58%；占内蒙古旅游总人数和旅游总收入的 1.58% 和 1.03%。阿尔山市依托其优越的旅游资源，一跃成为内蒙古推出的第一条精品旅游线路的亮点。

---

① 腾冲县于 2015 年 8 月 4 日撤县设市，本书行文中保留"腾冲县"及相关机构名称。

## （二）凭祥市

2011年，凭祥市共接待游客273.83万人，实现旅游收入11.21亿元；占崇左市旅游总人数和旅游总收入的33.95%和21.70%；占广西旅游总人数和旅游总收入的1.56%和0.88%。凭祥市以中越边境旅游异地办证业务为重点，不断提升"优秀旅游城市"品牌，拓展旅游客源市场，被广西列为首批打造的20个特色旅游名县（市）之一。

## （三）图们市

2011年，图们市共接待游客81.6万人，实现旅游收入1.27亿元；占延边朝鲜族自治州旅游总人数和旅游总收入的9.51%和1.16%；占吉林旅游总人数和旅游总收入的1.07%和0.14%。图们市依托其优越的区位交通条件，逐步开发旅游资源，积极开展旅游活动，获得"最具魅力节庆城市"称号。

## （四）布尔津县

2011年，布尔津县共接待游客115.7万人，实现旅游收入8.5亿元；占阿勒泰地区旅游总人数和旅游总收入的29.12%和28.50%；占新疆旅游总人数和旅游总收入的2.92%和1.92%。布尔津县依托喀纳斯旅游地缘优势，采取小城镇与旅游资源整体开发相结合的形式，形成北疆旅游目的地，被评为首批"中国旅游强县"。

## （五）腾冲县

2011年，腾冲县共接待游客440.17万人，实现旅游收入26.25亿元；占保山市旅游总人数和旅游总收入的62.85%和65.63%；占云南旅游总人数和旅游总收入的2.64%和2.02%。腾冲县先后被列为国家发改委和国家旅游局联系县、云南旅游产业改革发展综合试点县、全国旅游标准化和旅游服务标准化试点县、全国乡村旅游试点县，获得了"中国优秀旅游名县""中国文化旅游大县""中国最佳文化生态旅游目的地""最美人文旅游休闲名县"等称号。

其中，1996~2012年典型边境县（市）旅游人数及旅游收入变化见图6-1、图6-2，2011年典型边境县（市）旅游市场竞争力指数见表6-1。

图 6-1　1996~2012 年典型边境县（市）的旅游人数变化

图 6-2　1996~2012 年典型边境县（市）的旅游收入变化

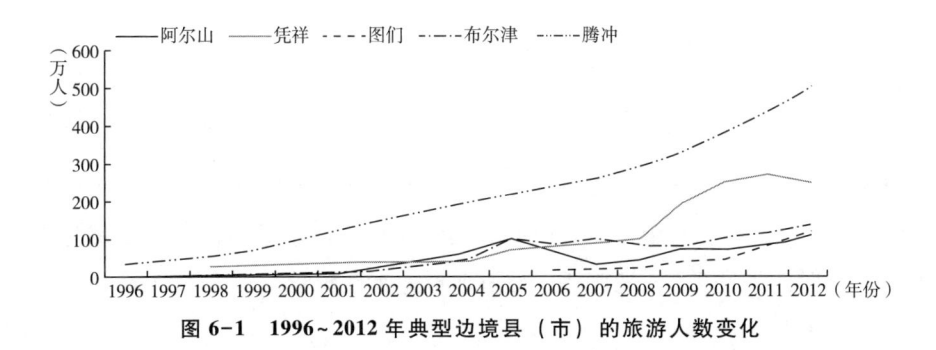

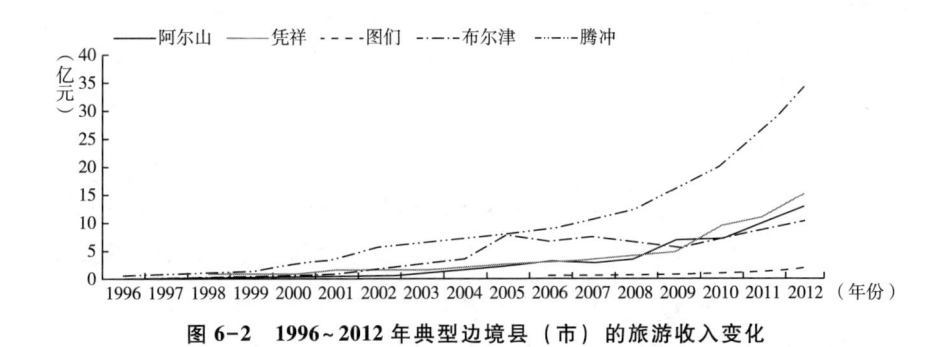

表 6-1　2011 年典型边境县（市）旅游市场竞争力指数

| 边境县（市） | 阿尔山 | 凭祥 | 图们 | 布尔津 | 腾冲 |
|---|---|---|---|---|---|
| 旅游市场竞争力指数 | 12.32 | 26.97 | 5.14 | 12.48 | 44 |

## 二　内在竞争力

### （一）自然环境

1. 阿尔山市

阿尔山市属寒温带大陆性季风气候，年平均气温为 -3.1℃，冬季漫长，积雪覆盖期 150 余天，是冰雪资源最为富集的地区之一；夏季温度在 15~25℃，湿润凉爽，是较好的避暑胜地。阿尔山市横跨大兴安岭西南山麓，由于地质年代第四纪的多次火山喷发，形成了以火山遗迹为主的中低山地貌，一般海拔1100米左右，相对高度400~800米，旅游地形适宜性一般。

2. 凭祥市

凭祥市属亚热带季风气候，年平均气温为21.7℃，冬季最冷的1月平均气温为12.8℃，夏季最热的七八月份平均气温为28.2℃，阳光充足，雨量充沛，气候温和，全年适宜旅游观光。凭祥市西南部为山丘，中部为谷地，东北部为平原，土地肥沃，旅游地形适宜性较强。

3. 图们市

图们市属温带大陆性季风气候，年平均气温为5.9℃，最高气温为32.9℃，最低气温为-24.5℃，夏季清新怡人，冬季冰雪资源丰富。图们市地处长白山脉东麓，图们江下游，地势西高东低，旅游地形适宜性较强。

4. 布尔津县

布尔津县属大陆性北温带寒凉气候，年平均气温为4.1℃，夏季干热，冬季严寒，适宜旅游季节为夏秋季。布尔津县地处阿尔泰山脉西南麓，地势由东北向西南倾斜，北部为中高山区，中部为低山丘陵、河谷地，南部为半荒漠低山区，旅游地形适宜性一般。

5. 腾冲县

腾冲县属热带季风气候，年平均气温为14.9℃，冬无严寒，夏无酷暑，旅游舒适度极强，且全年适宜旅游观光。腾冲县地处欧亚板块与印度板块的碰撞带上，高黎贡山山脉南段西侧，是典型的火山地热并存区，旅游地形适宜性较弱。

其中，2011年典型边境县（市）自然环境竞争力指数见表6-2。

表6-2  2011年典型边境县（市）自然环境竞争力指数

| 要素 | 阿尔山 | 凭祥 | 图们 | 布尔津 | 腾冲 |
| --- | --- | --- | --- | --- | --- |
| 温湿指数 | 35.9（弱） | 70.6（一般） | 44.3（弱） | 44.7（弱） | 61.3（强） |
| 风寒指数 | -732.5（较强） | -205.4（较强） | -610.8（较强） | -625.9（较强） | -327.4（强） |
| 地形起伏度 | 1.65（一般） | 0.80（较强） | 0.97（较强） | 2.51（一般） | 3.19（较弱） |
| 自然环境竞争力 | 15.82 | 59.36 | 65.26 | 51.85 | 86.59 |

## （二）旅游资源

### 1. 阿尔山市

阿尔山市以自然旅游资源为主，景观层次丰富。阿尔山拥有丰富的矿泉、森林、动植物资源，独特的火山熔岩地貌，是内蒙古东部著名的避暑度假胜地；冬季优质的冰雪资源为开展冰雪运动提供了保障。阿尔山旅游资源体量大，品位高，如阿尔山矿泉群、大兴安岭天池、石塘林、杜鹃湖、好森沟景区等，各种旅游资源有机结合形成综合性景观区。

### 2. 凭祥市

凭祥市历史文化旅游资源丰富，边城特色明显，名胜古迹众多，有友谊关、白玉洞、平岗岭地下长城、大连城等；浦寨不夜城等边境旅游小镇也逐步建立，边境商贸购物氛围浓厚；南山红木文化城特色明显，是一个集边、山、古、奇等特色为一体的综合性边城，并逐渐形成"五区一城一园"的旅游发展格局。

### 3. 图们市

图们市民族风情浓郁，旅游节庆活动丰富。图们市深度挖掘朝鲜族民俗旅游资源的文化内涵，建设中国朝鲜族非物质文化遗产展览馆、月晴朝鲜族农家乐、图们市数字展示馆等精品旅游项目，全力打造"图们江文化旅游节""图们江冰雪节"等旅游文化品牌；编排了《图们江之歌》等文艺节目。此外，还拥有凉水有机生态农业园、日光山森林公园、图们江公园等自然旅游资源。

### 4. 布尔津县

布尔津县旅游资源类型多样，品位高，神秘性强。布尔津集高山、湖泊、河流、森林、草原、佛光、云雾、岩画、图瓦村庄等自然人文旅游资源于一体，其中喀纳斯湖、五彩滩、卧龙湾等旅游资源品位极高。

### 5. 腾冲县

腾冲县旅游资源类型齐全、组合度高、特色鲜明。腾冲县拥有火山、热海、温泉、草地、湖泊、河流等自然旅游资源，还有历史遗迹、腾越文化等丰富的人文旅游资源，可概括为"三山、三海、一城、一镇、一园"；部分旅游资源品位较高，如腾冲热海、和顺古镇等。

其中，2011年典型边境县（市）旅游资源竞争力见表6-3。

表 6-3　2011 年典型边境县（市）旅游资源竞争力

单位：个

| 项目 | 阿尔山 | 凭祥 | 图们 | 布尔津 | 腾冲 |
| --- | --- | --- | --- | --- | --- |
| 国家重点风景名胜区 | 0 | 0 | 0 | 0 | 1 |
| 5A 级旅游景区 | 0 | 0 | 0 | 1 | 0 |
| 世界生物圈保护区网络 | 0 | 0 | 0 | 0 | 1 |
| 4A 级旅游景区 | 2 | 1 | 0 | 1 | 2 |
| 中国优秀旅游城市 | 1 | 1 | 0 | 0 | 0 |
| 中国旅游强县 | 0 | 0 | 0 | 1 | 0 |
| 中国历史文化名镇（村） | 0 | 0 | 0 | 0 | 1 |
| 全国爱国主义教育示范基地 | 0 | 0 | 0 | 0 | 1 |
| 国家级自然保护区 | 0 | 0 | 0 | 1 | 1 |
| 国家森林公园 | 2 | 0 | 0 | 1 | 1 |
| 国家地质公园 | 1 | 0 | 0 | 0 | 0 |
| 国家重点文物保护单位 | 0 | 1 | 1 | 0 | 1 |
| 省级自然保护区 | 1 | 0 | 0 | 0 | 1 |
| 边境口岸 | 1 | 2 | 1 | 0 | 1 |
| 中国非物质文化遗产 | 0 | 0 | 5 | 0 | 2 |
| 旅游资源竞争力指数 | 62.16 | 37.84 | 24.32 | 51.35 | 100 |

### （三）旅游区位交通

#### 1. 阿尔山市

就地理区位而言，阿尔山市地处内蒙古东部经济较发达地区的核心位置，是中国东北地区对外开放的前沿地带，处于东北亚经济圈腹地，中、蒙、俄三国交界，是沟通整个东北亚的新欧亚大陆桥的"桥头堡"；边境线长 93.434 千米，距乌兰浩特市 254 千米，距最近的大城市长春市 670 千米。

就旅游区位而言，阿尔山市地处科尔沁、锡林郭勒、呼伦贝尔和蒙古四大草原交会处，具有整合满洲里、海拉尔、扎兰屯、乌兰浩特、锡林浩特等地旅游资源，构建内蒙古旅游黄金区域的战略地位。

就交通区位而言，阿尔山市地处白阿铁路终端，与周边城市之间交通便捷，是"两伊铁路"（伊尔施—伊敏）及第三欧亚大陆桥"两山铁路"

（阿尔山—蒙古国乔巴山）段的枢纽；白阿铁路、203省道、乌阿一级公路从境内通过，阿尔山机场2010年通航。

2. 凭祥市

就地理区位而言，凭祥市地处祖国南部，是北部湾经济区发展规划的五个功能组团之一，南宁－新加坡经济走廊的重要节点城市，位于中国和东盟两大经济板块的枢纽地带；边境线长97千米，距广西南宁160千米，距越南谅山省首府32千米，距越南首都176千米。

就旅游区位而言，凭祥市是北部湾黄金旅游圈的节点城市。

就交通区位而言，凭祥市有322国道、湘桂铁路、河内－凭祥－北京－莫斯科国际联运铁路贯穿南北，是中国通往越南及东南亚最大和最便捷的陆路通道，有友谊关口岸（公路）和凭祥口岸（铁路）2个国家一类口岸，1个二类口岸，5个边民互市点。

3. 图们市

就地理区位而言，图们市位于吉林省东北部，东北亚"大小金三角"的交界处；边境线长60.6千米，距朝鲜罗津－先锋自由贸易区160千米，距珲春市通往俄罗斯的长岭子口岸80千米，距图们江入海口150千米。

就旅游区位而言，图们市是图们江区域文化交流中心和重要的旅游节点城市，中国面向环日本海旅游最便捷的口岸城市。

就交通区位而言，图们市是连接中国东北地区、朝鲜、俄罗斯远东地区的国际交通枢纽，公路、铁路、航空均处于东北亚开发金三角的咽喉地带；图们口岸是吉林省唯一有铁路、公路桥与朝鲜相连的口岸。

4. 布尔津县

就地理区位而言，布尔津县位于新疆北部，四国交界处，是新疆改革开放的前沿阵地；边境线长218千米，距乌鲁木齐620千米。

就旅游区位而言，布尔津县是前往喀纳斯的必经之路，未来将被打造成西部最佳旅游目的地。

就交通区位而言，布尔津县是阿勒泰地区西三县的交通枢纽，拥有喀纳斯支线机场、奎屯至北屯铁路及"中俄直达运输走廊"。

5. 腾冲县

就地理区位而言，腾冲县位于云南西部边疆，是"南方古丝绸之路"的重要途经之地，是云南联结南亚、东南亚的"桥头堡"；国境线长148.075千米，县城距缅甸密支那200千米，距印度雷多602千米。

就旅游区位而言，腾冲县地处中国旅游圈与东南亚、南亚旅游圈的交界处，滇西北、滇西、缅北旅游区的中心位置，是滇西精品旅游线及边境旅游区的重要节点。

就交通区位而言，腾冲县逐渐成为区域性国际枢纽，腾冲机场扩建，腾密公路、保腾高速投入使用，泛亚铁路西线正在推进；拥有国家一类口岸——猴桥口岸及16条边境通道，是中缅贸易的前沿。

其中，2011年典型边境县（市）旅游区位交通竞争力指数见表6-4。

表6-4　2011年典型边境县（市）旅游区位交通竞争力指数

| 边境县（市） | 阿尔山 | 凭祥 | 图们 | 布尔津 | 腾冲 |
| --- | --- | --- | --- | --- | --- |
| 区位交通竞争力指数 | 26.34 | 80.22 | 66.69 | 34.07 | 45.29 |

**（四）旅游社会环境**

1. 阿尔山市

阿尔山市是由资源枯竭型城市向旅游型城市转变的边境县（市）。20世纪90年代以来，林木资源长期过量的开采导致阿尔山市严重的资源和经济危机，生态屏障功能明显减弱，经济结构严重失衡，社会事业发展滞缓。随后，阿尔山市充分发挥其资源优势，逐步把旅游业培育成新的经济增长点，提出"生态立市、旅游兴市、产业强市、口岸旺市"的原则，旅游业逐渐发展起来。在五个典型边境县（市）中，阿尔山市的经济发展水平较低，但第三产业比重增长较快，由1996年的24.9%增长至2012年的53.3%。

2. 凭祥市

凭祥市是边境贸易带动旅游发展的边境县（市）。凭祥市充分发挥口岸优势，以边境贸易为龙头，积极实施开放带动战略，国民经济快速发展。边境贸易带入大量人流，进而推动了旅游业的发展，并逐步成为凭祥市支柱产业。凭祥市的经济发展在五个典型边境县（市）中处于中等水平，第三产业一直是凭祥市经济发展的主导产业，但1996~2012年第三产业比重整体处于下降趋势，尤其是2003年，受国家边境政策及"非典"

的影响，第三产业比重出现大幅度下降。

3. 图们市

图们市城镇化水平较高，经济发展以工业为主，着力培育造纸石化、塑胶、钢铁建材、医药食品等支柱产业。随着图们江区域合作、长吉图开发开放先导区建设的推进，图们市依托优越的区位交通条件及深厚的历史文化资源，旅游发展渐入佳境。图们市的经济发展水平较高，但第三产业的比重在五个边境县（市）中最低。

4. 布尔津县

布尔津县是由畜牧业逐步向旅游业转变的边境县（市）。随着交通等基础设施建设的逐步完善，依托喀纳斯景区，布尔津旅游业逐步发展起来。目前，旅游、畜牧、大豆和水能是布尔津县着力培育的四大产业。布尔津县属于经济欠发达县，第三产业的比重由1996年的24.48%上升至2012年的44.07%。

5. 腾冲县

腾冲县按照"农业稳县、工业立县、贸易活县、旅游兴县、文化名县"的发展思路，打通面向南亚的国际大通道，着力培植工业、旅游文化、特色农业、经贸、城建等产业。旅游文化产业的发展让腾冲成为云南旅游二次创业的新亮点。在五个典型边境县（市）中，腾冲县的经济发展水平最高，且增长最快，第三产业的比重由1996年的36%上升至2012年的40.6%。

其中，1996~2012年典型边境县（市）GDP及第三产业比重见图6-3、图6-4，2011年典型边境县（市）旅游社会环境竞争力指数见表6-5。

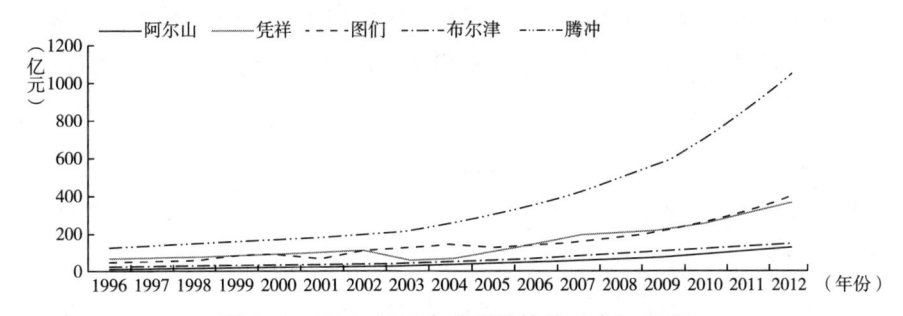

**图6-3　1996~2012年典型边境县（市）GDP**

图 6-4　1996~2012 年典型边境县（市）第三产业比重

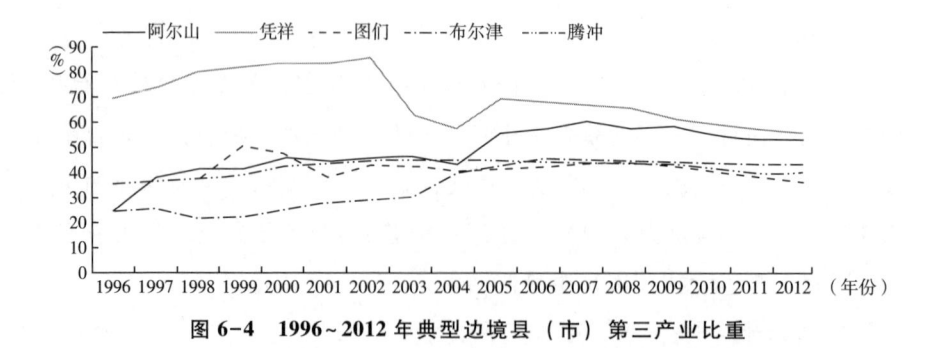

表 6-5　2011 年典型边境县（市）旅游社会环境竞争力指数

| 边境县（市） | 阿尔山 | 凭祥 | 图们 | 布尔津 | 腾冲 |
|---|---|---|---|---|---|
| 社会环境竞争力指数 | 13.89 | 14.72 | 15.83 | 12.55 | 17.39 |

### （五）旅游服务设施

1. 阿尔山市

根据阿尔山旅游网站统计，截至 2011 年 12 月底，阿尔山市拥有五星级酒店 1 家，四星级酒店 1 家，三星级酒店 2 家，二星级酒店 1 家；旅游特产包括阿尔山黑蚂蚁、黑木耳、矿泉水、蘑菇等；逐步开发了温泉养生保健游、冰雪运动休闲游、避暑休闲度假游、火山遗迹探秘游、森林草原观光游、林俗文化体验游、千里雾凇观赏游、口岸异域风情游八大旅游品牌项目。

2. 凭祥市

根据凭祥旅游网站统计，截至 2011 年 12 月底，凭祥市拥有五星级酒店 1 家，四星级酒店 7 家，三星级酒店 11 家，二星级酒店 1 家；旅行社 8 家；旅游产品丰富，不仅包括凭祥红木产品等，还包括越南香水等产品；形成南国边关风情游、中越边关探秘游、中越边境跨国游、边贸购物考察游等多条精品旅游线路。

3. 图们市

根据图们旅游网站统计，截至 2011 年 12 月底，图们市拥有三星级酒店 1 家，二星级酒店 1 家；旅游特色产品包括凉水有机大米、朝鲜民族陶瓷、月晴不老莓、旺达明太鱼、蜂泉高丽参等；逐步形成以民俗旅游、文化旅游、边境旅游为特色的旅游线路。

4. 布尔津县

根据布尔津旅游网站统计，截至 2011 年 12 月底，布尔津县拥有四星级酒店 7 家，三星级酒店 8 家，二星级酒店 3 家；旅游特色产品包括根雕、绣毡、宝石画、冷水鱼等；拥有白山布广场、滨河公园、家庭别墅小区等公共休闲娱乐场所，哈纳斯旅游购物广场、"梦幻-喀纳斯"演艺中心、河堤夜市核心旅游商业圈等。

5. 腾冲县

根据腾冲旅游网站统计，截至 2011 年 12 月底，腾冲县拥有五星级酒店 5 家，四星级酒店 4 家，三星级酒店 4 家，二星级酒店 7 家；旅行社 28 家；旅游特色产品包括翡翠、木雕、刺绣、饵丝、茶叶等；逐渐形成森林生态游、科普科考游、"二战"访寻游、丝绸之路游、生态保健游等精品旅游路线。

其中，2011 年典型边境县（市）旅游服务设施竞争力指数见表 6-6。

表 6-6　2011 年典型边境县（市）旅游服务设施竞争力指数

| 边境县（市） | 阿尔山 | 凭祥 | 图们 | 布尔津 | 腾冲 |
| --- | --- | --- | --- | --- | --- |
| 旅游服务设施竞争力指数 | 0.20 | 14.24 | 0.7 | 16.95 | 100 |

**（六）边境旅游**

1. 阿尔山市

阿尔山口岸与蒙古国松贝尔口岸相对应，距蒙古国东方省省会乔巴山市 485 千米，距松贝尔 96 千米。口岸周边生态环境优美，哈拉哈河、口岸蛇曲河从口岸风光区穿过，形成风光秀丽的地貌景观。相邻的蒙古国东方省拥有丰富的动植物资源、规模宏大的泥佛、分布广泛的诺门罕战争遗址和博物馆，与阿尔山旅游资源有极强的互补性。2013 年 12 月，国家旅游局经商外交部、公安部和海关总署，同意开通阿尔山市至蒙古国东方省哈拉哈高勒县二日游、至蒙古国肯特省温都尔汗市五日游、至蒙古国东方省乔巴山市五日游三条边境旅游线路。

## 2. 凭祥市

凭祥市积极推进边境跨境游，已开通凭祥至河内、下龙湾、凉山、胡志明市、海防等多条旅游精品线路。河内是越南首都，名胜古迹较多，包括还剑湖、巴亭广场和文庙等；下龙湾距中越边境仅100多千米，岛屿众多，以其秀丽的风光闻名世界；凉山市距边境小镇同登14千米，较有名的景点为三青山；胡志明市是越南最大的海港，主要景点包括国光寺、舍利寺、圣母大教堂、草禽园、查匈植物园、骚坛公园等；海防是越南北方的避暑胜地，拥有迷人的海滨风光。

## 3. 图们市

图们口岸与朝鲜南阳国际口岸相对应，距朝鲜清津177千米。图们市相继开通了至朝鲜南阳步行游、七宝山铁路游、稳城一日游、罗津二日游及俄罗斯符拉迪沃斯托克三日游等边境旅游线路。朝鲜清津拥有盐盘革命遗迹、镜城温泉、温堡温泉等旅游景点；稳城拥有王在山革命史迹地、博物馆、纪念浮雕群及革命史迹碑等人文景观；罗津拥有琵琶岛等自然景观。

## 4. 布尔津县

边境旅游为少量的散客。

## 5. 腾冲县

腾冲猴桥口岸与缅甸甘拜地口岸相对应，距缅甸甘拜县城31.5千米，距密支那163千米。缅甸拥有丰富的自然和人文旅游资源，包括三江口、因多基湖、密支那风光、伊洛瓦底江风光、淘宝游等。腾冲县逐步推出至缅甸密支那、印度雷多、仰光、曼德勒、加尔各答的边境旅游线路。

其中，2011年典型边境县（市）边境旅游竞争力指数见表6-7。

表6-7 2011年典型边境县（市）边境旅游竞争力指数

| 边境县（市） | 阿尔山 | 凭祥 | 图们 | 布尔津 | 腾冲 |
| --- | --- | --- | --- | --- | --- |
| 边境口岸竞争力指数 | 0.00 | 9.14 | 0.27 | 0.00 | 4.16 |

### （七）旅游集聚

## 1. 阿尔山市

根据内蒙古旅游发展"十二五"规划，阿尔山是内蒙古东部呼伦贝尔-兴安旅游区的重要支撑点，大兴安岭东麓生态旅游圈的发展龙头，呼伦贝尔核心旅游圈的特色旅游依托城镇。在重点培育的 24 条旅游骨干支线中，有 3 条旅游环线包含阿尔山，分别是以海拉尔为中心的海拉尔区-鄂温克旗-新巴尔虎左旗-阿尔山市-新巴尔虎右旗-满洲里市旅游环线、以乌兰浩特市为中心的乌兰浩特市-阿尔山市-柴河镇-扎兰屯市旅游环线、以通辽市为中心的通辽市-扎鲁特旗-霍林郭勒市-东乌珠穆沁旗-阿尔山市旅游支线。

2. 凭祥市

根据广西旅游发展"十二五"规划，凭祥市地处桂南旅游经济区、"南宁-崇左-宁明-凭祥-龙州-大新-隆安-南宁"南国边关风情旅游线上。凭祥市周边的大新县、东兴市乃至越南，都非常重视旅游业特别是中越边境旅游的发展，且周边旅游资源的替代性较强，旅游产品结构大体趋同，客源市场的定位也基本相似，旅游集聚竞争力不高。

3. 图们市

根据吉林旅游发展"十二五"规划，图们市位于延吉-珲春旅游圈、延边民俗文化与边境旅游地系统，图们市周边的延吉市与珲春市均为旅游业较发达的县（市），同时图们市所具有的口岸和民族文化两大资源与其周边县（市）具有同质性，旅游资源较丰富的长白山也在其附近，因此图们市的旅游集聚度较低。

4. 布尔津县

根据新疆旅游发展"十二五"规划，布尔津地处阿勒泰生态观光旅游区、"乌鲁木齐-天山天池-富蕴-福海-阿勒泰-布尔津-哈巴河-吉木乃-和布克赛尔-克拉玛依-沙湾-石河子-乌鲁木齐"准噶尔旅游环线上，是进入喀纳斯世界级精品景区的第一景点和必经之地，是新疆重要的旅游节点城市和特色旅游城镇，对带动周边地区旅游发展有重要的作用。

5. 腾冲县

根据云南旅游发展"十二五"规划，腾冲县地处滇西火山热海边境旅游区、昆明-腾冲-密支那旅游线上，是滇西精品旅游线的重要节点，也是中国旅游圈与东南亚、南亚旅游圈的交界城市。周边有三江并流国家级风景名胜区、瑞丽-大盈江国家风景名胜区、高黎贡山国家级自然保护区、苍山洱海国家级风景名胜区、缅北旅游区及博南古道等省级风景名胜区。

其中，2011年典型边境县（市）旅游集聚竞争力指数见表6-8。

表6-8　2011年典型边境县（市）旅游集聚竞争力指数

| 边境县（市） | 阿尔山 | 凭祥 | 图们 | 布尔津 | 腾冲 |
| --- | --- | --- | --- | --- | --- |
| 旅游集聚竞争力指数 | 79.04 | 24.79 | 2.38 | 51.47 | 10.92 |

## 第二节　典型边境县（市）旅游竞争力的发展历程

### 一　资源优势型——内蒙古阿尔山市

**（一）阶段一（1992~2001年）：林业转型，确定旅游的主导产业地位**

1992年12月，阿尔山设立经济开发区，提出把阿尔山建设成为以林产品加工工业为基础、第三产业和旅游业发达、农业现代化水平较高的"口岸市-林中城"，旅游是阿尔山发展的辅助产业。1996年阿尔山设市，确定城市的性质为旅游城市；1998年国家实施天然林保护工程，阿尔山的经济实力大大缩水，并于1999年明确提出把旅游业作为主导产业来培育，确定了建设国内一流旅游疗养城市的发展目标。

**（二）阶段二（2002年至今）：逐步完善城市旅游功能，加强区域联动**

1. 大力投资旅游基础设施建设，拉动交通、口岸、城建、环保等发展

（1）立体化交通网络基本形成，对外开放水平日益提高。阿尔山市以"近谋旅游、远谋口岸"为发展思路，全力推进口岸和通道建设。公路网四通八达，203省道从境内通过，与呼伦贝尔等地均有高级公路相连，景区内也已形成旅游大环线，乌阿一级公路于2010年通车；2009年"两伊"铁路正式运营，形成东北地区进京的西部通道；2010年，阿尔山机场通航，相继开通了北京、杭州等多条航线；2013年，阿尔山-松贝尔口岸正式开关，阿尔山至蒙古国的3条边境旅游线路也于2014年开通。

（2）不断完善旅游接待设施，打造高端旅游接待酒店。2007年以来，先后建设了六和商务休闲中心、圣昱度假酒店、南苑大酒店等集休闲、度假和商务接待于一体的高端旅游接待酒店，有效推动了旅游接待水平的提升。截至2014年，阿尔山市已建成具有一定接待能力的景区50余处，拥有旅行社28家、旅游纪念品商店46家。

（3）以城区扩景区，不断完善城市功能。阿尔山将城市当景区来打造，坚持城市建设与旅游发展并举，进一步完善城市基础设施及城市服务功能，完成城区道路、给排水、集中供热等重点工程建设。2004年被批准为中国优秀旅游城市，使阿尔山在全面提升城市功能和品位上有了新突破。

2. 资源整合，区际联动，全力打造旅游品牌

（1）政府主导，加强区域旅游合作。2002年，兴安盟政府确定阿尔山为兴安盟旅游发展的龙头，并大力开发冰雪旅游资源，努力构建旅游业"冬夏两旺"发展格局，全力打造"神泉雪城"品牌。2003年，阿尔山与东北地区齐齐哈尔、长春等九个城市建立兴安旅游联盟，建立北国旅游长期合作机制，做到资源共享、客源互送、利益均沾。2004年，阿尔山与满洲里、新巴尔虎左旗、新巴尔虎右旗联合签署了关于建立无障碍旅游区的协议。2005年，政府决定整合阿尔山和柴河自然景观资源，倾力打造阿尔山-柴河旅游景区，明确提出把阿尔山建设成为"国际知名、国内一流"的旅游度假区；确定了"呼伦贝尔-满洲里-阿尔山"金三角全生态旅游联盟；与东乌珠穆沁旗、锡林浩特建立了"都市-草原-森林"旅游联盟；与张家界签署了"一山一水一草原"旅游线路协议；与大连合作建立"大海-森林-草原"旅游联盟。2007年，阿尔山进一步加强与北京、沈阳、长春及呼伦贝尔、满洲里等客源市场的合作，开行了"沈阳-阿尔山"森林草原之旅、"满洲里-呼伦贝尔-阿尔山"黄金旅游线，以及"满洲里-阿尔山-乌兰浩特"出入境旅游精品路线等旅游专列，来自俄罗斯、蒙古国、日本、韩国、英国、美国等以远东地区为主的国际游客逐年增多。

（2）建立多元化产品体系，提升旅游品牌知名度。阿尔山市旅游发展确定构建以自然生态观光旅游产品开发为基础，以休闲度假、会议论坛旅

游产品为主体,以冰雪娱乐、火山科考和健康运动等专项旅游产品为补充的多元化旅游产品体系,着力开发生态观光、休闲度假、火山科考、冰雪运动、温泉疗养、会议论坛六大类型旅游产品。其旅游营销手段主要包括:借助高端媒体宣传;"请进来"与"走出去"相结合;积极开展注册登记工作,提高"健康元素最多城市"的品牌价值;加强区际交流协作,营销高端旅游线路;旺季开行旅游专列,贯通旅游交通网等。

## 二 口岸优势型——广西凭祥市

### (一) 阶段一 (1992~1998年):边境贸易带动旅游缓慢发展

1992年,国务院批准凭祥市为沿边对外开放城市,凭祥市借助沿边对外开放口岸的区位优势,以边境贸易为龙头,对外贸易保持快速发展的势头。边境贸易的快速发展带动了边境旅游的发展,同年,国家旅游局批复广西开展中越边境旅游。在这一阶段,凭祥市旅游基础设施建设也缓慢起步。

### (二) 阶段二 (1999~2008年):政府推动,政策支持,初步形成旅游产业体系

1. 政策支持

(1) 国家层面。1999年中越签署陆地边界条约,共同开发边境旅游,并在战略层面给予重视和政策支持,边境旅游由单纯的出境旅游向出入境双向旅游转变;同时,利用国家实施西部大开发战略及中国-东盟自由贸易区启动的大好时机,充分发掘凭祥市旅游发展潜力,积极构建现代化国际口岸和文化旅游城市。

(2) 省域层面。广西积极推动边境一日游、二日游向边境多日游转变,凭祥边境旅游逐步成为广西旅游十大精品线路之一。

(3) 县(市)层面。1999年起,凭祥市委、市政府把旅游业作为凭祥第二大支柱产业,加大投资力度,不断完善旅游景区基础设施的建设,并把2005年作为"旅游发展年",继续抓好旅游国债项目的实施,加大招商引资力度,推进旅游资源开发市场化,狠抓硬件、软件环境建设,逐步形成"中越边境跨国游""南国边关风情游""边贸购物考察游"三大旅游线路,初步构建了"以边贸带动旅游、以旅游促进边贸"的旅游产业

体系。

2. 完善景区功能，提升旅游服务质量，加大宣传促销

（1）在景区建设方面，凭祥市对主要景区线路和跨国游进行开发建设，全面打造凭祥旅游品牌，努力实现发展大旅游、大产业的目标。采用市场化运作方式，委托实力雄厚的开发商对景区进行管理经营（见表6-9），按照"所有权、经营权、管理权"分离的原则，完成友谊关景区、大连城景区和平岗岭地下长城等景区的文物古迹维护修缮和基础设施建设，完善景区功能。2007年，南友高速公路通车，极大改善了景区的可进入性。此外，由民间资本投资建设的板小屯、太阳岛、瑛珑岩等生态旅游、休闲度假游、农家乐等逐步成熟。2007年12月，凭祥荣获"中国优秀旅游城市"称号，城市形象进一步提升。

表6-9　凭祥市政府引进的企业及开发投资项目

| 集团/企业 | 开发投资项目 |
| --- | --- |
| 国悦企业投资集团 | 友谊关景区 |
| 梧州盛丰投资有限公司 | 大连城景区 |

（2）在旅游服务质量的提升方面，凭祥市积极推行旅游行业国家标准和行业标准的管理和认证工作，建立旅游行业培训基地，与凭祥市职业技术学校合作，分期分批对旅游行业从业人员进行轮训，把培训工作纳入长期化、制度化管理轨道；有计划安排旅游行政部门和企业管理人员参加ISO质量体系认证培训工作，在全市旅游企业中稳步推行旅游行业标准化工作；并根据《旅游饭店星级的划分与评定》对凭祥市内所有星级饭店进行考核，确保旅游市场健康有序发展。

（3）在旅游宣传促销方面，充分利用主流媒体宣传凭祥市中越边境旅游资源和产品；组织旅游企业参加旅游交易会和各种推介会；利用广东、浙江、福建等客源地几家较有影响的报刊、电视媒体开展中越边境跨国游宣传促销；鼓励旅行社加强外联工作，接纳外地有实力的旅行社进驻凭祥市参与经营管理；积极举办边关旅游节，努力开拓国内游和入境游两大市场。

## （三）阶段三（2009年至今）：启动边境旅游异地办证业务，旅游发展全面提速

1. "跨境游"逐渐成为凭祥特色旅游形式

（1）2009年，国家公安部及国家旅游局批准凭祥市成为开展边境旅游异地办证业务的试点城市之一，游客流量急剧增加，凭祥市接待的国内游客逐渐由以"短线游""自驾游"等为主的旅游形式向以"跨境游"为主的旅游形式转变。同时，随着中越边境贸易及旅游的发展，从友谊关口岸入境的越南游客逐渐增多，尤其是以商品消费为主的购物旅游出现了上升势头。

（2）2010年，《国务院关于进一步促进广西经济社会发展的若干意见》中明确批准设立凭祥友谊关中越国际旅游合作区。凭祥市把握机遇，着力推进国际旅游合作区的建设，推出了"中越边境探秘游""中越边境跨国游"等精品旅游线路，并在凭祥浦寨－越南新清设立先行试验区，实行"一线放松，二线严管"的模式，从人员配备、旅游线路开拓、相关口岸部门协调等方面做了大量工作，逐步实现边境旅游的便利化、自由化，凭祥市有10家旅行社具备边境旅游组团资质。同时，加快边境地区文化体育基础设施建设，筹建"中越边境体育交流中心"和"中越边境文化交流中心"，加强与越南及东盟各国交流，带动边境旅游业的发展。此外，重点推进东盟风情园和凭祥市生态休闲中心项目的招商引资，建设壮族文化一条街、高档服装购物一条街、家用电器一条街，以吸引更多国内及越南等东盟国家游客到凭祥购物、旅游。

（3）2013年，凭祥市进一步加强与越南谅山、文朗等地的对接沟通，科学设计中越旅游精品路线，共同推进中越国际旅游合作区的建设步伐，并以建设浦寨"不夜城"为突破口，打造浦寨－新清边境旅游风情小镇及凭祥红木文化旅游线路。2014年，凭祥市进一步优化办证服务流程，启动中国－东盟跨境自驾游总部基地项目建设，积极培育跨境自驾游市场，逐步把凭祥建设成为"跨境游"的一个重要集散地。

2. 打造旅游精品项目，提升旅游整体环境，仍存在较大发展潜力

在景区建设方面，2009年，凭祥市以"边"为特色，以"友谊关景区"为轴心，形成以"东盟风情园"和"大连城景区"为两翼的旅游发

展新格局。2010年，凭祥市全力推进旅游项目建设，东盟（万祥）娱乐城、中越（永泰祥）风味酒楼、大连城景区项目开工，友谊关景区荣获国家4A级景区，成为凭祥探索景区管理模式、市场化运作的试点。2012年，凭祥精心打造"友谊关-金鸡山-浦寨-南山红木文化城-白云山观赏石文化馆-中国华艺书画院-大连城景区"15公里文化旅游精品长廊，将旅游与文化融合，充分展现凭祥军事、历史、民族、红木、奇石、书画等特色文化旅游资源，并把2012年定为"旅游建设年"，加快推进旅游重点项目建设。2013年，凭祥市以"友谊关""大连城"景区建设为龙头，着力打造特色旅游精品项目；以实施"美丽广西-清洁乡村"为契机，着力打造边关特色旅游名村，加快推进板小屯示范点（生态旅游休闲度假）建设和平而村（贸易物流、旅游休闲、特色农业）特色名村建设。同时，着力培育红木文化特色旅游，打造红木旅游4A级景区，使之成为边境购物新亮点。

凭祥市整体旅游环境有了很大提高。在旅游服务设施建设方面，2010年拥有旅行社13家，星级饭店4家，国际旅游集散中心1家，住宿接待机构约85家，旅游购物商店6家；同时，积极推动宾馆饭店品位升级，推进友谊关大酒店、祥城国际大酒店、凭祥国际大酒店开业。在城市整体形象提升方面，2012年完成城市风貌改造四期和强弱电管线下地工程；全面实施凭祥河河道疏通整治，规划建设生态休闲湖；挖掘并弘扬东盟文化、民族历史文化、边贸文化，着力推进城市旅游文化建设，打造边关旅游名城。凭祥在进一步提升"中国优秀旅游城市"品牌效应的同时，充分利用参加各种节会的机会，大力宣传推介凭祥旅游，扩大了凭祥旅游在国内外的知名度，使全市旅游经济得到长足发展。

虽然凭祥市旅游发展水平有了较大的提升，但与国内其他发展较快的边境旅游城市相比仍存在一定的差距。凭祥市对旅游投资力度不大，资金缺乏导致景区开发利用不足，资源优势得不到充分发挥，旅游基础设施建设仍相对滞后；旅游项目不能满足游客多层次需求，游客在凭祥停留时间较短；旅游产品的品牌效应较弱，目前还没有专业旅游购物市场。2012年，凭祥市出台了《凭祥市关于进一步扶持旅游产业发展的若干意见》，对投资凭祥旅游业的企业和个人给予政策上的扶持优惠和资金上的奖励，鼓励旅游企业做大做强，凭祥旅游存在较大发展潜力。

### 三 区位优势型——吉林图们市

**（一）阶段一（2002～2008年）：工业立市，旅游贸易稳步推进**

图们市积极开展"边境游、跨国游、民俗游"，旅游外贸稳步推进。2002年，开通定期旅游线路；2003年同朝方签订了稳城一日游、二日游协议；2004年，开通图们-南阳步行游，引进图们江皮划艇漂流项目，伊甸东山周末农场滑雪场投入使用，龙家美苑、月晴镇马牌村、凉水镇亭岩村朝鲜族文化民俗游也逐步发展起来；2005年，继续加快发展旅游产业，培养旅游人才和导游队伍，加强与各地旅行社合作，开辟延边州内首条工业旅游线路，扶持壮大特色旅游产业发展；2006年，加大旅游项目开发力度，开通了对朝、俄等旅游线路。2007年，成功举办"首届中国·图们江文化旅游节"系列活动，打造"图们江烧烤第一村""图们一串"等旅游品牌，全面提升了"图们江畔第一城"的知名度；图们-南阳步行游得到朝方批准，长安龙家美苑被确定为延边州唯一的生态文化旅游区；2008年，加大旅游景区（点）建设力度，加大境外旅游线路开发力度，全面推进特色旅游发展。以"图们江文化旅游节"为载体，开展"斗牛节"等节庆活动。同时积极培养旅游人才和导游队伍，出台《图们市旅游管理办法》，开通图们旅游网站，做好旅游服务基础设施建设。

**（二）阶段二（2009年至今）：政府引导，市场运作，文化旅游产业快速发展**

2009年，国务院正式批复《图们江区域合作开发规划纲要》，长吉图开发开放先导区建设上升为国家战略，图们市充分把握这一机遇，旅游产业快速发展。图们市把2010年确定为"文化旅游产业发展年"，以跨国旅游为龙头，积极开发边境游、民俗游，打造景区（点）、文艺演出、节庆活动三大文化旅游精品，建立和完善旅游营销体系、旅游服务体系、旅游产业管理体系、旅游产业政策法规体系，全力打造图们江区域文化交流中心和重要旅游节点城市，文化旅游产业实现高位起步，图们旅游形象不断提升。2011年，成功开通中国图们-朝鲜七宝山铁路旅游，打响"中国图们江文化旅游节""中国图们江冰雪节"两大节庆品牌，图们江畔第一城的美誉度进一步提升。2012年，坚持旅游兴市战略，注重提升文化品位，围绕图们江文化，创编了《图们江船之歌》和儿童剧，开放图们江雕塑公园、图们江奇石馆，加快推进日光山森林公园、华严寺等项目，图们铁路历史展览馆投入使用，进一步丰富了图们江文化的内涵；主动承接长白山、延吉、防川等地游客资源，并与州内十余家旅行社对接，签订了合作协议。

### 四 集聚优势型——新疆布尔津县

**(一) 阶段一（1986~1997年）：畜牧业转型，旅游发展缓慢起步**

布尔津县拥有得天独厚的旅游资源，依靠喀纳斯景区及人文、资源和地缘优势，旅游发展缓慢起步。1986年布尔津接待游客人数仅为0.4万人次，1997年增长至3.5万人次，这一阶段，旅游服务设施基础比较薄弱，宾馆饭店仅有几家，且档次较低，没有一家旅行社。

**(二) 阶段二（1998~2005年）：营造良好的投资环境，旅游产业体系逐步形成**

在景区建设方面，布尔津县以"喀纳斯"景区为中心，围绕"众星捧月"的旅游发展思路，全面开放建设禾木、五彩滩、阳光沙滩、阿贡盖提草原民俗风情园等特色景区（点），逐步形成城镇至喀纳斯景区的"百里旅游文化长廊"，有效解决了喀纳斯"旅长游短"的问题。

在旅游服务基础设施建设方面，不断加大旅游基础设施建设力度，改善景区内的电力、通信、环卫、交通等综合服务设施；宾馆餐饮业发展迅猛，截至2005年，拥有酒店宾馆80家，星级酒店12家，旅行社6家。

加强人居环境建设，加大城镇基础设施投入。布尔津县以建设生态园林旅游城市和喀纳斯旅游"第一景"为目标，2000年成功创建自治区园林县城和国家卫生县城，2004年被西部大开发组委会评为新疆县域经济发展速度最快的十个县（市）之一，被列入全国重点小城镇建设。

营造良好的投资环境，鼓励支持大企业前来投资。制定《布尔津县关于招商引资工作的优惠政策》，对投资者给予政策、土地、税收等多方面优惠。2000年以来，累计招商引资规模突破10亿元，包括屯河、陕西中粮、新水股份、香港山月、融海投资集团、武夷山旅游股份、新乐投资公司等实力雄厚的企业（见表6-10），其成为阿勒泰地区乃至整个北疆最具投资开发潜力的县（市）之一。

表6-10 布尔津县政府引进企业及开发投资项目

| 投资企业 | 开发投资项目 |
| --- | --- |
| 新疆融海工贸集团有限公司 | 俄罗斯风情园 |
| 香港山月旅游开发公司 | 北疆海岸灯塔主题公园、五彩滩景区 |
| 喀纳斯马鹿驯养有限公司 | 马鹿旅游、马鹿产品销售 |
| 香港随风马术旅游有限公司 | 马术训练基地 |
| 额河彩玉开发公司 | 额尔齐斯河彩玉、哈萨克民族刺绣等 |

**（三）阶段三（2006年至今）：旅游发展逐步由缓慢发展期向快速提升期过渡**

政策支持。国家层面，加大对西部尤其是新疆的政策和资金倾斜力度；自治区层面，将喀纳斯列入"五区三线"重点景区和全疆旅游龙头景区；县域层面，确定了"旅游立县、旅游兴县、旅游强县"的工作思路。

在交通建设方面，喀纳斯支线机场的通航，奎北铁路的开通，"中俄直达运输走廊"的建设，使布尔津县成为新疆改革开放的前沿阵地。

景区建设方面，2007年喀纳斯景区被评为5A级景区，布尔津也被评为中国旅游强县，是中国西部唯一的"旅游强县"。同时，引进多家龙头企业，不断延伸旅游产业链。

加强城市整体生态环境建设。布尔津县生态环境较为脆弱，为营造良好的旅游发展环境，布尔津把县城及旅游景区内的污染企业陆续迁出，逐渐发展清洁无污染工业。同时依托丰富的水能和风能资源，工业旅游逐步发展。

## 五 相对均衡型——云南腾冲县

**（一）阶段一（1997~2002年）：政府主导，旅游发展缓慢起步**

1. 旅游开发管理以"政府主导"为主，资金是制约旅游发展的瓶颈

在本阶段，腾冲县旅游景区开发管理由政府主导，相继成立了热海、火山、云峰山、和顺等8家旅游开发企业，旅游基础设施的建设得到从国

家到地方各级政府的大力支持。其中，火山热海景区旅游基础设施建设与生态环境保护项目总投资 8510 万元，旅游企业完成总投资 1220.05 万元，但政府财力无法支撑企业的发展。

2. 旅游基础设施发展滞后，以省内游客为主

腾冲县旅游发展缓慢起步期，基础设施发展滞后。旅游景区（点）建设方面，1997 年，全县只有热海景区面向游客开放；随后，火山、北海、云峰山景区及腾越文化园等逐步开发。交通设施方面，1997 年，腾冲境内只有县城到热海全程不到 13 千米的一条四级柏油路；2002 年，保腾公路变成了二级柏油路，腾梁路也铺上了柏油。旅游接待设施方面，1997 年，腾冲有 1 家旅行社，导游 9 人，二星级酒店 4 家；2002 年，有旅行社 4 家，导游 111 人，二星级酒店 14 家 1267 个床位，无三星级以上酒店。2002 年，大保公路开通后，腾冲县抓住机遇举办"第三届火山热海旅游节暨大保高速公路通车庆典"，大量中外游客蜂拥而至，导致宾馆饭店供应不足，只得增加临时住宿点。外显竞争力方面，1997 年，腾冲县旅游总收入近 4000 万元，旅游人数为 20 万人次，其中大部分是周边地区游客；2002 年，旅游总收入 5.6 亿元，旅游人数达到 152 万人次，其中大部分是昆明等地的省内游客，省外游客较少。

（二）阶段二（2003~2007 年）："企业"和"文化"带动旅游快速发展

1. 旅游产业运作机制转型：从"政府主导"到"政府引导-企业投入-社区参与"

2003 年，腾冲县委、县政府改革投融资体制，率先引入社会资本参与旅游开发，尝试旅游景区（点）所有权与经营权的分离，促成优质资源与优势企业的对接，实现"政府引导-企业投入-社区参与"的运作机制，拓展腾冲县旅游产业转型升级的发展空间。

"政府引导"指政府通过有效的经济、行政、法律等手段，充分发挥引导、调控等功能，建立健全旅游发展机制，为旅游发展创造环境，进行基础设施建设，为企业做好服务工作；同时，结合腾冲县的发展实际，对企业进行适当约束，做到在保护中开发。"企业投入"是加快旅游发展的重要途径，腾冲县先后引入了官房集团、省机场投资集团、昆明柏联集团等一批有实力的企业参与旅游开发（见表 6-11）；企业是腾冲县旅游开发

的内在核心竞争力，企业的实力和能力直接影响旅游文化的传承、旅游精品及知名品牌的打造等。"社区参与"能够提升当地居民的生活水平，对统筹城乡的协调发展具有重要作用；同时社区居民的生活状态及旅游参与程度直接决定了腾冲旅游的和谐发展及品牌成色。在这一阶段，腾冲县的固定资产投资每年保持在30%以上的增长速度，制约旅游发展的资金问题逐步缓解。

表6-11　腾冲县政府引进的七大文化企业及开发投资项目

| 投资企业 | 开发投资项目 |
| --- | --- |
| 官房集团、省机场集团公司 | 火山热海景区 |
| 昆明柏联集团 | 和顺文化生态村 |
| 深圳巨融投资有限公司、保山市鹏程公司 | 腾越古镇仿古建筑群 |
| 文星房地产开发公司 | 文星旅游文化风貌街 |
| 深圳华隆集团 | 腾冲国际生态旅游区 |
| 曲靖明珠集团（华庭旅游房地产开发公司） | 腾冲民族文化园和火山不夜城 |
| 昆明新知图书城有限责任公司 | 新知图书城 |

2. 旅游规模化效应逐渐显现，交通是制约旅游发展的瓶颈

腾冲县以旅游配套设施、交通等为工作重点，全力加快建设步伐，进一步完善旅游基础条件，全县旅游环境进一步优化，旅游规模化效应逐渐显现。

对现有景区（点）进行改造提升，整合并深度开发旅游资源。2004年腾冲柏联集团启动了和顺侨乡的开发与保护工程，挖掘侨乡、马帮文化；同时，整体打造火山热海景区、启动绮罗旅游文化园规划；2005年进一步对热海、和顺景区进行扩建，增加了新的游览景致；2006年启动了北海湿地保护改造提升项目，火山不夜城、火山运动休闲公园和云峰山景区改造提升项目正在规划；2007年，提升改造热海景区高档SPA水疗项目、和顺综合配套项目，改扩建叠水河景区、国殇墓园景区，建设绮罗侨乡新景区等。2007年底，腾冲县拥有火山热海、和顺古镇2个4A级景区，国殇墓园、艾思奇故居、和顺图书馆、滇缅抗战博物馆等在全国有影响力的精品景点，北海湿地、云峰仙山等12个在省内外有影响力的景区。

在旅游基础配套设施方面，初步形成了有一定规模的旅游接待网络。2007年，腾冲县有宾馆酒店243家，二星级以上宾馆酒店发展到20家2480个床位。其中，五星级酒店1家，四星级酒店2家，全县总床位数达11058个，日接待能力达2万人以上。全县有旅行社9家，旅游行业从业人员3000人，导游310人，景区解说员60多人，外地带团进入腾冲的导游超过1500人。

在交通建设方面，腾冲县抓住云南"走向南亚"战略和保山市"云南走向南亚，保山先行一步"的发展机遇，全面启动国际大通道建设，但交通仍是制约腾冲县旅游发展的瓶颈。2007年建成全长96千米的腾冲-密支那境外段二级公路；密支那-欣北洋的二级公路、腾冲-印度雷多的中印铁路，腾冲机场正在施工；启动保腾高速公路的建设，以及北海湿地-向阳桥、腾板路-云峰山、和顺游路等旅游环线的建设，旅游发展的基础进一步夯实。腾密公路建设为中缅地区开展旅游合作创造了条件，缅甸正式开放甘拜地口岸，允许持护照的中国游客从甘拜地口岸进入缅甸境内旅游；印度正在建设雷多-板哨公路，并将腾冲-密支那-印度雷多公路纳入大湄公河次区域合作规划。随着立体国际大通道的逐步建成，中、缅、印旅游合作前景非常广阔，腾冲将以旅游合作促进双边贸易、以贸易合作促进双边开放，进一步拓宽与缅甸、印度等南亚国家的合作，加快推进"走向南亚"战略的实施。

3. "文化"为旅游产业发展注入新的活力，腾冲旅游品牌效应逐渐形成

2003年7月，腾冲县被评为云南省文化体制改革和文化产业发展县级试点，以此为契机，腾冲县坚持旅游发展与文化产业发展相结合。

在景区（点）建设方面，通过挖掘、整合、包装，腾冲县建立了腾越文化广场、植物园、群艺馆、博物馆、图书馆、高黎贡山母亲雕像、青少年活动中心、程控音乐喷泉、体育场等，实现了旅游与城市建设的紧密结合，全方位提升了腾冲的城市旅游功能和旅游配套服务体系，促进旅游业快速发展。

在文化旅游产品开发方面，腾冲根据市场运作规律，整合特色文化资源，开发特色文化旅游产品。一是扶持有实力的企业开发特色文化旅游产品，如杜鹃王文化旅游产品开发公司，以火山石、高档木材和边角废料为

原料，开发生产古色古香的名片、木雕、木质门票等旅游纪念品和各种精美的家具、仿古门窗等；腾越园角工艺服饰有限公司，对民族民间传统刺绣图案和工艺进行挖掘整理，生产以"园角背幺"为主的刺绣工艺产品。二是整合特色民族民间文化资源，逐步实现由资源优势向经济优势的转化。例如，以丰厚的抗战文化资源为依托，创办全国第一家民间投资、民间收藏的滇缅抗战博物馆；通过腾越翡翠城、文星旅游文化风貌街、荷花玉雕中心、腾冲国际珠宝翡翠学院的建立，扩大翡翠加工营销基地，弘扬腾越翡翠文化，壮大翡翠文化产业；引导腾冲女子洞经乐团、腾越文化艺术团、高黎贡山民族部落、皮影戏表演队等二十多个文艺团体积极创收，引导腾冲县收藏协会组建藏品经营公司；扶持玉泉园建设腾越文化产业示范基地，将翡翠、皮影、民族民间表演团体与饮食文化相融合，形成集食、住、行、游、购、娱为一体的腾越文化展示中心；组建腾越民间工艺品生产公司，开发和生产"腾艺"牌藤编、竹编、篾编等特色文化旅游产品。三是对高黎贡山生态茶、清凉山茶、腾冲饵丝、腾冲果脯等地方传统特色食品注入文化内涵，增加文化附加值。

在"文化腾冲"旅游品牌塑造方面，一是充分利用媒体推广旅游文化品牌，如引进影视公司到腾冲拍摄《玉观音》《大马帮》《滇西往事》《腾越金头》等影视作品，与电视台合作拍摄并播出反映腾越文化的专题节目，在知名报纸、杂志刊登腾越文化专题，集中出版发行有关腾冲的文学艺术作品等。二是举办各种文化展示、交流活动，利用名人名记提升腾冲知名度，如开展腾冲火山热海文化旅游节，组织策划和顺古镇入选CCTV 2005年度"中国十大魅力名镇"，举办"李根源学术研讨会"，参加"2004云南文化产业上海推介周"系列活动、中缅建交55周年暨"中国文化月"活动、首届西部文化产业博览会等。三是一次性出资获得安宁-保山高速公路上五年的户外广告权，对腾冲旅游品牌和特色产品进行全方位宣传。四是创办腾冲政府网、腾冲新闻网、文化产业网等专门网站，多层次、多角度立体宣传，扩大了宣传覆盖面。腾冲旅游在全国的影响力不断扩大，逐步成为在海内外享有较高知名度的旅游目的地，其客源市场明显改善，省外游客和团队旅游占比均超过50%。

4. 旅游产业发展低端化、可持续性不强

在这一阶段，腾冲县旅游产业发展呈现低端化、可持续性不强的特点。旅游资源的有效整合、深度开发不够，旅游产品多属于观光型，与国际上高档休闲度假、康体理疗生态旅游相比，存在着明显的竞争劣势。低层次的旅游开发使腾冲县旅游产品的生命周期较短，可持续性不强。此外，腾冲县旅游发展与外界管理、经营、技术等方面的合作领域较窄，开拓创新程度较小。

（三）阶段三（2008年至今）："旅游产业发展综合试点"推动旅游跨越式发展

1. 加强机制改革及政策创新

2008年腾冲县被确定为云南省旅游产业发展综合试点，其旅游发展进入跨越式发展的新阶段，在这一阶段的主要制约因素为缺少与旅游健康发展相配套的管理模式和政策体系等。

在管理体制方面，2008年腾冲县成立旅游产业管理委员会，主要负责加强试点政策的研究及信息的收集和整理，完成腾冲旅游业相关规划的编制、评审、批报等工作，督促重点项目落实，指导旅游产品开发，做好对外宣传，协调旅游发展中的问题，为腾冲县旅游业的加速发展提供行政管理体制的支持。

在金融改革开放方面，增强现有的金融体系投资开发功能，成立腾冲县旅游综合改革投资公司，逐步建立专业性开发银行；完善基层农业银行体系，提高农村金融服务水平；鼓励、扶持民间金融活动，发展农村资金互助社；加强项目融资，打造高端融资平台；以直接上市、股权置换等形式向资本市场融资；推进边境外汇管理体制改革等。

在产业扶持政策方面，加大旅游相关服务业的开放力度，如赋予举办国际文化、体育产业等活动一定的权限，实行更加灵活的高尔夫旅游产业政策及旅游项目审批政策等。

在财政税收政策方面，加大财政投入力度，实行优惠税收政策，争取国家层面、省级层面、市级层面及县级层面的政策支持。

在土地利用方面，探索旅游"一地多用"的方式，增强土地自主审批权；建立旅游、土地联动机制；建立土地流转制度及适应旅游综合改革的区域土地系统。

**2. 完善旅游产业体系，实施旅游精品工程**

这一阶段，腾冲县加快推进旅游服务标准化建设，全面构建食、住、行、游、购、娱六要素齐备的旅游产业体系，逐步实现从观光型旅游目的地到综合休闲旅游度假胜地的跨越。

进一步完善旅游基础设施建设，交通瓶颈取得了较大突破。一方面，酒店等旅游服务设施的改善为游客提供了更多选择。2011年全县拥有27家旅行社，二星级以上宾馆酒店17家，旅游购物市场30家，旅游餐饮业1200户。另一方面，2009年腾冲机场的正式通航推动了旅游迅猛发展，旅游人数成倍增长，高端游客不断增多；同时，腾冲公路基础设施建设也取得了一定的突破。

加大招商引资，以大项目带动旅游精品建设。腾冲县进一步引进大集团，大力实施旅游精品工程，实现旅游可持续、高端化、国际化的发展。对火山热海景区进行全新规划设计，投资建设"卧龙居"精致旅馆等项目，提升景区文化品位和档次；进一步整合温泉资源，打造"中国生态SPA康乐园"国际康体养生旅游品牌；以"建成云南、中国乃至亚洲最具吸引力的综合性国际旅游度假会议目的地之一"为目标，打造玛御谷度假区；建设百草坝腾冲火山温泉体育运动休闲公园、恒益高黎贡国际旅游城、北海湿地休闲运动度假区等，打造腾冲"户外运动"新品牌。

加强区域合作，边境旅游取得一定突破。腾冲县充分利用与周边地区旅游资源的互补性，加强与周边地区的旅游合作，开发了腾冲-龙陵-保山隆阳市内旅游环线和腾冲-德宏-保山、腾冲-怒江-保山、腾冲-大理-丽江的滇西旅游环线；逐步推出腾冲-缅甸密支那-印度雷多、腾冲-仰光-曼德勒-昆明、腾冲-仰光-曼德勒-加尔各答-昆明的国际旅游线路。

营造良好的旅游环境。腾冲县制定了监管措施，持续开展客运及购物等重点市场的规范治理工作，对旅行社、宾馆酒店等旅游企业实施全面监管，营造有序、规范、透明的生态旅游环境。

## 第三节 不同类型边境县（市）旅游竞争力发展机理的比较与归纳

### 一 不同类型边境县（市）旅游竞争力发展机理的比较

#### （一）资源优势型边境县（市）

阿尔山凭借丰富独特的自然旅游资源，在政府的大力推动下，旅游业快速发展。目前阿尔山景区开发水平较低，旅游产品及旅游基础设施建设初见成效。由于旅游资源优势突出，阿尔山成为区域精品旅游线路上的亮点，其旅游产业格局逐步形成。阿尔山市经济发展明显滞后，旅游建设的资金投入不足，旅游交通及旅游服务设施成为旅游发展的瓶颈。初步判断阿尔山市旅游发展处于旅游地生命周期的探索起步阶段，由于政府积极借鉴其他边境县（市）旅游发展的经验，缓慢探索期明显缩短。

资源优势型边境县（市）旅游资源丰富，在政府的推动和引导下，旅游业可快速发展起来。同时，此类边境县（市）可与周边旅游发展较好的城市进行资源整合，共同开发旅游线路；交通、旅游服务设施、资金等往往会成为资源优势型边境县（市）旅游发展的阻碍因素。阿尔山市旅游发展机理见图6-5。

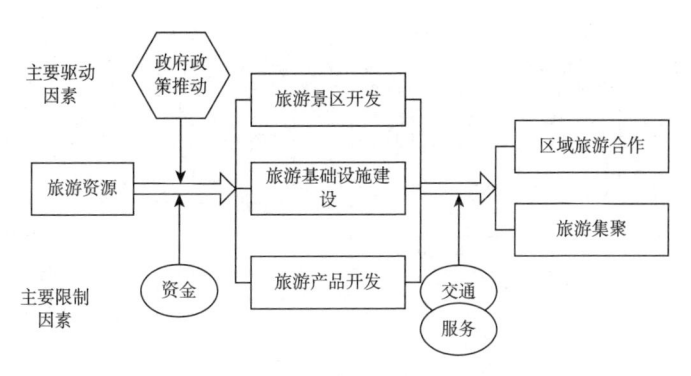

图6-5 阿尔山市旅游发展机理

## (二) 口岸优势型边境县（市）

凭祥市的旅游业是由边境贸易带动发展起来的，随着人流量的增多，政府被迫改善旅游接待设施凭祥旅游业在这一阶段主要以中越边境游和边境购物游等初级旅游形式为主。随着政府政策的支持和推动，凭祥市不断加强景区建设，完善城市功能，提升旅游服务设施，推动产品的开发，树立旅游形象。边境异地办证业务的开通使凭祥市旅游又步入新的台阶。目前凭祥市积极打造友谊关、大连城等旅游精品景区，培育红木文化边境旅游购物新亮点，推进友谊关中越国际旅游合作区建设，并以旅游标准化建设为抓手，全面提高旅游管理和服务水平，完善旅游行政管理机构；管理体制创新、投资企业的引进等成为促进凭祥市旅游发展的重要因素。初步判断凭祥市旅游发展处于旅游地生命周期的快速发展阶段。

口岸优势型边境县（市）的旅游发展一般由边境贸易带动，以口岸为中心，开展边境跨境旅游，联合边境周边的旅游城市，使边境旅游线路逐步向边境两侧国家内陆延伸。边境出境旅游的发展可以吸引国内游客到边境县（市）停留，边境入境旅游的发展可以吸引边境邻国游客的到来，边境购物、边关文化成为此类边境县（市）的亮点，口岸出入境的便利程度、边境县（市）旅游基础设施的建设水平、边境两国之间的旅游合作、邻国旅游线路的开发等往往成为制约口岸优势型边境县（市）旅游发展的重要因素。凭祥市旅游发展机理见图 6-6。

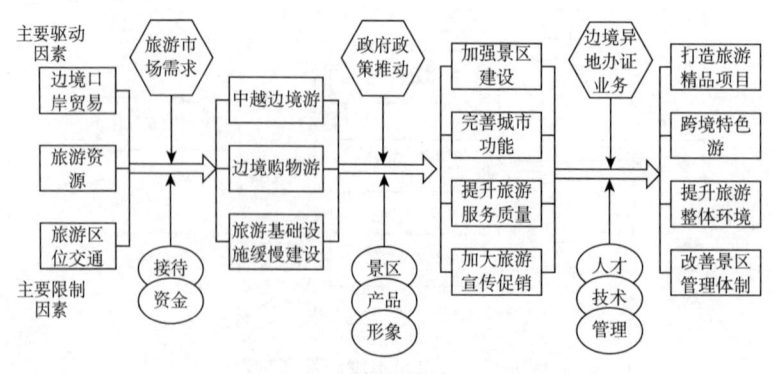

图 6-6 凭祥市旅游发展机理

### (三) 区位优势型边境县 (市)

图们市拥有良好的经济基础，突出的区位交通优势，加之较为丰富的旅游资源，便于吸引游客到图们观光旅游。考虑到图们市旅游发展的优劣势，在政府部门的引导下，图们把文化旅游产业作为旅游发展的特色产业，打响"中国图们江文化旅游节""中国图们江冰雪节"两大节庆品牌。但政府资金导向性投入不足，投资环境有待优化，旅游基础设施建设相对滞后，尚未形成个性突出的旅游目的地。初步判断图们市旅游发展处于旅游地生命周期的起步发展阶段。

区位优势型边境县 (市) 具备良好的区位交通条件，人流量较大，旅游业的发展可依靠旅游节庆活动、商贸旅游等的举办及旅游城市整体风貌的提升。边境县 (市) 旅游整体形象的建设与宣传是区位优势型边境县 (市) 旅游发展的重点。同时，与周边旅游城市联合开发旅游线路，提升区域整体旅游竞争水平。图们市旅游发展机理见图 6-7。

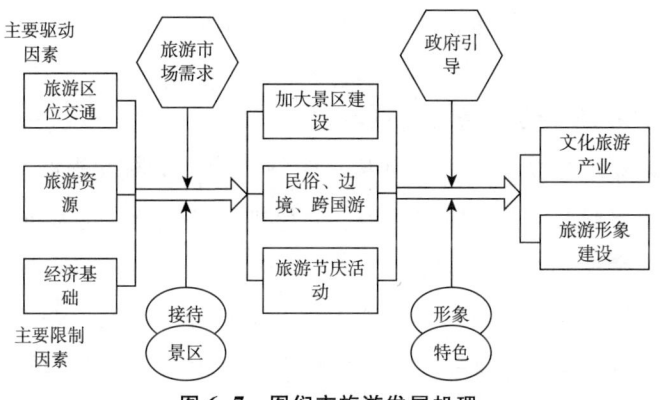

图 6-7　图们市旅游发展机理

### (四) 集聚优势型边境县 (市)

布尔津县拥有世界级旅游资源，是阿勒泰及北疆旅游业发展的龙头，在旅游业发展初期，旅游服务设施建设是旅游业发展的重点。随后，布尔津加强人居环境建设，营造良好的企业投资环境，整合区域旅游资源，加强景区开发和交通建设。目前，布尔津走到了旅游产业发展的一个关键节点，人才、管理体制、结构布局等是其旅游发展的瓶颈。初步判断布尔津县旅游发展处于旅游地生命周期由起步期向快速发展期的过渡阶段。

集聚优势型边境县（市）在整个区域旅游发展中起到龙头带动作用，旅游业往往会成为此类边境县（市）的重点发展产业，周边可依赖的旅游城市较少，因此，自身旅游产业的发展和提升显得尤为重要，资金及旅游基础服务设施的建设是制约此类边境县（市）旅游发展的重要因素。布尔津县旅游发展机理见图6-8。

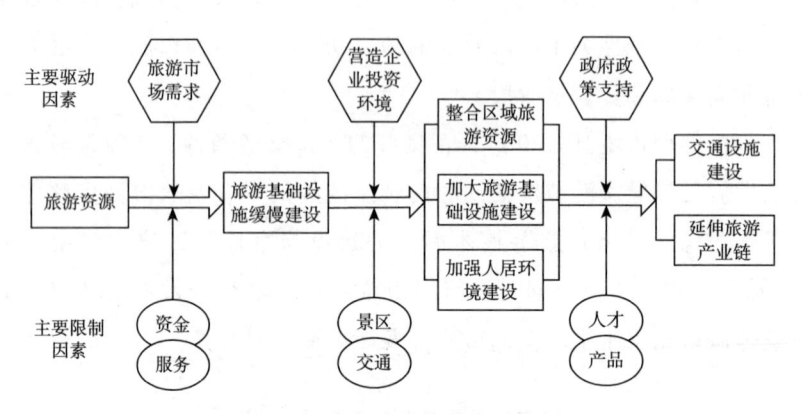

图6-8 布尔津县旅游发展机理

## （五）相对均衡型边境县（市）

在旅游业发展初期，腾冲县凭借个性鲜明、垄断性强的自然旅游资源，在旅游市场推动及政府主导下，开始进行景区及旅游基础设施建设，但由于资金不足，旅游发展较为缓慢。为突破这一发展瓶颈，腾冲县转变旅游发展机制，由"政府主导"变为"政府引导-企业投入-社区参与"，有效解决了资金缺乏的问题，同时注重文化与旅游发展相结合，但随着旅游人数的增多，交通成为制约旅游发展的主要因素。随着旅游产业发展综合试点的确立及腾冲机场等的建设，腾冲旅游发展又步入新的台阶，建设精品旅游项目、生产高档旅游产品、提供优质旅游服务、建立高效的旅游经营模式等成为腾冲旅游发展所追寻的目标，技术和人才成为制约旅游发展的主要因素。初步判断腾冲县旅游发展处于旅游地生命周期的快速发展阶段。

相对均衡型边境县（市）可分为旅游发展水平较高的边境县（市）和旅游发展较低的边境县（市），前者旅游发展已较为成熟，可逐步带动周边县（市）的旅游发展，后者旅游发展水平较低，暂不具备旅游发展条件。腾冲县旅游发展机理见图6-9。

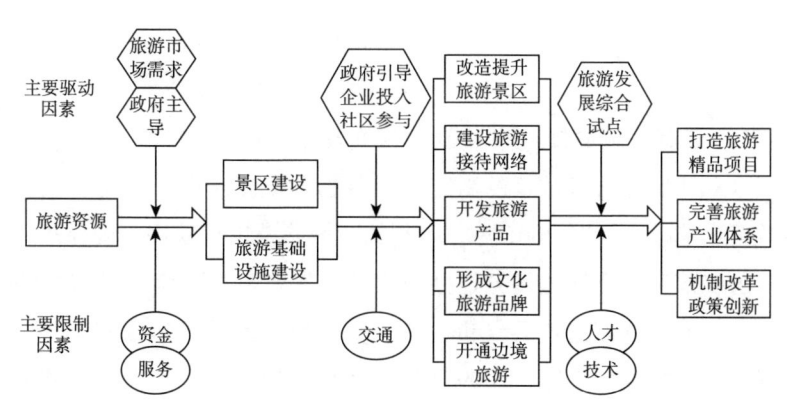

图 6-9 腾冲县旅游发展机理

## 二 不同类型边境县（市）旅游竞争力发展机理的归纳

### （一）旅游资源是边境县（市）旅游竞争力发展的物质基础

旅游资源是吸引游客到边境县（市）停留的重要因素，旅游资源要转化为旅游产品才能逐步形成边境县（市）旅游的竞争优势。旅游资源对边境县（市）旅游竞争力的作用主要体现在以下方面。

在旅游业发展初期，独特的旅游资源是景区开发建设和吸引游客的物质保障，市场需求、政府推动、边境贸易、区域旅游带动是旅游业发展的外在驱动力。在五个典型边境县（市）中，阿尔山市在政府推动下，结合其优质旅游资源开始发展旅游业；腾冲县和布尔津县的旅游资源比较优势突出，市场需求刺激旅游业发展；图们市区位交通条件优越，加之周边珲春、延吉等城市旅游发展的带动，旅游业也逐步发展起来；凭祥市的边境贸易带来了大量的人流，推动了旅游业发展。此阶段的旅游形式以观光旅游和购物旅游为主。

随着旅游基础服务设施的完善，旅游人数逐渐增加，旅游资源竞争力的提升主要通过资源整合、增加旅游项目、开发旅游产品、举办旅游文化活动等途径。在五个典型边境县（市）中，阿尔山市由于资金匮乏，旅游资源开发和基础设施的建设较为缓慢；凭祥市以边境为特色，逐步开发旅游精品项目；图们市通过举办特色文化旅游活动来扩大旅游影响；布尔津充分发挥喀纳斯世界级旅游资源的优势，带动周边旅游资源的开发和区域旅游发展；腾冲县基本形成了较为完善的"食、住、行、游、购、娱"的旅游产业体系。

### （二）政府是边境县（市）旅游竞争力发展的重要推手

国家和政府是边境政策的制定者，多数边境县（市）旅游发展受国家边境政策影响较大。如2005年，为整顿边境旅游市场秩序、确保边境旅游安全，公安部暂停全国边境异地办证业务，使大多数边境县（市）旅游人数下降。在五个典型边境县（市）中，凭祥市受此政策影响较大，旅游人数出现了一定幅度的下降，2009年恢复边境旅游异地办证业务，游客流量急剧增加；腾冲县由于其旅游核心吸引物为独特的旅游资源，且旅游市场多为国内游客，受此边境政策的影响较小，2005年旅游人数仍保持上升趋势。2011年国务院在《兴边富民行动规划》中明确提出大力培育开发具有边境特色的重点旅游景区和线路，为边境县（市）旅游的发展提供了强有力的政策支持，掀起了新一轮的边境旅游热潮。

在旅游业发展初期，县（市）政府有效的引导会促进边境县（市）旅游业的超前发展，使边境县（市）形成较大的供给能力，旅游产业在城市整体发展中的定位直接影响旅游业发展的速度和力度。在五个典型边境县（市）中，阿尔山市虽然拥有优质旅游资源，但在旅游业发展之前，政府始终把林业作为阿尔山市经济发展的主导产业，导致旅游业发展几乎处于停滞状态；自从政府明确提出把旅游业作为主导产业来培育之后，阿尔山在短短的几年内成为内蒙古推出的精品旅游线路的亮点。此外，阿尔山市政府把自身发展放在区域旅游大格局中，科学规划旅游发展，大大缩短了阿尔山旅游发展的探索阶段。

在旅游业发展过程中，政府需要建立行业管理体系，筹集旅游发展资金，规范并监督旅游市场（尤其是边境旅游市场）的交易行为，有效遏制不正当竞争，保障边境安全及旅游市场的健康有序发展。同时积极协调社会各组织部门之间的关系，改善县（市）整体风貌，建立公共旅游服务平台，注重推广旅游形象，刺激游客消费需求，平衡旅游发展与环境保护之间的关系等，能够有效促进边境县（市）旅游竞争力的提升。

**（三）企业为边境县（市）旅游竞争力的发展提供了资金保障**

边境地区经济发展水平较低，企业的引进可以有效解决因政府资金不足难以开发的问题，同时积极发挥市场优化配置资源的作用，最大限度地激发投资人的主观能动性，实现经济效益和社会效益的统一协调[①]。以腾冲县和顺古镇旅游开发为例，2003年腾冲县委、县政府与企业合作，把和顺景区经营权（40年）转让给云南柏联集团。柏联对和顺的旅游开发以文化为灵魂，以保护为基础，以"把和顺建设成为6000村民和谐发展、共同富裕的古镇景区"为目标。企业入驻和顺景区以来，全面启动和顺文化生态村保护开发项目，2007年建成了风味餐馆，完成了元龙阁广场、滇缅抗战博物馆的改造，以及民居旅馆、刘氏宗祠纪念馆的开发等，实现了社区居民与企业的"和谐共赢"。一方面，旅游发展增加了就业岗位。2007年直接参与旅游服务的社区居民有500多人，和顺柏联公司320名员工中，除总经理外，其余人员均是和顺及腾冲当地居民。另一方面，企业投资的旅游业发展促进了居民生活质量的大幅度提高。企业发展后加大了对古镇道路、学校、宗祠、龙潭等基础设施建设的资助力度，企业出资为和顺全体居民投了新型农村合作医疗保险。此外，企业扶持居民发展观光农业，大力开发特色旅游产品，积极扶持食品加工龙头企业，充分展示和顺旅游工艺品，鼓励居民加工经营特色旅游产品，形成和顺地方优势与文化产品的有效融合，着力延伸旅游文化产业链。在政府引导、企农互动、各方共赢的旅游发展格局下，和顺逐步实现了从一个传统农业集镇向现代旅游古镇的历史性跨越，不仅田园风光、古建筑等得到了妥善保护，而且产业结构、社会结构和居民的生活方式发生了质的转变。2005年和顺被评为中国第一魅力名镇，2007年被评为国家历史文化名镇。

**（四）区域旅游产业集聚对边境县（市）旅游竞争力的作用**

区域旅游产业集聚能够在正负两方面影响边境县（市）旅游竞争力。一方面，区域旅游产业集聚能够使旅游企业在空间上形成集聚和规模经

---

① 董鸿安：《构建旅行社企业核心竞争力的制约因素分析及培育策略研究》，《特区经济》2006年第7期。

济，实现资源共享、优势互补，降低交易成本，吸引专业人才，提升区域整体的旅游竞争力。另一方面，在同一区域的旅游资源一般同质性较强，会导致区域内部县（市）之间的竞争。在五个典型边境县（市）中，阿尔山市和布尔津县拥有优质旅游资源，在区域旅游发展中具有较高的旅游集聚度，是区域旅游发展中的增长极；此类边境县（市）在旅游业发展初期，在极化效应的作用下，集聚程度逐渐增强，到达一定程度后导致扩散效应，带动周边县（市）旅游业的发展。而图们市周边的延吉市、珲春市旅游发展较好，且旅游资源的同质性较强，旅游发展处于劣势地位；此类边境县（市）在周边县（市）的带动下，旅游业逐步发展起来，在旅游业发展过程中注重开发不同于周边县（市）的高吸引力的旅游主打产品，打造区域旅游新的增长极。

**（五）边境贸易对边境县（市）旅游竞争力的影响**

对于边境口岸县（市），边境贸易为边境县（市）带来了大量人流，往往成为边境旅游发展的驱动因素，边境贸易与边境旅游相互依赖、相互促进，边境购物作为一种旅游形式成为独特的旅游吸引物。在五个边境县（市）中，凭祥市为口岸优势型边境县（市），在边境旅游发展初期，边境贸易带动边境旅游发展，凭祥市逐步形成以边境购物、边关风情为特色的旅游形象，逐步吸引大量游客的到来。

**（六）技术创新是边境县（市）旅游竞争力提升的关键**

技术创新在边境县（市）旅游业发展的竞争优势阶段发挥着重要作用。在边境县（市）旅游发展阶段，技术创新侧重于过程创新，对技术的引进与开发要求较高；在边境县（市）旅游成熟阶段，技术创新侧重于渐进式创新，产品朝多样化发展；在边境县（市）旅游发展的停滞阶段，技术创新侧重于对旅游产品开发的创新，发展差异化旅游产品。此外，技术创新可以改善交通、通信等旅游基础设施，提升旅游服务水平，满足游客多样化需求，推动边境县（市）旅游产业结构的调整，促进旅游产业资源的优化配置，不断改变边境县（市）旅游业的发展方向，从而增强边境县（市）旅游竞争力。

**（七）旅游文化品牌是边境县（市）旅游竞争力之魂**

旅游文化是边境县（市）旅游发展的精髓与灵魂，可以满足游客高层次的文化享受和精神需求，旅游文化品牌的树立是边境县（市）提高旅游竞争力的关键因素。在五个典型边境县（市）中，图们市通过举办文化旅游活动，提升了图们江畔第一城的知名度，并把文化旅游作为图们市发展重点，打响了"中国图们江文化旅游节""中国图们江冰雪节"两大节庆品牌，逐步实现了文化旅游产业的高位起步。腾冲县引进影视公司到腾冲拍摄影视作品及腾越文化专题节目，举办各种文化交流活动提升腾冲知名度，逐步成为海内外知名度较高的旅游目的地，旅游竞争力大幅提升。

## 第四节　本章小结

本章对典型边境县（市）旅游发展现状及旅游竞争力发展历程进行总结，分析了不同类型边境县（市）旅游竞争力的发展机理。

不同类型边境县（市）旅游竞争力的发展机理不同。资源优势型边境县（市）阿尔山在政府的主导下，由林业转型，确定旅游的主导产业地位；随后逐步完善城市旅游功能，加强区域联动。口岸优势型边境县（市）凭祥旅游业由边境贸易带动，随后政府推动、政策支持，初步形成旅游产业体系；在启动边境旅游异地办证业务后，凭祥市旅游发展全面提速。区位优势型边境县（市）图们旅游发展由贸易稳步推进；随后政府引导，文化旅游产业快速发展。集聚优势型边境县（市）布尔津由畜牧业转型，在多方投资的基础上，旅游产业体系逐步形成；在加强城市整体生态环境建设的基础上，旅游发展逐步向快速提升期发展。相对均衡型边境县（市）腾冲旅游发展主要是政府引导，企业和文化带动，旅游发展综合试点推动旅游跨越式发展。

总体而言，旅游资源是边境县（市）旅游竞争力发展的物质基础，政府是旅游竞争力发展的重要推手，企业为旅游竞争力的发展提供了资金保障，区域旅游产业集聚有助于旅游竞争力的提升，边境贸易与边境旅游相互促进，技术创新是旅游竞争力提升的关键，旅游文化品牌是旅游竞争力之魂。

# 第七章  中国陆地边境县（市）旅游竞争力的提升途径研究

边境县（市）旅游竞争力的发展具有动态性和阶段性，旅游竞争力的提升应根据旅游发展的不同阶段及边境县（市）的不同特点采取不同的提升途径。本章根据旅游中心地理论、旅游点轴结构理论、轴幅式旅游网络结构理论及边境地区旅游业的发展现状对中国陆地边境县（市）旅游竞争力发展的空间等级进行划分，并提出边境县（市）旅游竞争力的提升途径。

## 第一节  中国陆地边境县（市）旅游竞争力发展的空间等级划分

在旅游竞争力发展初期，由于各边境县（市）资源禀赋和地理区位等条件的差异，须采取不平衡发展战略，集中有限的资源和能量优先发展条件较好的边境县（市）或将边境县（市）周边的城市作为旅游节点，加强与邻国的旅游合作，通过其高效发展带动周边地区旅游竞争力的提升；在旅游竞争力发展中期，点轴旅游空间和放射状串珠空间逐步形成，加强了不同旅游节点间旅游经济的联系，旅游发展的差距呈缩小趋势，但不平衡性仍较为明显；在旅游竞争力发展后期，旅游网络式空间结构占主导地位。目前，边境县（市）旅游发展水平差异较大，须采取不平衡发展战略，需要对边境县（市）竞争力发展的空间等级进行划分。

## 一　边境县（市）旅游竞争力发展空间等级划分的理论依据

### （一）旅游中心地理论

旅游节点是旅游中心地形成与演进的主要载体，旅游中心地体系是边境地区旅游业发展到一定阶段的产物。在旅游业发展初期，旅游资源禀赋好、地理区位优越、社会经济支撑能力强的边境城市往往是优先投资开发和推广的对象，成为最先集聚的旅游节点，并逐渐集聚成为不同尺度空间的中心。这批旅游节点规模逐步增大，其市场势能带来较高的旅游流集聚，使节点内与旅游相关的对外服务功能日益增多，产生扩散效应，带动边境周边地区旅游业的发展，并升至高一级中心地，与此同时，次一级中心地会相继出现。随着边境地区旅游经济的进一步发展，最高等级旅游中心地和次一级旅游中心地继续升级，更低级别的旅游中心地随之大量出现，最终形成完整的中心地等级系统。

旅游中心地理论对边境县（市）旅游竞争力空间结构等级划分的指导作用有以下两个方面。首先，选择旅游开发条件较好的边境县（市）或将边境县（市）周边城市作为旅游节点进行重点发展，将其培育成边境地区不同尺度下的旅游中心地，充分发挥其对边境地区旅游发展的关联带动作用，并逐步实现各级旅游中心地在边境地区内的重复覆盖和交叉影响。其次，充分考虑不同等级、规模旅游中心地之间的资源开发协作、市场合作和信息交流，突出不同级别旅游中心地的职能，实现边境地区旅游中心地体系在旅游市场定位、市场规模、产品特色、产业结构等方面的差异化分工。

### （二）旅游点轴结构理论

边境地区点轴旅游空间结构中的"点"，是旅游中心地系统中各级旅游节点，是边境地区旅游轴线形成的重要依托。边境地区点轴旅游空间结构中的"轴"，是在一定方向上依托线状基础设施，连接若干不同等级旅游节点而形成的。轴必须处于水、陆、空交通干线上，通过相对发达的旅游交通网把旅游节点连成一线。一般轴及其附近地区具备较强的旅游经济势能和发展潜力，是一个旅游经济密集带，包括线状旅游通道（旅游交通基础设施、河流、边界、峡谷、旅游线路等）、旅游节点集合及旅游轴线的辐射范围三部分。轴是旅游要素流动的便捷通道；当轴线的极化作用达到一定程度就会对腹地产生扩散与带动作用，并产生新的旅游节点和轴线。

旅游点轴结构理论对边境县（市）旅游竞争力空间结构等级划分的指导作用包括：首先，确定边境地区若干旅游中心地之间的线状交通基础设施轴线，对轴线辐射范围内特别是轴线上的旅游节点进行重点发展；其次，确定各旅游节点和旅游轴线的发展时序，注意培育并激活新的旅游节点和旅游轴线；最后，加强旅游交通轴线的建设，提高边境地区的旅游可达性，促进旅游节点之间的联系及专业化分工与协作，统一规划。

（三）轴幅式旅游网络结构理论

旅游网络结构是点轴结构纵深发展的必然结果，是边境地区旅游发展走向成熟的标志。轴幅式旅游网络空间结构是以旅游枢纽节点为核心，以次级旅游节点为支撑，以旅游节点间的旅游轴线为重点，形成的分工合理、功能各异的集点、线、面于一体的网络空间结构。该理论认为应逐步提升旅游节点与整个边境地区之间生产要素交流的密度和广度，促进边境地区旅游经济一体化；同时，通过旅游网络的外延，加强与其他区域旅游网络的联系，在更大的空间范围，将更多的旅游生产要素合理配置，促进旅游经济全面发展。

轴幅式旅游网络结构理论对边境县（市）旅游竞争力空间结构等级划分的指导作用包括：首先，充分利用旅游枢纽节点，将旅游节点与旅游轴线的扩散向旅游腹地推移，缩小边境各地区间的旅游发展差距；其次，加强旅游节点、轴线、域面之间的合作，降低旅游流单位距离的运输成本，充分利用旅游枢纽节点集中布局的旅游接待设施；最后，协调边境地区旅游网络流量，科学设计旅游线路，充分发挥各旅游节点、轴线、域面的使用价值，满足旅游者多样性产品需求，提高边境旅游网络空间的运营收益和整体价值，实现边境地区旅游发展的均衡化。

## 二 边境县（市）旅游竞争力发展空间等级划分结果

根据旅游空间结构发展的相关理论，以及边境地区旅游业的发展现状，对边境县（市）旅游竞争力发展空间等级进行划分（见表7-1），并提出相应区域的提升途径。

## （一）辽宁

辽宁三个边境县（市）旅游发展水平均较高。其中，丹东市辖区旅游资源具有高度的复合性，是国家级边境合作区、国家特许经营赴朝旅游城市、东北亚旅游亚中心，已初步形成陆、海、空立体交通网络，属于相对均衡型边境县（市），有很强的辐射带动作用；宽甸县旅游资源丰富，是融奇山、秀水、桃花、边境风光等为一体的辽东圣境，属于资源优势型边境县（市）；东港市地处东北亚经济圈核心地带，是连接中、韩、朝三国的交通枢纽，属于区位优势型边境县（市）。因此，应以丹东市辖区作为边境一级旅游发展县（市），带动宽甸、东港两个边境二级旅游发展县（市），形成均衡发展型高水平边境旅游区。

## （二）吉林

在吉林边境县（市）中，集安为高水平资源优势型边境县（市），是历史文化名城，其周边的通化市为吉林省第二大城市、综合旅游服务基地；白山市、抚松县分别为中水平区位优势型和中水平资源优势型边境县（市），与通化市均处在201国道上。因此，应依托通化市，将集安作为边境一级旅游发展县（市），白山、抚松作为边境二级旅游发展县（市），带动其他县（市）的旅游发展，形成资源-区位优势型边境旅游区。

珲春市地处中、朝、俄三国交界，为国际合作示范区，属于高水平相对均衡型边境县（市），周边的图们市为中水平区位优势型边境县（市），延吉市为吉林省旅游服务副中心；安图县为高水平资源优势型边境县（市），与珲春、图们、延吉均处在302国道附近。因此，应依托延吉市，将珲春作为边境一级旅游发展县（市），安图、图们作为边境二级旅游发展县（市），带动其他县（市）旅游发展，逐步形成均衡发展型边境旅游区。

## （三）黑龙江

在黑龙江边境县（市）中，绥芬河是具有影响力的口岸-旅贸国际商都，其周边有牡丹江旅游集散中心，并处在301国道对俄旅游产业带上，是黑龙江国际旅游集散地，属于中水平口岸优势型边境县（市）；东宁和穆棱分别属于中水平口岸优势型和中水平资源优势型边境县（市），三个边境县（市）均处于镜泊湖渤海旅游集合区。因此，应依托牡丹江市，将绥芬河作为边境一级旅游发展县（市），东宁、穆棱作为边境二级旅游发展县（市），形成口岸-资源优势型边境旅游区。

密山地处兴凯湖旅游度假集合区的核心，是东北亚休闲养生度假旅游目的地，属于高水平资源优势型边境县（市）；虎林拥有湿地、森林、界江、珍宝岛、虎头要塞等丰富的旅游资源，属于中水平资源优势型边境县（市）。因此，应依托鸡西市，将密山作为边境一级旅游发展县（市），虎林作为边境二级旅游发展县（市），带动鸡东旅游发展，形成资源优势型边境旅游区。

抚远地处华夏东极旅游区的核心，是黑龙江东北部的旅游增长极，属于中水平口岸优势型边境县（市）；嘉荫县地处汤旺河旅游集合区的辐射区，是有名的恐龙之乡，还有茅兰沟森林公园等旅游资源，属于中水平相对均衡型边境县（市）。因此，应依托伊春、鹤岗、佳木斯，将抚远作为边境一级旅游发展县（市），嘉荫作为边境二级旅游发展县（市），带动其他县（市）旅游发展，形成口岸-资源优势型边境旅游区。

黑河地处五大连池旅游度假区的辐射区，其边境旅游在黑龙江边境旅游和边境贸易一体化建设中发挥着重要作用，地处202国道上，属于中水平边境口岸县（市）。因此，应将黑河作为边境一级旅游发展县（市），带动孙吴、逊克低水平边境县（市）的发展，形成口岸优势型边境旅游区。

漠河是神州北极旅游度假区的核心，拥有漠河机场，属于高水平相对均衡型边境县（市）。因此，应将漠河作为边境一级旅游发展县（市），带动塔河、呼玛中水平边境县（市）的发展，形成相对均衡-资源优势型边境旅游区。

**（四）内蒙古**

在内蒙古边境县（市）中，满洲里是呼伦贝尔核心旅游圈的旅游集散中心，中、俄、蒙三国交界的边境口岸城市，同时拥有丰富的旅游资源，属于高水平相对均衡型边境县（市）；阿尔山是特色旅游依托城镇，大兴安岭东麓生态旅游圈的发展龙头，其周边有乌兰浩特市旅游集散中心，属于高水平资源优势型边境县（市）；额尔古纳旅游资源丰富，属于高水平集聚优势型边境县（市）。因此，应依托呼伦贝尔，将满洲里作为边境一级旅游发展县（市），阿尔山、额尔古纳作为边境二级旅游发展县（市），带动其他县（市）旅游发展，形成均衡发展型高水平边境旅游区。

二连浩特为口岸过境型城市，同时也拥有丰富的旅游资源，地处以呼和浩特为中心的旅游发展圈，属于高水平口岸优势型边境县（市）；达尔汉茂名联合旗周边有包头机场，属于中水平区位优势型边境县（市）。因此，应依托锡林浩特、呼和浩特、包头，将二连浩特作为边境一级旅游发展县（市），达尔罕茂名安联合旗（达茂旗）作为边境二级旅游发展县（市），带动其他县（市）旅游发展，形成口岸-区位优势型边境旅游区。

阿拉善左旗的旅游资源以"新、奇、险、特"著称，地处以乌海市和巴彦淖尔市为旅游集散中心的蒙西特色文化圈，属于高水平资源优势型边境县（市）。因此，应依托乌海、巴彦淖尔，将阿拉善左旗作为边境一级旅游发展县（市），带动阿拉善右旗、额济纳旗的旅游发展，形成资源优势型边境旅游区。

**（五）甘肃**

甘肃的边境县（市）肃北县地处敦肃阿旅游圈，其独特的地域文化既与敦煌文化有密切的联系，又有与敦煌文化极大的差异和对比，属于低水平资源优势型边境县（市）。因此，应依托敦煌、阿克塞，将肃北县作为边境二级旅游发展县（市），形成资源优势型边境旅游区。

**（六）新疆**

在新疆边境县（市）中，哈密位于哈密休闲度假旅游区，是古丝绸之路上的重镇，新疆向东开放的桥头堡，拥有天山、魔鬼城、哈密回王陵、盖斯墓等旅游资源，属于高水平资源优势型边境县（市）。因此，应将哈密作为边境一级旅游发展县（市），带动伊吾、巴里坤、木垒的旅游发展，形成资源优势型边境旅游区。

布尔津是阿勒泰生态观光旅游区的龙头，旅游资源品位高，其喀纳斯景区为世界级精品景区，属于高水平集聚优势型边境县（市）；阿勒泰为中国优秀旅游城市，富蕴拥有可可托海国家级精品景区，均属于中水平集聚优势型边境县（市）；奇台处于古丝绸之路必经之处，历史悠久，文化积淀深厚，属于高水平资源优势型边境县（市）。因此，应将布尔津作为边境一级旅游发展县（市），奇台、阿勒泰、富蕴作为边境二级旅游发展县（市），带动其他县（市）旅游发展，形成集聚-资源优势型高水平边境旅游区。

塔城市属于中水平均衡发展型边境县（市），与额敏、托里、裕民、和布克赛尔均地处塔城边境绿洲旅游区，周边有克拉玛依旅游城市及准噶尔旅游环线。因此，应将塔城市作为边境二级旅游发展县（市），带动其他县（市）旅游发展，形成相对均衡型中水平边境旅游区。

霍城位于伊犁博州休闲生态旅游区，拥有霍尔果斯经济特区，是发展边境购物、跨国旅游的重要平台，周边有博乐、伊宁、新源、特克斯等旅游城镇，属于中水平口岸优势型边境县（市）；博乐市属于中水平相对均衡型边境县（市）。因此，应依托伊宁、新源、特克斯，将霍城作为边境一级旅游发展县（市），博乐作为边境二级旅游发展县（市），带动其他县（市）旅游发展，形成口岸-相对均衡优势型边境旅游区。

塔什库尔干地处喀什克州民族文化旅游区，属于中水平集聚优势型边境县（市）；阿图什属于低水平区位优势型边境县（市），其周边的喀什特区是南疆旅游集散中心及中亚南亚旅游集散中心。因此，应依托喀什市，将塔什库尔干作为边境一级旅游发展县（市），阿图什作为边境二级旅游发展县（市），带动其他县（市）旅游发展，形成集聚-区位优势型边境旅游区。

（七）西藏

在西藏边境县（市）中，日土、噶尔、仲巴、萨嘎位于"新藏"旅游文化廊道（219国道）上；普兰、仲巴、萨嘎、吉隆（吉隆口岸）、聂拉木（樟木口岸）、定日、亚东（亚东口岸）、康马位于"中尼（印）"旅游文化廊道（219、318国道，204、207省道）上；拉萨、林芝是西藏旅游中心城市。普兰拥有神山圣湖，聂拉木地处珠穆朗玛峰自然保护区，均属于低水平相对均衡型边境县（市），亚东属于低水平区位优势型边境县（市），应作为西藏边境二级旅游发展县（市），依托日喀则、拉萨、林芝，带动其他县（市）旅游发展。

（八）云南

在云南边境县（市）中，泸水、福贡、贡山地处滇西北香格里拉国际旅游区和高黎贡山-怒江旅游带上，分别属于中水平口岸型、中水平集中

型、中水平集中型边境县（市），周边有香格里拉、丽江和大理旅游中心城市。因此，应依托香格里拉、丽江、大理，带动泸水、福贡、贡山旅游发展，形成集中-口岸优势型边境旅游区。

腾冲、瑞丽等地处滇西火山热海边境旅游区，是古代"南方丝绸之路"和近代滇缅公路、中印公路的要冲，均属于高水平相对均衡型边境县（市），周边有保山等旅游中心城市；潞西和盈江分别属于高水平资源优势型和高水平口岸优势型边境县（市）；因此，应依托保山市，将腾冲、瑞丽作为边境一级旅游发展县（市），潞西、盈江作为边境二级旅游发展县（市），带动其他县（市）旅游发展，形成均衡发展型高水平边境旅游区。

景洪、勐海、勐腊、孟连、沧源等地处滇西南澜沧江-湄公河国际旅游区，是融入大湄公河旅游圈的桥头堡，应构建跨越中、老、缅、泰四国边境的国际公园，成为中国游客前往东南亚、东南亚及第三国游客进入中国的通道。其中，景洪属于高水平资源优势型边境县（市），拥有西双版纳机场，勐腊、勐海均属于高水平口岸优势型边境县（市），三个边境县（市）均处在214国道上。因此，应依托普洱、临沧，将景洪作为边境一级旅游发展县（市），勐腊、勐海作为边境二级旅游发展县（市），带动其他县（市）旅游发展，形成资源-口岸优势型高水平边境旅游区。

河口、麻栗坡等地处滇东南喀斯特山水文化旅游区，均属于高水平口岸优势型边境县（市）。因此，应以河口、麻栗坡作为边境二级旅游发展县（市），带动其他县（市）旅游发展，形成口岸优势型边境旅游区。

**（九）广西**

广西在旅游相关规划中提到，逐步建设大新德天跨国大瀑布跨国旅游区、东兴北仑河口跨国公园、浦寨跨国商贸旅游区、凭祥平而河跨国漂流景区，打造南宁-崇左-凭祥-龙州-大新-靖西-百色中越边关探秘旅游线。其中，东兴、凭祥均属于高水平口岸优势型边境县（市），靖西属于高水平资源优势型边境县（市），大新属于高水平集聚优势型边境县（市），龙州属于中水平口岸优势型边境县（市）。因此，应依托崇左、百色，将东兴、凭祥作为边境一级旅游发展县（市），靖西、大新作为边境二级旅游发展县（市），带动其他县（市）旅游发展，形成口岸-资源-集聚优势型边境旅游区。

表7-1 边境县（市）旅游竞争力发展空间等级划分

| 省份 | 一级旅游发展县（市） | 二级旅游发展县（市） | 辐射带动的县（市） | 依托旅游中心 |
|---|---|---|---|---|
| 辽宁 | 丹东 | 宽甸、东港 | | |
| 吉林 | 集安 | 白山市辖区、抚松 | 长白、临江 | 通化 |
| | 珲春 | 安图、图们 | 龙井、和龙 | 延吉 |
| 黑龙江 | 绥芬河 | 穆棱、东宁 | | 牡丹江 |
| | 密山 | 虎林 | 鸡东 | 鸡西 |
| | 抚远 | 嘉荫 | 同江、萝北、饶河、绥滨 | 伊春、鹤岗、佳木斯 |
| | 黑河 | | 孙吴、逊克 | |
| | 漠河 | | 塔河、呼玛 | |
| 内蒙古 | 满洲里 | 阿尔山、额尔古纳 | 陈巴尔虎旗、新巴尔虎左旗、新巴尔虎右旗、科尔沁右翼前旗 | 呼伦贝尔 |
| | 二连浩特 | 达尔罕茂名安联合旗 | 苏尼特左旗、苏尼特右旗、阿巴嘎旗、东乌珠穆沁旗、四子王旗、乌拉特后旗、乌拉特中旗 | 锡林浩特、呼和浩特、包头 |
| | 阿拉善左旗 | | 阿拉善右旗、额济纳旗 | 乌海、巴彦淖尔 |
| 甘肃 | | 肃北县 | | 敦煌、阿克塞 |
| 新疆 | 哈密 | | 伊吾、巴里坤、木垒 | |
| | 布尔津 | 阿勒泰、富蕴、奇台 | 哈巴河、福海、吉木乃、青河 | |
| | | 塔城 | 裕民、和布克赛尔、额敏、托里 | 克拉玛依 |

续表

| 省份 | 一级旅游发展县（市） | 二级旅游发展县（市） | 辐射带动的县（市） | 依托旅游中心 |
|---|---|---|---|---|
| 新疆 | 霍城 | 博乐 | 察布查尔、昭苏、温泉 | 伊宁、新源、特克斯 |
| | 塔什库尔干 | 阿图什 | 乌恰、阿克陶、阿合奇、乌什、温宿、皮山、叶城、和田 | 喀什 |
| 西藏 | | 普兰 | 札达、噶尔、日土 | |
| | 聂拉木 | | 吉隆、萨嘎、仲巴、定日、定结 | 日喀则 |
| | | 亚东 | 康马、岗巴、浪卡子、洛扎、错那 | 拉萨 |
| | | | 墨脱、察隅 | 林芝 |
| 云南 | | | 贡山、福贡、泸水 | 香格里拉、丽江、大理 |
| | 腾冲、瑞丽 | 盈江、潞西 | 龙陵、陇川 | 保山 |
| | 景洪 | 勐腊、勐海 | 江城、孟连、澜沧、西盟、镇康、沧源、耿马 | 普洱、临沧 |
| | | 河口、麻栗坡 | 绿春、金平、马关、富宁 | |
| 广西 | 东兴、凭祥 | 靖西、防城港、大新 | 那坡、宁明、龙州 | 崇左、百色 |

# 第二节　中国陆地边境县（市）旅游竞争力的提升途径

## 一　不同空间等级边境县（市）旅游竞争力的提升途径

### （一）边境一级旅游发展县（市）

由表7-2可知，边境一级旅游发展县（市）主要集中在资源优势型、口岸优势型和相对均衡型边境县（市）中，无区位优势型边境一级旅游发展县（市）；大部分边境一级县（市）旅游发展水平较高，少部分旅游发展水平为中等。边境一级旅游发展县（市）竞争力的提升重点是：加强与周边旅游中心城市及邻国旅游城市的联系与合作，充分发挥其辐射带动作用；同时，根据各边境县（市）的旅游发展优势，明确其旅游发展定位，进一步树立旅游文化品牌；培育新型旅游产业集群，建设集约型产业体系。

表 7-2　边境一级旅游发展县（市）

| 等级 | 资源优势型 | 口岸优势型 | 区位优势型 | 集聚优势型 | 相对均衡型 |
| --- | --- | --- | --- | --- | --- |
| 高水平 | 集安、密山、阿拉善左旗、哈密、景洪 | 二连浩特、东兴、凭祥 | — | 布尔津 | 丹东、珲春、漠河、满洲里、腾冲、瑞丽 |
| 中水平 | — | 绥芬河、抚远、黑河、霍城 | — | 塔什库尔干 | — |
| 低水平 | — | — | — | — | — |

### （二）边境二级旅游发展县（市）

由表 7-3 可知，边境二级旅游发展县（市）在五类边境县（市）中均有分布，旅游发展水平以高、中水平为主。边境二级旅游发展县（市）竞争力的提升重点是：配合边境一级旅游发展县（市）及周边旅游中心城市的旅游发展；完善自身旅游产业体系，提高旅游发展水平，进而带动旅游发展水平更低的边境县（市）发展。

表 7-3　边境二级旅游发展县（市）

| 等级 | 资源优势型 | 口岸优势型 | 区位优势型 | 集聚优势型 | 相对均衡型 |
| --- | --- | --- | --- | --- | --- |
| 高水平 | 宽甸、安图、阿尔山、奇台、靖西 | 盈江、勐腊、勐海、河口、麻栗坡 | 东港 | 额尔古纳、大新 | — |
| 中水平 | 抚松、穆棱、虎林、潞西 | 东宁 | 白山市辖区、图们、达尔罕茂名安联合旗 | 阿勒泰、富蕴 | 嘉荫、塔城、博乐 |
| 低水平 | 肃北县 | — | 阿图什、亚东 | — | 普兰、聂拉木 |

### (三) 边境辐射带动的旅游发展县 (市)

由表 7-4 可知，边境辐射带动的旅游发展县 (市) 在五类边境县 (市) 中均有分布，旅游发展水平以中、低水平为主。边境辐射带动的旅游发展县 (市) 竞争力的提升重点是：充分挖掘此类边境县 (市) 的旅游资源，对其进行科学的规划和利用，加强对旅游发展资金的引进和旅游基础设施建设，在周边更高等级旅游发展城市的带动下，逐步提升自身旅游竞争力。

表 7-4 边境辐射带动旅游发展县 (市)

| 等级 | 资源优势型 | 口岸优势型 | 区位优势型 | 集聚优势型 | 相对均衡型 |
|---|---|---|---|---|---|
| 高水平 | — | — | 防城港 | — | — |
| 中水平 | 和龙、同江、塔河、科尔沁右翼前旗、四子王旗、乌拉特后旗、阿拉善右旗、伊吾、哈巴河、昭苏、温泉、龙陵、马关、那坡 | 乌拉特中旗、泸水、陇川、孟连、镇康、沧源、耿马、富宁、龙州 | 临江、龙井、鸡东、额敏、温宿、浪卡子、宁明 | 绥滨、呼玛、陈巴尔虎旗、新巴尔虎左旗、新巴尔虎右旗、木垒、裕民、察布查尔、贡山、福贡、江城、孟连、澜沧、西盟 | 长白、萝北、饶河、东乌珠穆沁旗、额济纳旗、巴里坤、福海、青河、和布克赛尔、金平 |
| 低水平 | 孙吴、札达、吉隆、定日、洛扎 | 吉木乃 | 苏尼特右旗、阿巴嘎旗、康马、错那 | 绿春 | 逊克、苏尼特左旗、托里、乌恰、阿克陶、阿合奇、乌什、皮山、叶城、和田、噶尔、日土、萨嘎、仲巴、定结、岗巴、墨脱、察隅 |

## 二 不同类型边境县 (市) 旅游竞争力的提升途径

### (一) 资源优势型边境县 (市)

对于资源优势型边境县 (市)，在边境县 (市) 旅游业发展初期，对县 (市) 旅游资源进行深度调查，并在保护边境地区生态环境的基础上对其进行科学合理的开发规划，加强旅游交通、酒店、餐饮等旅游服务基础设施的建设；在边境县（市）旅游业发展中期，加强自身旅游产业结构的优化，开发多元化旅游产品及深度体验产品，进一步提高整体吸引力；在边境县（市）旅游业发展后期，依托周边旅游城市，加强其所在区域的旅游资源整合，打造区域旅游精品项目。

### （二）口岸优势型边境县（市）

对于口岸优势型边境县（市），在边境县（市）旅游业发展初期，加强边两国的合作与交流，提高口岸出入境的便利程度，大力发展边境购物旅游产品；在边境县（市）旅游业发展中期，逐步挖掘边境旅游资源，加强旅游酒店、餐饮、娱乐等旅游服务设施的建设，完善自身旅游产业体系；在边境县（市）旅游业发展后期，依托周边旅游城市，进一步打造旅游精品项目，逐步把旅游线路向国内外旅游腹地延伸。

### （三）区位优势型边境县（市）

对于区位优势型边境县（市），在边境县（市）旅游业发展初期，加强县（市）自身经济、社会、文化水平的建设，依托良好的区位优势，通过商务会议等社会活动吸引游客的到来；在边境县（市）旅游业发展中期，深度挖掘和开发县（市）旅游资源，尤其是文化旅游资源，树立良好的城市形象，完善旅游产业体系；在边境县（市）旅游业发展后期，依托周边旅游城市，以交通轴线作为旅游发展轴，加强区域旅游之间的交流与合作。

### （四）集聚优势型边境县（市）

对于集聚优势型边境县（市），逐步完善自身旅游产业发展体系，明确发展定位，树立鲜明的旅游形象，把自身发展为区域旅游极核；充分发挥自身辐射带动作用，加强与周边县（市）的旅游合作，逐步培育周边新的旅游增长极。

### （五）相对均衡型边境县（市）

对于高水平相对均衡型边境县（市），其旅游发展已相对成熟，应充分发挥其辐射带动作用，拉动周边旅游城市的发展；大多数低水平相对均衡型边境县（市）暂不具备旅游业发展条件，应积极探索旅游发展突破点。

## 三 边境县（市）入境旅游竞争的提升途径

### （一）存在问题

**1. 边境地区旅游基础设施建设较弱，口岸通关环境普遍较差**

中国边境两国间交通基础设施建设较为薄弱，铁路、公路等级偏低，旅游接待设施以中小型饭店为主，接待能力较差。边境两国边境口岸的联检查验设施水平参差不齐，在基础设施、签证时间、费用、相关规定等方面存在较大差异，加之边境出入境手续繁杂等问题，游客通关时间较慢，很难形成和谐有序的边境旅游市场，成为边境地区制约边境入境旅游发展的重要因素之一。

**2. 边境旅游合作水平较低，缺乏相应的旅游管理协调机制**

由于边境各国在经济、文化等方面的发展水平差异较大，边境两侧的旅游市场环境、旅游基础设施等方面存在较大差距，难以形成双方对等的投资、开发水平，边境各国在旅游资源整合、旅游线路和旅游产品开发等方面缺乏深层次的旅游合作，从而制约边境县（市）入境旅游竞争力的提升。此外，边境县（市）缺乏相应的旅游管理协调机制。

**3. 旅游产品较为单一，游客在边境县（市）逗留时间短、消费低**

大多数边境县（市）经济发展水平较低，旅游产品开发较为落后，导致游客在边境县（市）停留时间较短，消费水平低；游客往往把边境县（市）作为边境过境旅游的中转站，而非边境旅游目的地。

### （二）提升途径

**1. 建设国际性旅游目的地**

充分发挥边境地区旅游资源的垄断性、独特性，整合边境两国旅游资源，发挥边境县（市）、周边及邻国龙头旅游城市的带头作用，科学开发组合精品旅游线路，提升旅游产品的文化品位和科技含量，打造国际旅游品牌。调整边境旅游产业结构，通过产业融合打破产业之间的壁垒，利用相关产业的新资源、新技术等实现旅游产业升级，降低产业升级运作成本，把边境过境旅游地转变为边境旅游目的地，延长游客逗留时间，提高游客平均消费水平。

## 2. 减少游客通关手续，加强道路连通

改善边境两侧旅游交通基础设施，完善国内外区际交通道路网络，培育多类型旅游发展轴，连接国内外旅游发展路线。根据边境各国旅游业的发展水平，简化游客通关手续，缩短游客通关时间，方便游客出入境，使边境区域内的旅游活动更加便捷。

## 3. 加强边境两国之间旅游合作水平

首先，两国国家及地方政府要加强旅游交流，推动边境两国相关政府部门对边境旅游合作政策和措施的制定，促进边境两国旅游合作。其次，加强边境各国之间的企业和行业协作，发展跨国经营企业，如旅行社、中介组织等，纵向、横向联盟，从而获得规模效应，进而加强边境两国旅游合作。最后，建立边境旅游合作组织，完善旅游合作机制。边境两国旅游合作涉及不同国家的政府部门、行业旅游组织、旅游企业等，因此，需要国际性协调机构来对旅游合作进程进行统筹协调，开展边境旅游合作国家、地区等的旅游双边及多边谈判、推动合作项目的落实、加强边境地区旅游联合营销、定期召开旅游合作论坛等。

## 四 加大边境县（市）旅游开发建设资金的投入

边境地区大多是经济欠发达地区，资金不足一直是限制边境县（市）旅游竞争力提升的主要因素。旅游资金对边境县（市）旅游竞争力提升的限制存在于旅游发展的各个阶段：在旅游发展初期，资金不足影响旅游景区的开发，以及交通、酒店宾馆、城市环境等旅游基础设施的建设；在旅游发展的成长期，资金不足影响旅游产品开发、旅游营销等；在旅游发展的成熟期，影响技术及人才的引进等。

### （一）存在问题

#### 1. 融资规模小、能力低

首先，边境县（市）经济发展水平较弱，政府对旅游开发资金的投入与需求量相比仍存在较大的缺口；其次，边境县（市）旅游企业的规模较小，自有资本金不足，企业资产有限，缺乏足够的抵押物，导致金融机构的贷款受到限制；边境县（市）没有一定的信用担保体系为中小企业的融资提供外部力量；最后，边境县（市）缺乏专业的旅游融资中介机构，无

法把分散的资金集中起来进行旅游项目的建设。

2. 政府介入较深，投资主体及融资渠道单一

中国边境县（市）旅游融资多为政府主导，虽然在一定时期内起到了推动旅游业发展的作用，但政府投融资会忽视经济规律，造成市场失灵，形成潜在的金融风险。政府投资资金的主导地位导致战略投资者、社会资本、民间资本等其他市场主体难以进入并参与竞争。此外，边境县（市）在融资渠道方面对资本市场及民营资本的重视程度不够；同时，在利用国际政府间、跨国公司、国际金融机构等方面基本空白。

（二）提升途径

1. 建立有效的旅游投融资服务体系

边境县（市）旅游发展的融资与运营需要政府的适当介入，建立有效的旅游融资服务体系，为投资者创造宽松的投资环境，保障投资者的权益，同时实现社会福利的最大化，其措施包括以下几个方面。

一是根据边境县（市）旅游规划，建立旅游投融资项目资料库和信息平台，并将其引入市场机制，以合作、合资等形式吸引投资中介机构及投资企业，打造利用旅游资源转换为旅游资产的融资平台。

二是聘请专业的投融资顾问协助项目公司及投资者快速了解金融政策、项目产品、融资业务和政府资金申请等情况，建立边境县（市）旅游投融资服务咨询中心和信息沟通平台。

三是建立融资担保体系，营造良好的投资环境。根据中小旅游企业发展的需求和特点，通过政府财政资金、政策法律的引导，吸引国有资本、外资及民间资本积极介入旅游融资担保业，建立能够满足中小旅游企业融资需求的担保模式。

2. 拓宽边境县（市）资金投入渠道，建立多层次旅游投资体系

在旅游市场，不同的投资者与融资者有不同的规模大小与主体特征，对旅游市场资金服务的需求不同。积极扩大边境县（市）资金投入渠道，是满足旅游市场供求双方多样化融资需求的需要。目前边境县（市）旅游发展可采用的资金投入的主要渠道有以下三种。

（1）政府投资

由于边境县（市）多为贫困地区，地方政府对旅游发展的投资非常有

限；随着国家西部大开发及兴边富民行动的实施，以及国际合作的不断深化，边境地区应积极争取国家财政拨款。

（2）市场化投资主体

结合边境县（市）旅游业发展的目标，充分利用国有资本的杠杆作用，吸引社会资本进入，投资主体主要包括旅游风险投资机构、旅游产业发展基金、私募股权基金等形式。

（3）其他投资主体

外商投资，在政府的引导下，旅游企业以外商独资和中外合资的形式，运用优惠政策吸引外资投资旅游项目建设；民营资本投资，可通过独资、合资、特许经营等方式参与企业经营管理，包括民营企业资本、自然人资本、个体工商户资本等。

3. 边境县（市）旅游融资模式的选择

边境地区的融资方式包括传统融资方式、集合融资方式等。传统融资方式包括直接融资（股票、债券融资等）、商业信贷融资、项目融资（BOT、TOT、BT、PPP、ABS等）、政策性信贷融资等；集合融资是解决中小企业融资的有效方式，包括中小企业集群贷款、旅游产业集合债、集合资金信托计划等；此外还有融资租赁、无形及有形资产使用权的预售等。旅游融资模式是由各种融资方式按照一定顺序组成的、具有特定功能的标准形态，目的在于满足边境县（市）旅游业发展的资金要求[①]。

根据旅游地生命周期理论，在旅游地生命周期的探查阶段，边境县（市）内部积累较少、游客量较少、现金回流较慢、投资风险较高，难以吸引外部投资者，旅游的发展主要依靠自有资金、财政资金、政策性资金，以及少量风险资本的投资，投入资金主要用来维持日常运作。在旅游地生命周期的参与阶段，边境县（市）旅游发展形成一定的规模，该阶段需要大量的外源融资进行旅游基础设施的建设，其投资风险仍然较高，可通过产业基金、战略投资者资金及通过政策性融资平台获得的信贷资金进行融资。在旅游地生命周期的发展和巩固阶段，旅游人数和旅游收入增长较快，边境县（市）内部积累增加，信用风险下降，旅游融资地位开始由

---

① 宋侃：《云南旅游业融资模式研究》，硕士学位论文，云南财经大学，2010，第19页。

被动转向主动，旅游企业可以利用资本市场，通过股权、债券融资获得旅游发展所需资金；融资风险的降低也使企业从银行获取资金的机会增加，银行贷款也成为主要的融资方式。在旅游地生命周期的停滞或复苏阶段，边境县（市）的现金流和客源都较为稳定，需要寻求旅游项目新的增长点，资产负债率等财务指标良好，符合公开发行债券的条件，受贷款方的青睐，可选择债权融资方式。

根据融资项目的属性，把项目分为经营性项目、非经营性项目和准经营性项目三大类。经营性项目具有一定的收入来源和偿还能力，主要包括旅游景点、餐饮、饭店及娱乐设施等项目，应采用市场化的融资方式，包括直接融资、项目融资、银行信贷、开发性融资等；非经营性项目无资金收益，主要包括道路、环保、通信、旅游教育等旅游基础设施建设，应采用政府投资的方式，政府资金主要来源于财政拨款、财政厅专项资金、建设厅旅游小镇专项资金等；准经营性项目包括经营性和非经营性两部分，其收益低于投资和成本，应采取政府和市场相结合的融资方式，在政府主导下，引入市场主体，给投资者一定的优惠政策，解决准经营性项目资金的来源与收益。

## 五　改善边境县（市）旅游管理方式

边境地区旅游资源较为丰富，但是旅游资源转变成旅游竞争力需要运用政府规划、资金支持等手段，以政府协调和市场规律为工具，来培育稳定的旅游市场。由于边境县（市）远离中国的政治经济文化中心，人们的思想意识观念较为落后，其旅游管理方式制约了边境县（市）旅游业的发展。

### （一）存在问题

边境县（市）旅游管理主体单一，旅游业管理往往分属政府不同部门，很难按照市场规律制定相应的政策，旅游管理对象缺乏与相关行业的有效沟通和反馈。此外，旅游管理多以经济利益为动机，以满足领导的需求为关键。

旅游业管理组织机构设置不明确，政企不分、事企不分，使本来应由企业按照市场规律决定的事项转变为政府决策，严重制约了企业自身的主观能动性及创新开拓精神的发挥。此外，旅游管理存在多头管理和空头管理现象，导致旅游管理职权交叉不清，管理局面混乱。

旅游信息的收集与发布严重滞后。边境县（市）旅游信息管理体制、信息管理系统建设及与之配套的信息收集和发布建设刚刚起步，不能较好地发挥旅游主管部门宏观调控和指导作用；同时导致旅游企业对市场变化信息获取的滞后，影响边境县（市）旅游业的发展。

旅游管理缺乏人才储备。旅游管理需要专业知识扎实、业务素质强硬的旅游管理队伍分布在旅游行业的各个环节，边境县（市）人才匮乏，是旅游发展的瓶颈。

旅游管理监督机制不到位。边境县（市）旅游资源的原生态性较强，旅游资源规划与开发中的不规范行为造成了资源浪费、生态环境破坏等问题。此外，边境县（市）处在两国边界，旅游购物诈骗等行为时有发生，旅游文化市场缺乏监督机制。

**（二）提升途径**

1. 明确边境县（市）政府各部门的旅游管理职能

旅游业是集餐饮、住宿、交通、游览、购物、娱乐为一体的综合性服务产业，需要政府部门的规划、指导、政策保障等。一方面，政府需要制定边境县（市）旅游发展规划，出台纲领性文件引导旅游业的持续发展；另一方面，政府各部门需要明确其旅游管理职能，使旅游发展有条不紊，各部门间要保持及时有效的沟通，同时把握好管理范围和干预程度。政府应在宏观战略上把握旅游的发展方向，给旅游企业发展提供坚强的后盾，不应直接参与企业的经营管理。

2. 完善边境县（市）旅游管理体制，统一规划管理旅游发展

加强体制建设。首先，旅游管理部门需要实施统一、规范化管理方式，避免多头管理和空头管理。其次，对边境县（市）不同的旅游产品进行细致分类，根据不同的旅游产品应用不同的管理体制，同时及时引进新的管理方式，完善原有管理体制。最后，加大对旅游投资管理的重视程度，避免资源浪费、盲目建设及破坏性开发。

充分发挥各旅游行业协会的作用，以政府为平台，拓展对外交流与合作空间，加强区域旅游合作与交流，不断壮大自身实力，在学习中提升边

境县（市）旅游管理水平。主要措施包括：建立区域旅游联合推广体制，包括建立与邻国区域旅游合作体制；加强边境县（市）与国内外旅游城市间的协作；学习借鉴旅游业发展相对成熟城市的先进管理经验等。

3. 加强技术创新，提高边境县（市）旅游信息化管理水平

依靠信息网络技术，引进先进且相对成熟的旅游管理系统，提高边境县（市）旅游信息化管理水平。首先，建立边境县（市）旅游信息系统，及时收集和发布旅游市场需求信息；其次，利用网络传播边境县（市）旅游信息，从而扩大边境县（市）旅游知名度，提高边境县（市）旅游品牌影响力；最后，利用网络信息覆盖面广、传播速度快等优势，建立全方位、立体式的旅游营销网络。

4. 加强边境县（市）旅游人才储备

实施新型旅游人才引进与培养机制，强化旅游人才队伍建设，培养适应边境县（市）及邻国旅游市场需求的旅游人才；全面提升旅游教育培训体系，支持旅游院校的学科建设，为旅游院校与旅游企业之间搭建桥梁；完善导游管理培训体制，培养国际化的导游队伍；建设旅游人才交流平台，优化旅游人才市场的资源配置，满足旅游人才的多样化需求。

5. 加强旅游行业监督，确保边境县（市）旅游安全

首先，健全完善边境县（市）旅游法规，通过国家各级法律法规确保旅游经济活动的公平有效及连续性，尤其是边境跨境旅游相关政策的制定；其次，加大监督管理力度，合理运用行政管理监督权，促进边境县（市）旅游管理的规范性；最后，建设边境县（市）旅游诚信化体系，通过建立旅游企业信誉等级评估体系、旅游违规记录公示及旅游工程项目公告体系等，加强旅游各行业诚信管理机制的建设。

## 六　边境区域旅游竞争力提升途径——以西藏边境县（市）为例

党的十九大报告指出，要加大力度支持边疆地区发展，强化举措推进西部大开发形成新格局，确保边疆巩固、边境安全。2015年8月，中央第六次西藏工作座谈会提出将西藏打造成为我国面向南亚开放的重要通道。2015年3月，国家发改委、外交部、商务部联合发布的《推动共建丝绸之路经济带和21世纪海上丝绸之路的愿景与行动》中明确提出要"推进西藏

与尼泊尔等国家边境贸易和旅游文化合作"。

西藏是中国重要的生态安全屏障，生态环境脆弱、人口稀少，但西藏是世界级旅游资源富集区。因此，工业化等传统的经济增长方式很难使西藏实现跨越式发展，旅游业逐渐成为助推西藏边境地区发展的新动能和助力"一带一路"建设的先导产业。旅游业发展对建设南亚大通道、激发边境经济社会活力、促进区域和平稳定、保护生态环境等都具有重要作用，是新时代"治藏兴藏"的重要突破口。

**（一）西藏边境地区旅游业发展条件及现状问题**

1. 旅游自然环境

西藏边境地区海拔高度悬殊，地貌类型多样，峡谷、盆地、高山、河谷等相间分布；气候类型以高原气候为主，部分地区气候温和，如察隅县属南亚热带湿润气候，墨脱县属亚热带湿润气候。西藏边境地区的空气质量和水质一直保持良好状态，是世界上环境质量最好的地区之一，江河、湖泊的水质全部为Ⅰ或Ⅱ类。

西藏边境地区生态环境脆弱，近年来，受人类活动和气候变化的影响，其生态环境面临更严峻的挑战，冰雹、地震、洪水、泥石流、滑坡、暴风雪等气候灾害时有发生，如何协调旅游开发、社会发展与生态保护之间的关系，是西藏维护世界第三极自然景观面临的重大挑战。西藏同样是跨境河流的分布区，恒河、布拉马普特拉河、印度河等河流的上游都流经西藏边境地区，其保护和利用在一定程度上影响着西藏边境地区与周边国家的关系。

2. 旅游资源条件

西藏边境地区景观丰富，草甸、湿地、草原、河谷、湖泊、林海、雪峰、高原冰川、地热温泉等构成壮丽的自然立体景观；具有与南亚地区山水相连、人文相通的天然优势，逐渐形成历史文化底蕴深厚、民族风情浓郁、多元文化融合并存的独特人文景观。其中，自然景观品位好、质量较高，如珠穆朗玛峰、雅鲁藏布大峡谷、羌塘、慈巴沟、雅砻河、玛旁雍错、班公湖、扎达土林等；人文景观具有独特的藏民族特色，如古格王国遗址、大唐天竺使出铭、曲德寺、科迦寺，以及国家非物质文化遗产藏医药、藏族服饰、陈塘夏尔巴歌舞、宣舞、羌姆、定日洛谐、旦嘎甲谐、普兰果尔孜、藏族金属锻制技艺等（见表7-5）。西藏边境地区拥有的垄断性、原生性、多样性、神秘性、民族性、世界性旅游资源，是旅游业发展的基础条件。

表7-5 西藏边境地区代表性旅游资源

| 分类 | 旅游资源 |
| --- | --- |
| 世界生物圈保护区网络 | 珠穆朗玛峰生物圈保护区（定日县） |
| 国际重要湿地名录 | 玛旁雍错湿地（普兰县） |
| 国家重点风景名胜区 | 雅砻河风景名胜区（洛扎县）、土林-古格风景名胜区（札达县） |
| 国家4A级旅游景区 | 珠穆拉玛国家公园（定日县）、神山圣湖（普兰县） |
| 国家森林公园 | 玛旁雍错国家森林公园（普兰县）、班公湖国家森林公园（日土县） |
| 国家地质公园 | 札达土林国家地质公园（札达县） |
| 国家级自然保护区 | 珠穆朗玛峰（定日县、定结县、吉隆县、聂拉木县）、雅鲁藏布大峡谷（墨脱县）、羌塘自然保护区（日土县）、察隅慈巴沟（察隅县） |
| 省级自然保护区 | 搭格架喷泉群（萨嘎县）、玛旁雍错湿地（普兰县）、札达土林（札达县、普兰县）、班公错湿地（日土县） |
| 国家重点文物保护单位 | 吉堆吐蕃墓群（洛扎县）、色喀古托寺（洛扎县）、门塘·得乌琼石刻（洛扎县）、曲德寺（吉隆县）、卓玛拉康（吉隆县）、大唐天竺使出铭（吉隆县）、科迦寺（普兰县）、古格王国遗址（札达县）、托林寺（札达县） |
| 中国非物质文化遗产 | 藏医药（洛扎县、错那县、浪卡子县）、羌姆（洛扎县）、定日洛谐（定日县）、陈塘夏尔巴歌舞（定结县）、藏族金属锻制技艺（仲巴县）、旦嘎甲谐（萨嘎县）、普兰果尔孜（普兰县）、藏族服饰（普兰县、墨脱县、察隅县）、宣舞（札达县） |

西藏边境地区旅游资源虽然等级较高，但当前旅游资源的开发多停留在观光层面，旅游资源还未转化为经济优势和产品优势。西藏边境地区缺乏顶级旅游产品，科考探险、运动观光、民族节庆、休闲度假、文化教育、乡村旅游等专项旅游产品开发不足，旅游商品研发滞后，高端旅游线路相对欠缺。此外，尼泊尔、印度、不丹等国家的旅游资源与中国境内的

旅游资源具有强烈的互补性，但由于缺乏相应的旅游合作机制，跨境旅游资源并未充分整合，也未形成竞争力较强的国际旅游景区。

### 3. 区位交通条件

从历史区位看，西藏边境地区曾是唐蕃古道、茶马古道和古南方丝绸之路的重要节点，是多元文化交流融合、文明互鉴的地区之一；从地理区位看，西藏边境地区与印度、尼泊尔、不丹、缅甸等国家和地区接壤，国境线长4000多千米，是中国与南亚诸国交往的重要门户；从旅游区位看，西藏旅游业"一心四环三道三区五圈"的空间布局中，西藏边境地区在冈底斯国际旅游合作区、珠峰生态文化旅游圈、雅砻文化旅游圈、新藏旅游文化廊道、唐蕃古道等的建设中都处在重要位置。近年来，西藏边境地区的交通条件有了一定的改善，但区域可进入性仍然较差，一定程度上制约着西藏边境地区旅游的开发，以及国内外客源市场的开拓。

### 4. 社会经济环境

受特殊地理条件及传统生产生活方式的影响，西藏边境地区农牧民经济收入仍然较低，社会经济基础薄弱，旅游业发展缓慢。西藏边境地区缺乏龙头骨干旅游企业，自我投资能力弱；旅游要素发展不完善，市场化程度不高；自主发展的意识不强，内生性动力不足，旅游总体经济规模偏小。同时，西藏边境地区旅游人才储备不足，旅游从业者素质较低，不能很好地满足西藏边境地区旅游业的发展，旅游业的发展还需要一个相当长时期的起步和培育。

### 5. 旅游服务设施

西藏边境地区的旅游信息咨询、安全预警、应急救援、医疗救助及景区内部的公共交通体系等旅游服务设施还不完善，不能满足游客的需求。此外，随着旅游人数的增长，人们对旅游服务设施的需求也不断增长。旅游旺季酒店、餐饮等接待设施不足，淡季又会出现接待设施的闲置；而旅游景区在空间分布上的相对分散，又使旅游公共服务设施的建设难度增加。此外，西藏边境地区的平均海拔在4000米以上，空气稀薄，寒冷干燥，太阳辐射强，昼夜温差大，适宜开展大众旅游活动的时间较短，这些因素也对旅游活动的项目组织、保障设施建设等提出了较高要求。

6. 对外开放度

受地理环境、国家政策及国际分裂势力的影响，西藏边境地区的对外开放度整体较低，成为旅游业发展的瓶颈之一。西藏边境地区共有五个国家级边境口岸，其中吉隆口岸和樟木口岸是中尼交往的通道，因受"4·25 地震"的影响，樟木口岸基本停止运行，吉隆口岸逐渐取代樟木口岸的功能，2017 年扩大开放为国际性口岸；亚东口岸是中印、中不交往的通道，以印度的乃堆拉山口为主；普兰口岸是中尼、中印交往的通道，通外山口 21 个；日屋口岸是中尼传统的边境贸易通道，以民间小规模贸易为主。在南亚大通道建设的大背景下，西藏"十三五规划"中明确提出"重点建设吉隆口岸，恢复重建樟木口岸，加快发展普兰口岸，积极推动亚东国际性口岸开放"的发展思路。近年来西藏与周边国家的区域合作和对外开放不断深化，如中尼签署了双边旅游合作备忘录，制定《旅游开放"中尼边境一日游"推进方案》，中印两国共同筹划中印旅游年活动等，逐渐形成互利共赢、资源共享的新格局。

（二）西藏边境县（市）旅游竞争力提升的途径

1. 发挥区域旅游资源优势，打造高端旅游产品

西藏边境地区旅游资源品位高、垄断性强，应根据不同区域的优势，有效整合旅游资源，打造高端、多样化的旅游产品，建设世界级旅游目的地。

阿里地区主要包括普兰、扎达、噶尔、日土四个边境县。其中普兰地处中印尼三国交界，拥有普兰口岸，地势平坦，气候温和，神山冈仁波齐峰、纳木那尼峰、圣湖玛旁雍错、科迦寺及非物质文化遗产普兰果尔孜、藏族服饰等旅游资源分布境内，具有发展边境跨境旅游的自然和人文优势。札达县以霞义沟土林地貌景观和古格王国古城遗址群为资源基础，是国内外游客科学考察、文化体验、摄影摄像的理想目的地。日土县境内的班公湖鸟岛是西藏最佳的观鸟旅游点。在阿里边境地区，应充分发挥冈底斯山脉在世界各族文化中的重要地位，依托周边的生态、文化旅游资源，有序发展神山圣湖朝觐探秘旅游，打造以普兰县为核心，辐射日喀则及印度、尼泊尔等国家，集宗教朝圣、休闲观光、高原摄影、科考探险为一体的冈底斯国际旅游合作区。

日喀则地区主要包括定日、康马、定结、仲巴、亚东、吉隆、聂拉木、萨嘎、岗巴九个边境县，是珠穆朗玛峰的主要分布区，境内拥有亚东沟、陈塘沟、嘎玛沟、樟木沟、吉隆沟五条沟，吉隆、樟木、亚东等边境口岸，此外吉隆县还有曲德寺、卓玛拉康、大唐天竺使出铭等国家文物保护单位，以及定日洛谐、陈塘夏尔巴歌舞、藏族金属锻制技艺、旦嘎甲谐等非物质文化遗产。在日喀则边境地区，应以珠穆朗玛峰为主要依托，整合樟木、萨嘎、仲巴、吉隆的旅游资源，加强与日喀则、拉萨、阿里、加德满都等周边地区和国家的联动，积极开发喜马拉雅五条沟，设计精品旅游线路，结合多样的民俗节庆，打造集边境登山探险、商贸购物、森林徒步、城镇休闲为一体的珠峰中高端旅游基地和联通南亚的门户旅游区。

山南地区主要包括洛扎、错那、浪卡子三个边境县，境内拥有雅砻河、搭格架喷泉群、色喀古托寺、门塘·得乌琼石，以及藏医药、羌姆等非物质文化遗产。山南边境地区应依托自然生态、藏医药、温泉等旅游资源，发展雅砻文化体验、藏医药疗养、科普教育、温泉度假等旅游项目。

林芝地区主要包括墨脱、察隅两个边境县，境内拥有雅鲁藏布大峡谷、察隅慈巴沟等旅游资源。林芝边境地区应重点建设以雅鲁藏布大峡谷为代表的生态观光旅游区，融合农业、体育、科教等领域，开发高原生态、察隅僜人、墨脱门巴等民俗体验等旅游产品，打造世界级生态旅游区。

2. 推进国家公园建设，确保生态安全

2013年《中共中央关于全面深化改革若干重大问题的决定》中明确提出："严格按照主体功能区定位推动发展，建立国家公园体制。"国家公园以自然资源保护和适度游憩开发为基本策略，通过有效的土地利用方式最大化来保护自然生态系统的原真性和完整性，同时为公众提供游憩、教育、科研的场所，能够有效解决生态保护与资源开发之间的矛盾。西藏边境地区分布有多个重点生态功能区，拥有独特的民族风情和宗教艺术，通过国家公园建设，可以协调旅游发展与生态环境、文化遗产保护之间的关系，实现经济效益、社会效益和生态效益的统一，是西藏边境地区可持续发展的重要途径。

目前，中国计划在青藏高原设立世界上最大的第三级国家公园群，即以珠穆朗玛峰、雅鲁藏布大峡谷、阿里札达土林、羌塘无人区、那曲色林错、青海三江源等为主体，结合青藏高原边缘地区一系列国家公园所组成的公园群，加强西藏资源环境承载力评估及旅游开发与人类活动对生态系统影响的动态监测，确保国家生态安全屏障的重要作用，助力西藏建设世界旅游目的地[①]。

3. 加强基础设施建设，提升互联互通水平

首先，提升西藏边境地区各景区及景区间的旅游基础设施建设和旅游服务水平。针对自然观光类旅游项目，应建设景观保护监测、景区安全系统、旅游解说系统、旅游步道、生态观景台、休憩服务站等设施；针对文化民俗类旅游项目，应利用虚拟现实等高科技，建设博物馆、体验馆、大型情景演出，增加游客参与性项目；针对登山探险类旅游项目，应建设登山旅游基地、配套登山和救援基础设施，开展登山教育、登山体验等培训，完善旅游综合接待和公共服务体系，提升旅游交通和场站节点接待能力，制定自驾、徒步等旅游线路，形成网络化格局。

其次，提升西藏边境地区与西藏其他地区及周边省区的互联互通水平。推进西藏境内国道和省道的进一步升级，推进日喀则至吉隆、亚东等口岸铁路的建设；加大与周边省区的合作力度，建设川藏、滇藏、新藏铁路，打造云南和四川经昌都、林芝至吉隆和亚东、新疆经狮泉河至吉隆和普兰、青海经拉萨和日喀则至吉隆和亚东等面向南亚开放的公路大通道；推动拉萨贡嘎机场、日喀则和平机场、阿里昆莎机场、林芝米林机场及香格里拉机场、康定机场等互联互通，构建便捷的空中交通网络；同时加快电力、通信、供水、信息等基础设施建设，并注重交通干线与旅游景区的衔接。

最后，提升西藏边境地区与周边国家的互联互通水平，打通南亚大通道，主动融入"丝绸之路经济带""孟中印缅经济走廊""环喜马拉雅经济合作带"建设。改善边境口岸基础设施条件，增大口岸承载容量，实现人力、物力、信息、能源、资金等的跨境自由流动。规划建设中尼铁路，

---

① 樊杰等：《建设第三极国家公园群是西藏落实主体功能区大战略、走绿色发展之路的科学抉择》，《中国科学院院刊》2017年第9期。

改造升级中尼公路，推动中尼跨境光缆、电力电网等基础设施的建设。同时，完善对外开放政策，优化进藏批准函制度，推动便利化签证，探索中尼、中印免签、落地签等措施，开设旅游专道，简化边境口岸通关手续；构建多层次的对外开放空间格局，在维护西藏稳定的前提下，从景区到边境城镇，分阶段、分重点扩大对外开放范围。

4. 内外联动，建立跨境旅游合作区

首先，在政府层面应构建多层次国际旅游合作机制。旅游业关联性较强，跨境旅游合作区建设需要各国政府进行协商，为中尼印缅等国家旅游一体化发展提供良好的政策环境。例如，建立旅游合作委员会、旅游咨询委员会等，在信息共享、文化教育、环境保护等多层面签订框架协议，促进各成员旅游信息的沟通与合作；建立磋商协调机制，确保跨境旅游区在建设、运行过程中的利益分配、安全保障、组织机构设置等问题的解决。

其次，国际旅游企业是为参与国际旅游的游客提供旅游产品和服务的主体，在国际旅游产品开发、旅游市场营销、旅游环境营造等方面具有重要作用。国际旅游企业应积极争取亚投行、丝路基金等的支持，推进普兰、吉隆等边境跨境旅游合作区建设，开发跨国旅游线路，研发高质量旅游产品、创新旅游商业运行模式，推动旅游信息、资源、产品等的共享和自由流动，消除旅游壁垒，促进国内外资源要素的有序流动和高效配置。

最后，鼓励民间组织、社会团体、学术机构和院校开展对外艺术、文化、宗教交流，探索民间常态化合作机制。与尼泊尔、印度、缅甸等国家建立国际旅游城市联盟，积极开展旅游推介活动。拓展中国西藏旅游文化国际博览会、中国西藏旅游文化论坛等平台功能，丰富平台内涵，加强与西藏边境地区珠峰文化节、雅砻文化节等节庆活动的对接，并以此为契机，积极争取中尼、中印间的旅游合作共赢。

## 第三节 本章小结

本章对中国陆地边境县（市）旅游竞争力发展的空间等级进行划分，并提出了边境县（市）旅游竞争力的提升途径。

第一，根据旅游中心地理论、旅游点轴结构理论、轴辐式旅游网络结构理论及边境地区旅游业的发展现状对中国陆地边境县（市）旅游竞争力发展的空间等级进行划分，包括边境一级旅游发展县（市）、边境二级旅游发展县（市）、辐射带动县（市）及依托旅游中心城市。

第二，边境一级旅游发展县（市）应充分发挥其辐射带动作用；边境二级旅游发展县（市）应配合边境一级旅游发展县（市）及周边旅游中心城市的旅游发展，同时带动旅游发展水平更低的边境县（市）发展；辐射带动边境县（市）应充分挖掘其旅游资源，在周边更高等级旅游发展城市的带动下，逐步提升自身旅游竞争力。此外，不同类型的边境县（市）应充分发挥自身优势，提升旅游竞争力。

第三，对于边境入境旅游，应从旅游目的地建设、游客通关便利性、边境两国之间旅游合作三方面进行提升；此外，还应加大边境县（市）旅游开发建设资金的投入，改善边境县（市）旅游管理方式，并以西藏边境县（市）为例提出边境区域旅游竞争力的提升途径。

# 附　录

**附录1　中国与陆地周边国家国界长度（千米）**

| 国家＼省份 | 辽宁 | 吉林 | 黑龙江 | 内蒙古 | 甘肃 | 新疆 | 西藏 | 云南 | 广西 | 合计 |
|---|---|---|---|---|---|---|---|---|---|---|
| 朝鲜 | 226 | 1108 | | | | | | | | 1334 |
| 俄罗斯 | | 230 | 3040 | 1010 | | 54 | | | | 4334 |
| 蒙古国 | | | | 3192 | 65 | 1416 | | | | 4673 |
| 哈萨克斯坦 | | | | | | 1753 | | | | 1753 |
| 吉尔吉斯斯坦 | | | | | | 1096 | | | | 1096 |
| 塔吉克斯坦 | | | | | | 453 | | | | 453 |
| 阿富汗 | | | | | | 92 | | | | 92 |
| 巴基斯坦 | | | | | | 599 | | | | 599 |
| 印度 | | | | | | 200 | 1700 | | | 1900 |
| 尼泊尔 | | | | | | | 1415 | | | 1415 |
| 不丹 | | | | | | | 550 | | | 550 |
| 缅甸 | | | | | | | 188 | 1997 | | 2185 |
| 老挝 | | | | | | | | 505 | | 505 |
| 越南 | | | | | | | | 710 | 637 | 1347 |
| 合计 | 226 | 1338 | 3040 | 4202 | 65 | 5663 | 3853 | 3212 | 637 | 22236 |

## 附录 2　中国陆地边境口岸统计

| 省份 | 市 | 县 | 口岸 | 对应国家 |
|---|---|---|---|---|
| 新疆 | 喀什地区 | 塔什库尔干县 | 红其拉甫口岸 | 巴基斯坦 |
| | | | 卡拉苏口岸 | 塔吉克斯坦 |
| | 克孜勒苏州 | 乌恰县 | 伊尔克什坦口岸 | 吉尔吉斯斯坦 |
| | | | 吐尔尕特口岸 | 吉尔吉斯斯坦 |
| | 博尔塔拉州 | 博乐市 | 阿拉山口岸 | 哈萨克斯坦 |
| | 伊犁州 | 霍城县 | 霍尔果斯口岸 | 哈萨克斯坦 |
| | | 察布查尔锡伯自治县 | 都拉塔口岸 | 哈萨克斯坦 |
| | 塔城地区 | 塔城市 | 巴克图口岸 | 哈萨克斯坦 |
| | 阿勒泰地区 | 吉木乃县 | 吉木乃口岸 | 哈萨克斯坦 |
| | | 阿勒泰市 | 红山嘴口岸 | 蒙古国 |
| | | 青河县 | 塔克什肯口岸 | 蒙古国 |
| | 哈密地区 | 巴里坤县 | 老爷庙口岸 | 蒙古国 |
| 内蒙古 | 包头市 | 达尔罕茂明安联合旗 | 满都拉口岸 | 蒙古国 |
| | 巴彦淖尔市 | 乌拉特中旗 | 甘其毛都口岸 | 蒙古国 |
| | 锡林郭勒盟 | 二连浩特市 | 二连浩特口岸 | 蒙古国 |
| | | 东乌珠穆沁旗 | 珠恩嘎达布其口岸 | 蒙古国 |
| | 阿拉善盟 | 额济纳旗 | 策克口岸 | 蒙古国 |
| | 呼伦贝尔市 | 新巴尔虎左旗 | 额布都格口岸 | 蒙古国 |
| | | 新巴尔虎右旗 | 阿日哈沙特口岸 | 蒙古国 |
| | | 满洲里市 | 满洲里口岸 | 俄罗斯 |
| | | 额尔古纳市 | 黑山头口岸 | 俄罗斯 |
| | | | 室韦口岸 | 俄罗斯 |
| 黑龙江 | 鸡西市 | 虎林市 | 虎林口岸 | 俄罗斯 |
| | | 密山市 | 密山口岸 | 俄罗斯 |
| | 鹤岗市 | 萝北县 | 萝北口岸 | 俄罗斯 |
| | 双鸭山市 | 饶河县 | 饶河口岸 | 俄罗斯 |
| | 伊春市 | 嘉荫县 | 嘉荫口岸 | 俄罗斯 |
| | 佳木斯市 | 抚远县 | 抚远口岸 | 俄罗斯 |
| | | 同江市 | 同江口岸 | 俄罗斯 |

续表

| 省份 | 市 | 县 | 口岸 | 对应国家 |
| --- | --- | --- | --- | --- |
| 黑龙江 | 牡丹江市 | 东宁县 | 东宁口岸 | 俄罗斯 |
| | | 绥芬河市 | 绥芬河口岸 | 俄罗斯 |
| | 黑河市 | 爱辉区 | 黑河口岸 | 俄罗斯 |
| | | 逊克县 | 逊克口岸 | 俄罗斯 |
| | 大兴安岭地区 | 漠河县 | 漠河口岸 | 俄罗斯 |
| 吉林 | 延边州 | 珲春市 | 珲春口岸 | 俄罗斯 |
| | | | 圈河口岸 | 朝鲜 |
| | | | 沙坨子口岸 | 朝鲜 |
| | | 图们市 | 图们口岸 | 朝鲜 |
| | | 龙井市 | 开山屯口岸 | 朝鲜 |
| | | | 三合口岸 | 朝鲜 |
| | | 和龙市 | 南坪口岸 | 朝鲜 |
| | | | 古城里口岸 | 朝鲜 |
| | 通化市 | 集安市 | 集安口岸 | 朝鲜 |
| | 白山市 | 长白县 | 长白口岸 | 朝鲜 |
| | | 临江市 | 临江口岸 | 朝鲜 |
| 辽宁 | 丹东市 | 振兴区 | 丹东口岸 | 朝鲜 |
| 广西 | 防城港市 | 东兴市 | 东兴口岸 | 越南 |
| | 百色市 | 靖西县 | 龙邦口岸 | 越南 |
| | 崇左市 | 龙州县 | 水口口岸 | 越南 |
| | | 凭祥市 | 凭祥口岸 | 越南 |
| | | | 友谊关口岸 | 越南 |
| 云南 | 红河州 | 金平县 | 金水河口岸 | 越南 |
| | | 河口县 | 河口口岸 | 越南 |
| | 文山州 | 麻栗坡县 | 天保口岸 | 越南 |
| | | 富宁县 | 田蓬口岸 | 越南 |
| | 保山地区 | 腾冲县 | 猴桥口岸 | 缅甸 |
| | 思茅地区 | 孟连县 | 孟连口岸 | 缅甸 |

续表

| 省份 | 市 | 县 | 口岸 | 对应国家 |
|---|---|---|---|---|
| 云南 | 临沧地区 | 镇康县 | 南伞口岸 | 缅甸 |
| | | 沧源县 | 沧源口岸 | 缅甸 |
| | | 耿马县 | 孟定清水河口岸 | 缅甸 |
| | 德宏州 | 瑞丽市 | 瑞丽口岸 | 缅甸 |
| | | | 畹町口岸 | 缅甸 |
| | | 盈江县 | 盈江口岸 | 缅甸 |
| | | 陇川县 | 章凤口岸 | 缅甸 |
| | 怒江州 | 泸水县 | 片马口岸 | 缅甸 |
| | 西双版纳州 | 景洪市 | 景洪港 | 缅甸 |
| | | 勐海县 | 打洛口岸 | 缅甸 |
| | | 勐腊县 | 磨憨口岸 | 老挝 |
| 西藏 | 阿里地区 | 普兰县 | 普兰口岸 | 印度 |
| | 日喀则地区 | 亚东县 | 亚东口岸 | 印度 |
| | | 吉隆县 | 吉隆口岸 | 尼泊尔 |
| | | 聂拉木县 | 樟木口岸 | 尼泊尔 |

资料来源：根据《中国口岸年鉴》（中国口岸协公编，中国海关出版社，2014）整理。

**附录 3　1978~2017 年中国主要边境旅游政策**

| 时间 | 制定单位 | 政策名称 | 政策（或活动）内容 |
|---|---|---|---|
| 1987 年 11 月 | 国家旅游局和对外经贸部 | 关于拟同意辽宁省试办丹东至新义州自费旅游事 | 强调旅游形式为"一日游"，对旅游组织领导、出境纪律教育、旅游人数、旅游对象、旅游费用等提出了详细的要求 |
| 1988 年 8 月 | 吉林省旅游局 | 延吉至朝鲜稳城的自费旅游活动 | 对出游者的人数、对象和活动范围有严格的限制，在活动内容安排、出入境手续、结算办法等方面做出了有益的探索 |
| 1988 年 9 月 | 新疆维吾尔自治区旅游局 | | 与巴基斯坦旅游发展公司联合拍摄丝绸之路旅游电视片 |

续表

| 时间 | 制定单位 | 政策名称 | 政策（或活动）内容 |
| --- | --- | --- | --- |
| 1989年9月 | 国家旅游局 | 关于中苏边境地区开展自费旅游业务的暂行管理办法 | 对中苏边境地区开展自费旅游业务的范围、审批权限、申报程序、结算方法等做了明确的规定 |
| 1990年3月和6月 | 内蒙古自治区旅游局 | | 与蒙古人民共和国国家旅游局进行互访，探讨中蒙之间开展边境旅游事宜 |
| 1991年5月11日 | 辽宁省旅游局 | 辽宁省中朝边境自费旅游业务暂行管理办法 | 该办法规定仅适用于辽宁省境内居民自费到朝鲜民主主义人民共和国平安北道的旅游业务 |
| 1991年6月14日 | 吉林省旅游局 | 与朝鲜稳城、赛别尔郡开展中朝边境一日游 | 提出组织中朝边境自费一日游属于试办，全年不超过3000人，且"采取切实措施严禁公费旅游或变相公费旅游" |
| 1991年9月18日 | 内蒙古自治区旅游局 | 与蒙古人民共和国札门乌德市开展中蒙边境对等交换一日游 | 提出中蒙边境一日游暂试办两年，每年双方交换旅游人员不得超过3000人 |
| 1991年12月14日 | 吉林省旅游局 | 与朝鲜满蒲市开展中朝边境三日游 | 提出集安四日游的费用结算采用双方对等互惠的方式，不动用货币，差额部分我方可用国家不实行进口限制的商品偿付 |
| 1992年4月8日 | 内蒙古自治区外事办公室、旅游局、公安厅 | 中蒙多日游暂行管理办法 中俄边境旅游暂行管理办法 | 《中蒙多日游暂行管理办法》规定了中蒙三至七日旅游路线四条，同时规定：经营单位只能办理自费旅游，直接向个人收费，不得以任何形式开展公费旅游 《中俄边境旅游暂行管理办法》则规定：中俄边境旅游属不动汇旅游，双方采取对等交换旅游团组、提供对等服务的形式；严格禁止公费旅游。旅行社开具的发票上必须印有"自费旅游，不作报销"凭证字样等 |

续表

| 时间 | 制定单位 | 政策名称 | 政策（或活动）内容 |
| --- | --- | --- | --- |
| 1992年5月29日 | 国家旅游局 | 关于广西壮族自治区开展中越边境旅游业务的复函 | 规定了广西壮族自治区与越南一日或多日边境旅游线路四条，同时规定：中越边境旅游以对等交换为主，不动用外汇，收费标准须经自治区物价部门审核；中越边境旅游的双方参游人员必须持有各自国家颁发的证件，并按规定向对方办妥签证（包括团体签证），且我方参游人员必须是具有广西常住户口的公民等 |
| 1992年9月5日 | 吉林省旅游局 | 吉林省边境旅游暂行管理办法 | 旅游团队必须按照批准的口岸出入境，按照规定的旅游线路和时间进行活动，按时返回 |
| 1992年9月16日 | 广西壮族自治区旅游局、公安厅 | 关于开展中越边境旅游业务的暂行管理办法 | 规定了中国公民赴中越边境旅游的一些细则 |
| 1992年12月26日 | 黑龙江省旅游局 | 与俄罗斯哈巴罗夫斯克开展中俄边境五日游 | 我方参游人员必须是在黑龙江省有常住户口的居民，不得组织异地人员参游，双方承办单位必须将各自参游人员组成团队，集体出入境。入出境手续按照两国互免团体旅游签证协议办理 |
| 1992年底 | 国家旅游局 | 关于重申加强边境旅游工作管理的通知 | 第一，边境旅游政策性强，任何非旅游部门或未经指定的旅游企业均不得承办此业务；第二，办理边境旅游业务，应严格遵守《中华人民共和国公民出境入境管理法》及其细则；第三，对参加边境旅游的国家干部，要严格按照干部分级管理的权限进行审批；第四，开展边境旅游严防公费旅游；第五，各边境旅游承办单位必须做好我旅游团在境外期间的组织和接待工作 |

续表

| 时间 | 制定单位 | 政策名称 | 政策（或活动）内容 |
| --- | --- | --- | --- |
| 1992年 | 新疆维吾尔自治区人民政府 | 关于我区与哈萨克斯坦共和国等周边国家开展两日至七日游活动的实施细则 | 规定我方参游人员必须是在新疆维吾尔自治区有常住户口的居民；双方参加七日游人员应持用本国护照或代替护照的国际旅行证件，对方人员不能持用身份证加附页；参加两日游的我方人员可持用一次有效入出境通行证，返回时由边防检查部门收回；我方参加七日游人员应按规定以外汇或外汇人民币购买机票；其他有关问题参照《关于中苏边境地区开展自费旅游业务的暂行管理办法》办理等 |
| 1992年 | 云南省人民政府 | 云南省中缅边境地区中方人员入境管理暂行规定 | 对边境地区中方人员和内地中方人员因公、因私出境做了不同的限定 |
| 1993年2月25日 | 云南省旅游局、公安厅 | 关于云南省中越、中老、中缅边境旅游管理有关问题的通知 | 通知中，将边境旅游所需证件统一为《中华人民共和国入出境通行证》；并新增"昆明地区旅游部门组团参加出境边境旅游的人员，可在省公安厅出入境管理处申请办理《中华人民共和国入出境通行证》。凭该证通过一、二线公安边防检查站出境旅游"条款，开辟了一条新的签证办理渠道 |
| 1994年下半年 | 广西公安边防部门 | 中华人民共和国中越边境地区出入境通行证 | 在防城港东兴和凭祥两个口岸，允许有权开展中越边境"一日游"业务的旅行社为出境旅游的中国内地公民统一办理《中华人民共和国中越边境地区出入境通行证》 |
| 1997年10月15日 | 国家旅游局、外交部、公安部、海关总署 | 边境旅游暂行管理办法 | 在开展边境旅游业务的具体条件、旅游的具体形式、活动范围、结算方式、双方参游人员使用的出入证件、处罚性条款等方面做了详细规定。该办法是中国第一部全国范围内的边境旅游管理办法 |

续表

| 时间 | 制定单位 | 政策名称 | 政策（或活动）内容 |
| --- | --- | --- | --- |
| 1998年6月3日 | 国家旅游局、外交部、公安部、海关总署 | 中俄边境旅游暂行管理实施细则 | 促进中俄边境旅游沿着健康、有序的方向进一步发展 |
| 2005年9月 | 中国公安部 | 暂停全国边境异地办证业务 | 要求各地公安机关要严格边境游证件办理工作，对境外有赌场的边境地区坚决停止边境游异地办证，坚决遏制中国公民出境参赌活动 |
| 自2005开始 | 内蒙古自治区旅游局 | 边境旅游协调会议制度 | 中蒙双方每年召开一次年度会议，及时交流信息，充分表达双方意愿，切实解决存在问题，积极开辟新的边境旅游线路、拓展旅游业务往来、扩大双边旅游合作 |
| 2008年3月 | 中共中央办公厅、国务院办公厅 | 中共中央办公厅、国务院办公厅印发《关于进一步加强因公出国（境）管理的若干规定》的通知 | 特别强调公款出国（境）旅游不仅造成巨大浪费，而且严重损害党和政府形象，必须坚决制止 |
| 2009年初 | 公安部、监察部、国家旅游局 |  | 边境异地办证业务再次启动 |
| 2009年 | 新疆维吾尔自治区人民政府 | 关于进一步加快新疆旅游业发展的决定 | 指出要进一步简化出入境手续和旅游购物通关检验手续 |
| 2011年3月 | 全国人民代表大会 | 中国国民经济和社会发展第十二个五年规划纲要 | 明确表示要发挥沿边地缘优势，制定和实行特殊开放政策，加快重点口岸、边境城市、边境（跨境）经济合作区和重点开发开放试验区建设 |

续表

| 时间 | 制定单位 | 政策名称 | 政策（或活动）内容 |
| --- | --- | --- | --- |
| 2011年6月5日 | 国务院办公厅 | 兴边富民行动规划（2011—2015年） | 明确提出大力培育开发具有边境特色的重点旅游景区和线路，鼓励发展边境旅游、民族特色村寨旅游、休闲度假旅游、生态旅游、探险旅游、农业旅游等特色旅游 |
| 2014年3月 | 云南江城县旅游局 | 与老挝乌多姆赛省、琅勃拉邦和丰沙里省的边境旅游合作协议 | 协议就旅游团出入境、旅游环境、旅游服务、旅游投诉等方面都做了相关规定 |
| 2015年3月 | 发改委、外交部、商务部 | 推动共建丝绸之路经济带和21世纪海上丝绸之路的愿景与行动 | 推进西藏与尼泊尔等国家边境贸易和旅游文化合作 |
| 2015年12月 | 国务院 | 国务院关于支持沿边重点地区开发开放若干政策措施的意见 | 授予沿边省（区）及边境城市自驾车出入境旅游审批权限；改革边境旅游管理制度；研究发展跨境旅游合作区；探索建设边境旅游试验区；加强旅游支撑能力建设 |
| 2016年1月 | 广西壮族自治区旅游发展委员会与越南广宁省文化体育旅游厅 | 中国广西壮族自治区旅游发展委员会、越南广宁省文化体育旅游厅边境旅游合作备忘录 | 双方将在规范边境旅游市场秩序、创新边境旅游线路产品以及加强双边旅游宣传推广等方面进一步加强合作 |
| 2016年6月 | 中华人民共和国国家旅游局和哈萨克斯坦共和国投资发展部 | 关于便利中国公民赴哈萨克斯坦共和国团队旅游的备忘录 | 国家旅游局批准的特许经营中国公民组团出境旅游业务的旅行社有权经营组织中国公民组团赴哈萨克斯坦的旅游业务 |

资料来源：葛全胜、钟林生等《中国边境旅游发展报告》，科学出版社，2014。

### 附录4 各边境县（市）的温湿指数、风寒指数与地形起伏度

| 省份 | 市 | 县 | 温湿指数 | 风寒指数 | 地形起伏度 |
|---|---|---|---|---|---|
| 内蒙古 | 包头市 | 达尔罕茂明安联合旗 | 46.26 | -639.66 | 1.62 |
| | 呼伦贝尔市 | 陈巴尔虎旗 | 35.53 | -761.41 | 0.95 |
| | | 新巴尔虎左旗 | 37.05 | -756.97 | 0.91 |
| | | 新巴尔虎右旗 | 39.34 | -751.85 | 0.85 |
| | | 满洲里市 | 37.23 | -777.19 | 0.90 |
| | | 额尔古纳市 | 31.97 | -768.13 | 1.26 |
| | 巴彦淖尔市 | 乌拉特中旗 | 47.17 | -615.60 | 1.62 |
| | | 乌拉特后旗 | 47.93 | -622.01 | 1.60 |
| | 乌兰察布市 | 四子王旗 | 45.63 | -668.48 | 1.51 |
| | 兴安盟 | 阿尔山市 | 35.93 | -732.50 | 1.65 |
| | | 科尔沁右翼前旗 | 42.43 | -671.10 | 1.09 |
| | 锡林郭勒盟 | 二连浩特市 | 45.38 | -692.19 | 1.09 |
| | | 阿巴嘎旗 | 40.88 | -721.93 | 1.43 |
| | | 苏尼特左旗 | 43.41 | -710.16 | 1.29 |
| | | 苏尼特右旗 | 45.41 | -698.41 | 1.28 |
| | | 东乌珠穆沁旗 | 39.86 | -712.59 | 1.20 |
| | 阿拉善盟 | 阿拉善左旗 | 50.86 | -546.61 | 1.54 |
| | | 阿拉善右旗 | 51.83 | -545.98 | 1.64 |
| | | 额济纳旗 | 51.05 | -565.16 | 1.33 |
| 辽宁 | 丹东市 | 丹东市市辖区 | 49.39 | -521.24 | 0.49 |
| | | 宽甸满族自治县 | 47.64 | -512.23 | 0.95 |
| | | 东港市 | 49.73 | -529.09 | 0.26 |
| 吉林 | 通化市 | 集安市 | 46.95 | -521.55 | 1.29 |
| | 白山市 | 白山市市辖区 | 44.95 | -545.66 | 1.45 |
| | | 抚松县 | 42.11 | -612.98 | 1.32 |
| | | 长白朝鲜族自治县 | 42.50 | -597.64 | 1.66 |
| | | 临江市 | 43.85 | -570.74 | 1.47 |

续表

| 省份 | 市 | 县 | 温湿指数 | 风寒指数 | 地形起伏度 |
|---|---|---|---|---|---|
| 吉林 | 延边州 | 图们市 | 44.26 | -610.83 | 0.97 |
| | | 珲春市 | 43.01 | -626.17 | 1.04 |
| | | 龙井市 | 44.30 | -615.77 | 1.11 |
| | | 和龙市 | 42.72 | -623.47 | 1.56 |
| | | 安图县 | 41.97 | -627.82 | 1.28 |
| 黑龙江 | 鸡西市 | 鸡东县 | 43.21 | -674.98 | 0.72 |
| | | 虎林市 | 42.23 | -674.80 | 0.32 |
| | | 密山市 | 42.75 | -673.30 | 0.35 |
| | 鹤岗市 | 萝北县 | 41.57 | -683.17 | 0.48 |
| | | 绥滨县 | 41.66 | -693.06 | 0.18 |
| | 双鸭山市 | 饶河县 | 41.68 | -687.56 | 0.46 |
| | 伊春市 | 嘉荫县 | 39.41 | -696.98 | 0.60 |
| | 佳木斯市 | 抚远县 | 41.07 | -690.68 | 0.18 |
| | | 同江市 | 41.14 | -694.09 | 0.21 |
| | 牡丹江市 | 东宁县 | 41.96 | -655.46 | 1.08 |
| | | 绥芬河市 | 41.63 | -671.66 | 1.08 |
| | | 穆棱市 | 42.85 | -656.25 | 0.98 |
| | 黑河市 | 黑河市市辖区 | 37.46 | -722.35 | 0.72 |
| | | 逊克县 | 37.84 | -701.89 | 0.62 |
| | | 孙吴县 | 36.95 | -720.46 | 0.61 |
| | 大兴安岭地区 | 呼玛县 | 34.11 | -748.72 | 1.03 |
| | | 塔河县 | 33.04 | -771.90 | 0.88 |
| | | 漠河县 | 31.14 | -775.54 | 1.08 |
| 广西 | 防城港市 | 防城港市辖区 | 70.90 | -211.00 | 0.82 |
| | | 东兴市 | 71.35 | -208.03 | 0.39 |
| | 百色市 | 靖西县 | 66.49 | -242.51 | 1.27 |
| | | 那坡县 | 65.47 | -260.31 | 1.84 |

续表

| 省份 | 市 | 县 | 温湿指数 | 风寒指数 | 地形起伏度 |
|---|---|---|---|---|---|
| 广西 | 崇左市 | 宁明县 | 71.00 | -202.39 | 0.86 |
| | | 龙州县 | 70.08 | -206.97 | 0.71 |
| | | 大新县 | 69.64 | -210.08 | 0.80 |
| | | 凭祥市 | 70.60 | -205.39 | 0.80 |
| 云南 | 保山市 | 腾冲县 | 61.33 | -327.35 | 3.19 |
| | | 龙陵县 | 62.50 | -274.66 | 2.98 |
| | 思茅地区 | 江城县 | 65.89 | -222.94 | 2.19 |
| | | 孟连县 | 67.46 | -202.63 | 2.34 |
| | | 澜沧县 | 66.44 | -205.69 | 2.58 |
| | | 西盟县 | 66.55 | -209.21 | 2.68 |
| | 临沧地区 | 镇康县 | 64.96 | -237.99 | 2.93 |
| | | 沧源县 | 66.14 | -217.60 | 2.73 |
| | | 耿马县 | 65.10 | -228.30 | 2.78 |
| | 红河州 | 绿春县 | 66.78 | -238.75 | 2.80 |
| | | 金平县 | 64.41 | -276.02 | 2.92 |
| | | 河口县 | 62.44 | -297.07 | 1.99 |
| | 文山州 | 麻栗坡县 | 63.66 | -290.72 | 2.38 |
| | | 马关县 | 63.22 | -299.12 | 2.43 |
| | | 富宁县 | 65.28 | -265.06 | 1.80 |
| | 西双版纳州 | 景洪市 | 69.03 | -186.40 | 1.84 |
| | | 勐海县 | 69.15 | -187.62 | 2.33 |
| | | 勐腊县 | 69.21 | -187.67 | 1.87 |
| | 德宏州 | 潞西市 | 64.17 | -261.27 | 2.50 |
| | | 瑞丽市 | 67.08 | -242.51 | 1.75 |
| | | 盈江县 | 62.34 | -301.49 | 2.90 |
| | | 陇川县 | 64.84 | -264.98 | 2.38 |
| | 怒江州 | 泸水县 | 60.68 | -366.56 | 4.63 |
| | | 福贡县 | 56.76 | -394.65 | 5.14 |
| | | 贡山县 | 55.73 | -403.41 | 5.52 |

续表

| 省份 | 市 | 县 | 温湿指数 | 风寒指数 | 地形起伏度 |
|---|---|---|---|---|---|
| 西藏 | 山南地区 | 洛扎县 | 39.65 | -652.58 | 6.68 |
| | | 错那县 | 42.14 | -638.95 | 4.29 |
| | | 浪卡子县 | 44.13 | -584.50 | 5.88 |
| | 日喀则地区 | 定日县 | 44.12 | -652.85 | 6.46 |
| | | 康马县 | 42.45 | -622.72 | 6.12 |
| | | 定结县 | 43.42 | -641.88 | 6.19 |
| | | 仲巴县 | 42.71 | -723.66 | 5.92 |
| | | 亚东县 | 38.34 | -704.62 | 5.75 |
| | | 吉隆县 | 43.05 | -702.47 | 6.48 |
| | | 聂拉木县 | 43.60 | -686.82 | 6.26 |
| | | 萨嘎县 | 42.95 | -704.60 | 6.10 |
| | | 岗巴县 | 42.92 | -637.77 | 5.66 |
| | 阿里地区 | 普兰县 | 43.65 | -697.98 | 6.01 |
| | | 札达县 | 43.38 | -678.79 | 6.02 |
| | | 噶尔县 | 43.18 | -682.10 | 6.04 |
| | | 日土县 | 46.57 | -597.72 | 6.12 |
| | 林芝地区 | 墨脱县 | 51.11 | -507.07 | 4.32 |
| | | 察隅县 | 53.17 | -460.20 | 6.14 |
| 甘肃 | 酒泉市 | 肃北县 | 47.40 | -602.97 | 3.39 |
| 新疆 | 哈密地区 | 哈密市 | 51.35 | -556.98 | 1.49 |
| | | 伊吾县 | 49.19 | -594.39 | 1.71 |
| | | 巴里坤县 | 45.50 | -603.87 | 1.82 |
| | 和田地区 | 和田县 | 51.12 | -489.10 | 5.76 |
| | | 皮山县 | 54.19 | -420.49 | 3.63 |
| | 阿克苏地区 | 温宿县 | 49.94 | -458.46 | 3.30 |
| | | 乌什县 | 49.78 | -487.57 | 3.08 |

续表

| 省份 | 市 | 县 | 温湿指数 | 风寒指数 | 地形起伏度 |
|---|---|---|---|---|---|
| 新疆 | 喀什地区 | 叶城县 | 51.24 | -466.70 | 4.71 |
| | | 塔什库尔干县 | 46.93 | -537.58 | 6.44 |
| | 克孜勒苏州 | 阿图什市 | 48.40 | -535.20 | 2.87 |
| | | 阿合奇县 | 47.27 | -534.71 | 4.23 |
| | | 乌恰县 | 44.28 | -618.43 | 4.51 |
| | | 阿克陶县 | 48.65 | -533.41 | 5.32 |
| | 昌吉州 | 奇台县 | 45.29 | -605.59 | 1.52 |
| | | 木垒县 | 48.13 | -588.84 | 1.64 |
| | 博尔塔拉州 | 博乐市 | 48.13 | -557.40 | 2.00 |
| | | 温泉县 | 44.44 | -566.85 | 3.36 |
| | 伊犁州 | 昭苏县 | 44.01 | -532.43 | 3.92 |
| | | 霍城县 | 46.40 | -544.02 | 2.29 |
| | | 察布县 | 46.47 | -538.05 | 1.99 |
| | 塔城地区 | 塔城市 | 47.93 | -576.13 | 1.38 |
| | | 额敏县 | 47.05 | -583.10 | 1.88 |
| | | 裕民县 | 48.10 | -580.15 | 1.85 |
| | | 托里县 | 48.86 | -562.96 | 1.60 |
| | | 和布县 | 45.87 | -577.17 | 1.11 |
| | 阿勒泰地区 | 阿勒泰市 | 44.38 | -608.12 | 2.04 |
| | | 青河县 | 41.26 | -613.04 | 2.22 |
| | | 吉木乃县 | 44.48 | -628.12 | 1.53 |
| | | 富蕴县 | 42.84 | -601.80 | 1.82 |
| | | 布尔津县 | 44.74 | -625.86 | 2.51 |
| | | 福海县 | 44.38 | -588.81 | 1.01 |
| | | 哈巴河县 | 45.01 | -637.97 | 1.72 |

附录5 各边境县（市）旅游资源概况

| 省份 | 市 | 县 | 资源个数（2006年/2011年） |
|---|---|---|---|
| 内蒙古 | 包头市 | 达尔罕茂明安联合旗 | 国家重点文物保护单位（3/3）；省级自然保护区（1/1）；边境口岸（1/1） |
| | 呼伦贝尔市 | 陈巴尔虎旗 | 国家4A级旅游景区（1/1）；中国非物质文化遗产（0/1） |
| | | 新巴尔虎左旗 | 世界生物圈保护区网络（1/1）；边境口岸（1/1） |
| | | 新巴尔虎右旗 | 世界生物圈保护区网络（1/1）；省级自然保护区（1/1）；边境口岸（1/1） |
| | | 满洲里市 | 世界生物圈保护区网络（1/1）；国家4A级旅游景区（1/3）；中国优秀旅游城市（1/1）；国家重点文物保护单位（1/1）；边境口岸（1/1） |
| | | 额尔古纳市 | 国家级自然保护区（1/1）；国家森林公园（1/1）；国家重点文物保护单位（1/1）；省级自然保护区（1/1）；边境口岸（2/2）；中国非物质文化遗产（0/1） |
| | 巴彦淖尔市 | 乌拉特中旗 | 省级自然保护区（1/1）；边境口岸（1/1） |
| | | 乌拉特后旗 | 国家级自然保护区（1/1）；省级自然保护区（1/1） |
| | 乌兰察布市 | 四子王旗 | 国家4A级旅游景区（1/1）；国家重点文物保护单位（2/2）；省级自然保护区（2/2） |
| | 兴安盟 | 阿尔山市 | 国家4A级旅游景区（1/2）；中国优秀旅游城市（1/1）；国家森林公园（2/2）；国家地质公园（1/1）；省级自然保护区（1/1） |
| | | 科尔沁右翼前旗 | 国家森林公园（1/1）；国家水利风景区（1/1）；省级自然保护区（2/2） |

续表

| 省份 | 市 | 县 | 资源个数（2006 年/2011 年） |
|---|---|---|---|
| 内蒙古 | 锡林郭勒盟 | 二连浩特市 | 国家 4A 级旅游景区（0/1）；省级自然保护区（1/1） |
| | 阿拉善盟 | 阿巴嘎旗 | 省级自然保护区（0/1）；中国非物质文化遗产（0/1） |
| | | 苏尼特左旗 | 0 |
| | | 苏尼特右旗 | 省级自然保护区（1/1） |
| | | 东乌珠穆沁旗 | 国家森林公园（0/1）；省级自然保护区（2/2）；边境口岸（1/1）；中国非物质文化遗产（0/1） |
| | | 阿拉善左旗 | 世界地质公园（1/1）；国家 4A 级旅游景区（2/2）；国家级自然保护区（1/1）；国家重点文物保护单位（1/1）；省级自然保护区（3/3）；中国非物质文化遗产（0/5） |
| | | 阿拉善右旗 | 世界地质公园（1/1）；省级自然保护区（2/2）；中国非物质文化遗产（0/3） |
| | | 额济纳旗 | 世界地质公园（0/1）；国家级自然保护区（1/1）；国家地质公园（1/0）；国家水利风景区（0/1）；国家重点文物保护单位（1/1）；省级自然保护区（1/1）；边境口岸（1/1）；中国非物质文化遗产（0/3） |
| 辽宁 | 丹东市 | 丹东市市辖区 | 国家重点风景名胜区（1/1）；国家 4A 级旅游景区（1/1）；中国优秀旅游城市（1/1）；全国爱国主义教育示范基地（1/1）；边境口岸（1/1）；中国非物质文化遗产（0/3） |
| | | 宽甸满族自治县 | 国家重点风景名胜区（1/1）；国家 4A 级旅游景区（2/2）；全国工农业旅游示范点（1/1）；国家级自然保护区（1/1）；中国非物质文化遗产（0/1） |
| | | 东港市 | 国家级自然保护区（1/1）；中国非物质文化遗产（0/1） |

续表

| 省份 | 市 | 县 | 资源个数（2006年/2011年） |
|---|---|---|---|
| 吉林 | 通化市 | 集安市 | 国家4A级旅游景区（1/1）；中国优秀旅游城市（1/1）；国家森林公园（1/1）；国家水利风景区（1/1）；国家重点文物保护单位（5/5）；边境口岸（1/1）；中国非物质文化遗产（1/1） |
| | 白山市 | 白山市市辖区 | 0 |
| | | 抚松县 | 世界生物圈保护区网络（1/1）；国家森林公园（1/4）；国家地质公园（0/2）；省级自然保护区（0/1）；中国非物质文化遗产（0/2） |
| | | 长白朝鲜族自治县 | 世界生物圈保护区网络（1/1）；国家级自然保护区（1/1）；国家水利风景区（0/1）；国家重点文物保护单位（2/2）；边境口岸（1/1） |
| | | 临江市 | 全国爱国主义教育示范基地（1/1）；国家森林公园（1/2）；国家重点文物保护单位（1/1）；省级自然保护区（1/1）；边境口岸（1/1） |
| | 延边州 | 图们市 | 国家重点文物保护单位（1/1）；边境口岸（1/1）；中国非物质文化遗产（0/5） |
| | | 珲春市 | 国家重点风景名胜区（1/1）；国家级自然保护区（1/1）；国家森林公园（1/1）；国家重点文物保护单位（1/1）；边境口岸（3/3）；中国非物质文化遗产（0/4） |
| | | 龙井市 | 国家级自然保护区（1/1）；边境口岸（2/2）；中国非物质文化遗产（0/1） |
| | | 和龙市 | 国家重点风景名胜区（1/1）；国家森林公园（2/2）；国家重点文物保护单位（2/2）；边境口岸（2/2）；中国非物质文化遗产（0/1） |
| | | 安图县 | 国家5A级旅游景区（1/1）；国家4A级旅游景区（1/1）；全国工农业旅游示范点（1/1）；国家地质公园（1/1）；省级自然保护区（1/1）；中国非物质文化遗产（0/3） |

续表

| 省份 | 市 | 县 | 资源个数（2006年/2011年） |
| --- | --- | --- | --- |
| 黑龙江 | 鸡西市 | 鸡东县 | 国家级自然保护区（1/1）；省级自然保护区（1/1） |
| | | 虎林市 | 国际重要湿地名录（0/1）；中国优秀旅游城市（1/1）；全国爱国主义教育示范基地（0/1）；国家级自然保护区（2/2）；国家森林公园（1/1）；国家重点文物保护单位（1/1）；省级自然保护区（1/1）；边境口岸（1/1） |
| | | 密山市 | 世界生物圈保护区网络（0/1）；国际重要湿地名录（1/0）；国家4A级旅游景区（0/1）；国家地质公园（1/1）；国家水利风景区（0/2）；省级自然保护区（1/1）；边境口岸（1/1） |
| | 鹤岗市 | 萝北县 | 国家4A级旅游景区（0/1）；国家森林公园（2/2）；省级自然保护区（2/2）；边境口岸（1/1） |
| | | 绥滨县 | 国家重点文物保护单位（1/1）；省级自然保护区（0/1） |
| | 双鸭山市 | 饶河县 | 国家级自然保护区（2/2）；省级自然保护区（1/1）；边境口岸（1/1）；中国非物质文化遗产（1/1） |
| | 伊春市 | 嘉荫县 | 国家4A级旅游景区（1/1）；国家森林公园（1/1）；省级自然保护区（1/2）；边境口岸（1/1） |
| | 佳木斯市 | 抚远县 | 国际重要湿地名录（1/1）；国家重点文物保护单位（1/1）；省级自然保护区（1/1）；边境口岸（1/1） |
| | | 同江市 | 国际重要湿地名录（1/1）；全国工农业旅游示范点（1/1）；国家级自然保护区（1/1）；国家森林公园（1/1）；省级自然保护区（1/1）；边境口岸（1/1）；中国非物质文化遗产（1/1） |

续表

| 省份 | 市 | 县 | 资源个数（2006年/2011年） |
|---|---|---|---|
| 黑龙江 | 牡丹江市 | 东宁县 | 国家4A级旅游景区（1/1）；国家重点文物保护单位（2/2）；省级自然保护区（0/1）；边境口岸（1/1） |
| | | 绥芬河市 | 中国优秀旅游城市（1/1）；国家森林公园（1/1）；边境口岸（1/1） |
| | | 穆棱市 | 国家级自然保护区（1/1）；国家森林公园（1/1）；国家重点文物保护单位（1/1）；省级自然保护区（1/1） |
| | 黑河市 | 黑河市市辖区 | 国家4A级旅游景区（0/1）；中国历史文化名镇（村）（0/1）；全国爱国主义教育示范基地（1/0）；国家级自然保护区（1/1）；国家水利风景区（0/1）；国家重点文物保护单位（1/1）；省级自然保护区（0/1）；边境口岸（1/1）；中国非物质文化遗产（0/2） |
| | | 逊克县 | 省级自然保护区（1/3）；边境口岸（1/1） |
| | | 孙吴县 | 国家森林公园（1/1）；国家水利风景区（0/1）；国家重点文物保护单位（1/1）；省级自然保护区（1/3） |
| | 大兴安岭地区 | 呼玛县 | 省级自然保护区（1/1）；中国非物质文化遗产（1/1） |
| | | 塔河县 | 国家级自然保护区（1/1）；省级自然保护区（1/1）；中国非物质文化遗产（1/1） |
| | | 漠河县 | 国家森林公园（1/1）；省级自然保护区（1/1）；边境口岸（1/1）；中国非物质文化遗产（1/1） |

续表

| 省份 | 市 | 县 | 资源个数（2006年/2011年） |
|---|---|---|---|
| 广西 | 防城港市 | 防城港市辖区 | 国际重要湿地名录（1/1）；国家级自然保护区（1/1）；国家重点文物保护单位（1/1） |
| | | 东兴市 | 国际重要湿地名录（1/1）；国家4A级旅游景区（0/1）；边境口岸（1/1）；中国非物质文化遗产（0/1） |
| | 百色市 | 靖西县 | 国家4A级旅游景区（1/2）；国家重点文物保护单位（1/1）；省级自然保护区（1/2）；边境口岸（1/1） |
| | | 那坡县 | 国家重点文物保护单位（2/2）；省级自然保护区（1/1） |
| | 崇左市 | 宁明县 | 国家级自然保护区（1/1）；国家重点文物保护单位（2/2） |
| | | 龙州县 | 全国爱国主义教育基地（1/1）；国家级自然保护区（1/1）；国家重点文物保护单位（2/2）；省级自然保护区（1/1）；边境口岸（1/1） |
| | | 大新县 | 国家4A级旅游景区（0/1）；国家重点文物保护单位（1/1）；省级自然保护区（2/2） |
| | | 凭祥市 | 国家4A级旅游景区（0/1）；中国优秀旅游城市（0/1）；国家重点文物保护单位（1/1）；边境口岸（2/2） |
| 云南 | 保山市 | 腾冲县 | 国家重点风景名胜区（1/1）；世界生物圈保护区网络（1/1）；国家4A级旅游景区（2/2）；中国历史文化名镇（村）（0/1）；全国爱国主义教育示范基地（1/1）；国家级自然保护区（1/1）；国家森林公园（1/1）；国家重点文物保护单位（1/1）；省级自然保护区（1/1）；边境口岸（1/1）；中国非物质文化遗产（0/2） |

续表

| 省份 | 市 | 县 | 资源个数（2006年/2011年） |
|---|---|---|---|
| 云南 | 保山市 | 龙陵县 | 国家重点文物保护单位（1/1）；省级自然保护区（1/1） |
| | 思茅地区 | 江城县 | 0 |
| | | 孟连县 | 中国历史文化名镇（村）（0/1）；国家重点文物保护单位（1/1）；省级自然保护区（1/1）；边境口岸（1/1） |
| | | 澜沧县 | 中国非物质文化遗产（0/1） |
| | | 西盟县 | 国家水利风景区（1/1）；中国非物质文化遗产（0/1） |
| | 临沧地区 | 镇康县 | 省级自然保护区（1/1）；边境口岸（1/1）；中国非物质文化遗产（0/1） |
| | | 沧源县 | 国家级自然保护区（1/1）；国家重点文物保护单位（2/2）；边境口岸（1/1）；中国非物质文化遗产（0/1） |
| | | 耿马县 | 国家级自然保护区（1/1）；国家重点文物保护单位（1/1）；省级自然保护区（1/1）；边境口岸（1/1） |
| | 红河州 | 绿春县 | 国家级自然保护区（1/1） |
| | | 金平县 | 国家级自然保护区（1/1）；边境口岸（1/1） |
| | | 河口县 | 国家级自然保护区（1/1）；国家森林公园（1/1）；边境口岸（1/1） |
| | 文山州 | 麻栗坡县 | 省级自然保护区（2/2）；边境口岸（1/1） |
| | | 马关县 | 省级自然保护区（2/2） |
| | | 富宁县 | 省级自然保护区（1/1）；边境口岸（1/1）；中国非物质文化遗产（1/2） |

续表

| 省份 | 市 | 县 | 资源个数（2006年/2011年） |
|---|---|---|---|
| 云南 | 西双版纳州 | 景洪市 | 国家重点风景名胜区（1/1）；国家4A级旅游景区（3/4）；中国优秀旅游城市（1/1）；国家级自然保护区（1/1）；国家重点文物保护单位（1/1）；边境口岸（1/1）；中国非物质文化遗产（0/5） |
| | | 勐海县 | 国家重点风景名胜区（1/1）；国家级自然保护区（1/1）；国家重点文物保护单位（2/2）；边境口岸（1/1）；中国非物质文化遗产（0/7） |
| | | 勐腊县 | 国家重点风景名胜区（1/1）；国家5A级旅游景区（0/1）；国家4A级旅游景区（0/1）；边境口岸（1/1）；中国非物质文化遗产（0/5） |
| | 德宏州 | 潞西市 | 国家重点风景名胜区（1/1）；国家4A级旅游景区（1/1）；中国优秀旅游城市（1/1）；国家水利风景区（1/1）；中国非物质文化遗产（2/6） |
| | | 瑞丽市 | 国家重点风景名胜区（1/1）；国家4A级旅游景区（1/1）；中国优秀旅游城市（1/1）；全国工农业旅游示范点（1/1）；省级自然保护区（1/1）；边境口岸（2/2）；中国非物质文化遗产（1/3） |
| | | 盈江县 | 国家重点风景名胜区（1/1）；国家重点文物保护单位（1/1）；省级自然保护区（1/1）；边境口岸（1/1）；中国非物质文化遗产（1/3） |
| | | 陇川县 | 国家森林公园（1/1）；省级自然保护区（1/1）；边境口岸（1/1）；中国非物质文化遗产（2/4） |
| | 怒江州 | 泸水县 | 世界生物圈保护区网络（1/1）；边境口岸（1/1） |
| | | 福贡县 | 国家级自然保护区（1/1） |
| | | 贡山县 | 0 |

续表

| 省份 | 市 | 县 | 资源个数（2006年/2011年） |
|---|---|---|---|
| 西藏 | 山南地区 | 洛扎县 | 国家重点风景名胜区（1/1）；国家重点文物保护单位（3/3）；中国非物质文化遗产（1/2） |
| | | 错那县 | 中国非物质文化遗产（1/1） |
| | | 浪卡子县 | 中国非物质文化遗产（1/1） |
| | 日喀则地区 | 定日县 | 世界生物圈保护区网络（1/1）；中国非物质文化遗产（0/1） |
| | | 康马县 | 0 |
| | | 定结县 | 国家级自然保护区（1/1）；中国非物质文化遗产（0/1） |
| | | 仲巴县 | 中国非物质文化遗产（0/1） |
| | | 亚东县 | 边境口岸（1/1） |
| | | 吉隆县 | 国家级自然保护区（1/1）；国家重点文物保护单位（1/1）；边境口岸（1/1） |
| | | 聂拉木县 | 国家级自然保护区（1/1）；边境口岸（1/1） |
| | | 萨嘎县 | 省级自然保护区（1/1）；中国非物质文化遗产（0/1） |
| | | 岗巴县 | 0 |
| | 阿里地区 | 普兰县 | 国际重要湿地名录（1/1）；国家重点文物保护单位（1/1）；省级自然保护区（1/1）；边境口岸（1/1）；中国非物质文化遗产（0/2） |
| | | 札达县 | 国家地质公园（1/1）；国家重点文物保护单位（2/2）；中国非物质文化遗产（0/1） |
| | | 噶尔县 | 省级自然保护区（1/1） |
| | | 日土县 | 国家森林公园（1/1） |

续表

| 省份 | 市 | 县 | 资源个数（2006年/2011年） |
|---|---|---|---|
| 西藏 | 林芝地区 | 墨脱县 | 国家级自然保护区（1/1）；中国非物质文化遗产（0/1） |
| | | 察隅县 | 国家级自然保护区（1/1）；中国非物质文化遗产（0/1） |
| 甘肃 | 酒泉市 | 肃北县 | 国家级自然保护区（1/1）；省级自然保护区（1/1）；中国非物质文化遗产（0/1） |
| 新疆 | 哈密地区 | 哈密市 | 国家4A级旅游景区（0/3）；中国历史文化名镇（村）（0/2）；国家级自然保护区（1/1）；国家重点文物保护单位（4/4）；中国非物质文化遗产（1/2） |
| | | 伊吾县 | 国家4A级旅游景区（1/1） |
| | | 巴里坤县 | 国家4A级旅游景区（0/1）；国家森林公园（1/1）；国家重点文物保护单位（1/1）；边境口岸（1/1）；中国非物质文化遗产（1/2） |
| | 和田地区 | 和田县 | 国家4A级旅游景区（1/1）；中国非物质文化遗产（0/2） |
| | | 皮山县 | 中国非物质文化遗产（0/2） |
| | 阿克苏地区 | 温宿县 | 国家4A级旅游景区（0/1）；国家级自然保护区（1/1）；国家地质公园（0/1）；中国非物质文化遗产（0/1） |
| | | 乌什县 | 0 |
| | 喀什地区 | 叶城县 | 0 |
| | | 塔什库尔干县 | 国家重点文物保护单位（1/1）；省级自然保护区（1/1）；边境口岸（2/2）；中国非物质文化遗产（4/4） |

续表

| 省份 | 市 | 县 | 资源个数（2006年/2011年） |
|---|---|---|---|
| 新疆 | 克孜勒苏州 | 阿图什市 | 国家重点文物保护单位（1/1）；中国非物质文化遗产（1/1） |
| | | 阿合奇县 | 中国非物质文化遗产（1/2） |
| | | 乌恰县 | 边境口岸（/2）；中国非物质文化遗产（1/2） |
| | | 阿克陶县 | 国家4A级旅游景区（0/1）；省级自然保护区（1/1）；中国非物质文化遗产（1/2） |
| | 昌吉州 | 奇台县 | 全国工农业旅游示范点（1/1）；国家森林公园（1/1）；国家地质公园（1/1）；省级自然保护区（2/2）；中国非物质文化遗产（1/2） |
| | | 木垒县 | 中国非物质文化遗产（1/2） |
| | 博尔塔拉州 | 博乐市 | 国家重点风景名胜区（1/1）；国家4A级旅游景区（0/1）；中国优秀旅游城市（1/1）；国家森林公园（1/1）；省级自然保护区（1/1）；边境口岸（1/1） |
| | | 温泉县 | 国家重点文物保护单位（1/1）；省级自然保护区（1/1） |
| | 伊犁州 | 昭苏县 | 国家重点文物保护单位（2/2）；中国非物质文化遗产（0/1） |
| | | 霍城县 | 国家4A级旅游景区（0/1）；中国历史文化名镇（村）（0/1）；国家重点文物保护单位（1/1）；省级自然保护区（1/1）；边境口岸（1/1） |
| | | 察布县 | 国家4A级旅游景区（0/1）；边境口岸（1/1）；中国非物质文化遗产（1/4） |

续表

| 省份 | 市 | 县 | 资源个数（2006年/2011年） |
|---|---|---|---|
| 新疆 | 塔城地区 | 塔城市 | 国家水利风景区（0/1）；国家重点文物保护单位（1/1）；边境口岸（1/1）；中国非物质文化遗产（0/2） |
| | | 额敏县 | 中国非物质文化遗产（0/1） |
| | | 裕民县 | 省级自然保护区（1/1） |
| | | 托里县 | 中国非物质文化遗产（0/1） |
| | | 和布县 | 中国非物质文化遗产（2/3） |
| | 阿勒泰地区 | 阿勒泰市 | 中国优秀旅游城市（1/1）；国家重点文物保护单位（1/1）；边境口岸（1/1）；中国非物质文化遗产（0/1） |
| | | 青河县 | 国家重点文物保护单位（1/1）；省级自然保护区（3/3）；边境口岸（1/1）；中国非物质文化遗产（0/1） |
| | | 吉木乃县 | 边境口岸（1/1） |
| | | 富蕴县 | 国家地质公园（1/1）；省级自然保护区（2/2） |
| | | 布尔津县 | 国家5A级旅游景区（0/1）；国家4A级旅游景区（0/1）；中国旅游强县（0/1）；国家级自然保护区（1/1）；国家森林公园（1/1）；国家地质公园（1/0） |
| | | 福海县 | 国家4A级旅游景区（0/1）；国家水利风景区（1/1）；省级自然保护区（2/2）；中国非物质文化遗产（0/1） |
| | | 哈巴河县 | 国家4A级旅游景区（0/1）；国家级自然保护区（1/1）；国家森林公园（0/1）；省级自然保护区（2/2） |

附录6 边境县（市）区位交通竞争力各评价指标值

| 省份 | 市 | 县 | 2006年 路网密度 | 2006年 交通干线影响度 | 2006年 区位优势度 | 2011年 路网密度 | 2011年 交通干线影响度 | 2011年 区位优势度 |
|---|---|---|---|---|---|---|---|---|
| 内蒙古 | 包头市 | 达尔罕茂明安联合旗 | 0.03 | 4.00 | 96.56 | 0.07 | 4.00 | 96.56 |
| | 呼伦贝尔市 | 陈巴尔虎旗 | 0.04 | 4.50 | 6.45 | 0.08 | 6.00 | 6.45 |
| | | 新巴尔虎左旗 | 0.05 | 4.50 | 14.85 | 0.08 | 4.50 | 14.85 |
| | | 新巴尔虎右旗 | 0.01 | 2.00 | 6.49 | 0.01 | 2.00 | 6.49 |
| | | 满洲里市 | 0.32 | 7.00 | 3.01 | 0.43 | 7.00 | 3.01 |
| | | 额尔古纳市 | 0.03 | 2.00 | 0.00 | 0.05 | 4.00 | 0.00 |
| | 巴彦淖尔市 | 乌拉特中旗 | 0.02 | 2.00 | 85.79 | 0.06 | 2.00 | 85.79 |
| | | 乌拉特后旗 | 0.02 | 0.00 | 76.18 | 0.05 | 2.00 | 76.18 |
| | 乌兰察布市 | 四子王旗 | 0.02 | 0.00 | 86.03 | 0.06 | 0.00 | 86.03 |
| | 兴安盟 | 阿尔山市 | 0.07 | 2.00 | 26.76 | 0.12 | 4.50 | 26.76 |
| | | 科尔沁右翼前旗 | 0.07 | 2.50 | 32.33 | 0.13 | 4.00 | 32.33 |
| | 锡林郭勒盟 | 二连浩特市 | 0.87 | 4.50 | 78.29 | 1.22 | 7.00 | 78.29 |
| | | 阿巴嘎旗 | 0.03 | 2.50 | 68.06 | 0.07 | 4.00 | 68.06 |
| | | 苏尼特左旗 | 0.04 | 0.00 | 75.12 | 0.06 | 0.00 | 75.12 |
| | | 苏尼特右旗 | 0.05 | 2.50 | 86.01 | 0.09 | 4.00 | 86.01 |
| | | 东乌珠穆沁旗 | 0.03 | 2.00 | 53.06 | 0.05 | 2.00 | 53.06 |
| | 阿拉善盟 | 阿拉善左旗 | 0.03 | 4.00 | 63.39 | 0.05 | 4.00 | 63.39 |
| | | 阿拉善右旗 | 0.02 | 0.00 | 38.18 | 0.03 | 2.00 | 38.18 |
| | | 额济纳旗 | 0.02 | 4.00 | 42.15 | 0.04 | 4.00 | 42.15 |
| 辽宁 | 丹东市 | 丹东市辖区 | 1.10 | 8.50 | 93.11 | 1.16 | 8.50 | 93.11 |
| | | 宽甸县 | 0.11 | 2.50 | 94.73 | 0.21 | 4.00 | 94.73 |
| | | 东港市 | 0.19 | 5.50 | 90.93 | 0.26 | 5.50 | 90.93 |
| 吉林 | 通化市 | 集安市 | 0.08 | 4.50 | 87.48 | 0.13 | 4.50 | 87.48 |
| | 白山市 | 白山市辖区 | 0.24 | 3.50 | 90.20 | 0.45 | 4.00 | 90.20 |
| | | 抚松县 | 0.10 | 2.50 | 88.68 | 0.12 | 5.50 | 88.68 |
| | | 长白县 | 0.07 | 3.00 | 79.63 | 0.09 | 3.00 | 79.63 |
| | | 临江市 | 0.12 | 4.00 | 86.42 | 0.12 | 4.00 | 86.42 |

续表

| 省份 | 市 | 县 | 2006年 | | | 2011年 | | |
|---|---|---|---|---|---|---|---|---|
| | | | 路网密度 | 交通干线影响度 | 区位优势度 | 路网密度 | 交通干线影响度 | 区位优势度 |
| 吉林 | 延边州 | 图们市 | 0.32 | 6.00 | 79.58 | 0.38 | 7.50 | 79.58 |
| | | 珲春市 | 0.08 | 4.50 | 76.15 | 0.09 | 6.00 | 76.15 |
| | | 龙井市 | 0.23 | 6.50 | 81.64 | 0.25 | 8.00 | 81.64 |
| | | 和龙市 | 0.11 | 5.50 | 81.07 | 0.11 | 6.00 | 81.07 |
| | | 安图县 | 0.11 | 4.00 | 85.84 | 0.12 | 5.50 | 85.84 |
| 黑龙江 | 鸡西市 | 鸡东县 | 0.20 | 3.00 | 78.13 | 0.29 | 6.50 | 78.13 |
| | | 虎林市 | 0.06 | 4.00 | 67.32 | 0.14 | 5.50 | 67.32 |
| | | 密山市 | 0.08 | 4.00 | 73.61 | 0.17 | 5.50 | 73.61 |
| | 鹤岗市 | 萝北县 | 0.07 | 3.50 | 77.10 | 0.11 | 4.50 | 77.10 |
| | | 绥滨县 | 0.04 | 2.50 | 69.39 | 0.13 | 2.50 | 69.39 |
| | 双鸭山市 | 饶河县 | 0.10 | 4.00 | 62.87 | 0.12 | 4.00 | 62.87 |
| | 伊春市 | 嘉荫县 | 0.07 | 2.00 | 73.94 | 0.09 | 2.00 | 73.94 |
| | 佳木斯市 | 抚远县 | 0.07 | 2.00 | 58.65 | 0.12 | 4.00 | 58.65 |
| | | 同江市 | 0.06 | 5.50 | 69.98 | 0.16 | 5.50 | 69.98 |
| | 牡丹江市 | 东宁县 | 0.07 | 4.50 | 77.41 | 0.29 | 6.00 | 77.41 |
| | | 绥芬河市 | 0.10 | 4.00 | 79.55 | 0.53 | 6.00 | 79.55 |
| | | 穆棱市 | 0.08 | 2.50 | 81.42 | 0.16 | 4.00 | 81.42 |
| | 黑河市 | 黑河市辖区 | 0.07 | 8.00 | 71.17 | 0.11 | 8.00 | 71.17 |
| | | 逊克县 | 0.03 | 4.00 | 71.46 | 0.06 | 4.00 | 71.46 |
| | | 孙吴县 | 0.14 | 3.50 | 77.47 | 0.22 | 3.50 | 77.47 |
| | 大兴安岭地区 | 呼玛县 | 0.05 | 2.00 | 58.85 | 0.07 | 2.00 | 58.85 |
| | | 塔河县 | 0.07 | 2.00 | 50.39 | 0.09 | 2.00 | 50.39 |
| | | 漠河县 | 0.04 | 4.00 | 38.72 | 0.05 | 6.00 | 38.72 |
| 广西 | 防城港市 | 防城港市辖区 | 0.16 | 4.50 | 99.45 | 0.16 | 4.50 | 99.45 |
| | | 东兴市 | 0.27 | 3.50 | 96.15 | 0.27 | 3.50 | 96.15 |
| | 百色市 | 靖西县 | 0.08 | 2.00 | 93.26 | 0.15 | 4.50 | 93.26 |
| | | 那坡县 | 0.12 | 1.00 | 88.73 | 0.22 | 2.50 | 88.73 |

续表

| 省份 | 市 | 县 | 2006 年 路网密度 | 2006 年 交通干线影响度 | 2006 年 区位优势度 | 2011 年 路网密度 | 2011 年 交通干线影响度 | 2011 年 区位优势度 |
|---|---|---|---|---|---|---|---|---|
| 广西 | 崇左市 | 宁明县 | 0.22 | 5.00 | 98.35 | 0.23 | 5.00 | 98.35 |
| 广西 | 崇左市 | 龙州县 | 0.13 | 4.50 | 97.31 | 0.18 | 4.50 | 97.31 |
| 广西 | 崇左市 | 大新县 | 0.16 | 1.50 | 100.00 | 0.21 | 1.50 | 100.00 |
| 广西 | 崇左市 | 凭祥市 | 0.83 | 6.00 | 96.20 | 0.83 | 6.00 | 96.20 |
| 云南 | 保山市 | 腾冲县 | 0.08 | 2.50 | 74.43 | 0.10 | 5.00 | 74.43 |
| 云南 | 保山市 | 龙陵县 | 0.15 | 4.00 | 75.63 | 0.26 | 4.00 | 75.63 |
| 云南 | 思茅地区 | 江城县 | 0.09 | 0.00 | 85.58 | 0.09 | 0.00 | 85.58 |
| 云南 | 思茅地区 | 孟连县 | 0.06 | 2.00 | 74.33 | 0.18 | 2.00 | 74.33 |
| 云南 | 思茅地区 | 澜沧县 | 0.05 | 0.50 | 76.80 | 0.09 | 0.50 | 76.80 |
| 云南 | 思茅地区 | 西盟县 | 0.04 | 0.00 | 73.59 | 0.07 | 0.00 | 73.59 |
| 云南 | 临沧地区 | 镇康县 | 0.10 | 2.00 | 74.00 | 0.10 | 2.00 | 74.00 |
| 云南 | 临沧地区 | 沧源县 | 0.15 | 2.50 | 74.60 | 0.18 | 2.50 | 74.60 |
| 云南 | 临沧地区 | 耿马县 | 0.07 | 2.00 | 74.11 | 0.09 | 2.00 | 74.11 |
| 云南 | 红河州 | 绿春县 | 0.08 | 0.00 | 86.09 | 0.11 | 0.00 | 86.09 |
| 云南 | 红河州 | 金平县 | 0.06 | 2.50 | 87.16 | 0.09 | 3.00 | 87.16 |
| 云南 | 红河州 | 河口县 | 0.21 | 4.50 | 85.32 | 0.37 | 6.00 | 85.32 |
| 云南 | 文山州 | 麻栗坡县 | 0.07 | 2.50 | 83.96 | 0.13 | 2.50 | 83.96 |
| 云南 | 文山州 | 马关县 | 0.10 | 2.00 | 84.64 | 0.12 | 2.00 | 84.64 |
| 云南 | 文山州 | 富宁县 | 0.04 | 4.00 | 80.35 | 0.10 | 4.00 | 80.35 |
| 云南 | 西双版纳州 | 景洪市 | 0.05 | 6.50 | 79.00 | 0.09 | 6.50 | 79.00 |
| 云南 | 西双版纳州 | 勐海县 | 0.10 | 4.50 | 76.42 | 0.11 | 4.50 | 76.42 |
| 云南 | 西双版纳州 | 勐腊县 | 0.06 | 2.50 | 74.78 | 0.07 | 2.50 | 74.78 |
| 云南 | 德宏州 | 潞西市 | 0.05 | 4.00 | 74.22 | 0.13 | 4.50 | 74.22 |
| 云南 | 德宏州 | 瑞丽市 | 0.29 | 3.50 | 68.36 | 0.37 | 4.00 | 68.36 |
| 云南 | 德宏州 | 盈江县 | 0.05 | 2.50 | 69.25 | 0.07 | 2.50 | 69.25 |
| 云南 | 德宏州 | 陇川县 | 0.14 | 3.00 | 65.34 | 0.20 | 3.50 | 65.34 |
| 云南 | 怒江州 | 泸水县 | 0.14 | 2.00 | 78.81 | 0.16 | 2.00 | 78.81 |
| 云南 | 怒江州 | 福贡县 | 0.07 | 0.00 | 71.11 | 0.07 | 0.00 | 71.11 |
| 云南 | 怒江州 | 贡山县 | 0.05 | 0.00 | 64.39 | 0.06 | 0.00 | 64.39 |

续表

| 省份 | 市 | 县 | 2006年 |  |  | 2011年 |  |  |
|---|---|---|---|---|---|---|---|---|
|  |  |  | 路网密度 | 交通干线影响度 | 区位优势度 | 路网密度 | 交通干线影响度 | 区位优势度 |
| 西藏 | 山南地区 | 洛扎县 | 0.03 | 0.00 | 93.65 | 0.03 | 0.00 | 93.65 |
|  |  | 错那县 | 0.01 | 0.00 | 86.79 | 0.01 | 0.00 | 86.79 |
|  |  | 浪卡子县 | 0.04 | 0.50 | 99.25 | 0.05 | 0.50 | 99.25 |
|  | 日喀则地区 | 定日县 | 0.01 | 0.50 | 76.90 | 0.02 | 0.50 | 76.90 |
|  |  | 康马县 | 0.05 | 0.00 | 91.54 | 0.07 | 0.00 | 91.54 |
|  |  | 定结县 | 0.03 | 0.00 | 78.87 | 0.05 | 0.00 | 78.87 |
|  |  | 仲巴县 | 0.02 | 0.50 | 57.66 | 0.02 | 0.50 | 57.66 |
|  |  | 亚东县 | 0.07 | 2.00 | 81.49 | 0.07 | 2.00 | 81.49 |
|  |  | 吉隆县 | 0.02 | 2.00 | 61.69 | 0.03 | 2.00 | 61.69 |
|  |  | 聂拉木县 | 0.03 | 2.50 | 67.16 | 0.04 | 2.50 | 67.16 |
|  |  | 萨嘎县 | 0.12 | 0.50 | 65.71 | 0.13 | 0.50 | 65.71 |
|  |  | 岗巴县 | 0.03 | 0.00 | 80.87 | 0.04 | 0.00 | 80.87 |
|  | 阿里地区 | 普兰县 | 0.05 | 2.50 | 32.61 | 0.05 | 2.50 | 32.61 |
|  |  | 札达县 | 0.01 | 0.00 | 20.23 | 0.02 | 0.00 | 20.23 |
|  |  | 噶尔县 | 0.06 | 0.50 | 18.95 | 0.06 | 3.00 | 18.95 |
|  |  | 日土县 | 0.03 | 0.50 | 10.72 | 0.03 | 0.50 | 10.72 |
|  | 林芝地区 | 墨脱县 | 0.01 | 0.00 | 67.54 | 0.01 | 0.00 | 67.54 |
|  |  | 察隅县 | 0.01 | 0.00 | 56.78 | 0.01 | 0.00 | 56.78 |
| 甘肃 | 酒泉市 | 肃北县 | 0.02 | 0.50 | 42.96 | 0.02 | 0.50 | 42.96 |
| 新疆 | 哈密地区 | 哈密市 | 0.02 | 2.50 | 73.02 | 0.04 | 6.50 | 73.02 |
|  |  | 伊吾县 | 0.01 | 0.00 | 64.69 | 0.03 | 0.00 | 64.69 |
|  |  | 巴里坤县 | 0.03 | 2.50 | 64.94 | 0.04 | 4.00 | 64.94 |
|  | 和田地区 | 和田县 | 0.02 | 3.00 | 21.04 | 0.04 | 5.00 | 21.04 |
|  |  | 皮山县 | 0.02 | 0.50 | 17.14 | 0.03 | 2.50 | 17.14 |
|  | 阿克苏地区 | 温宿县 | 0.06 | 4.50 | 54.97 | 0.08 | 6.00 | 54.97 |
|  |  | 乌什县 | 0.02 | 2.00 | 49.11 | 0.04 | 2.00 | 49.11 |

续表

| 省份 | 市 | 县 | 2006年 路网密度 | 2006年 交通干线影响度 | 2006年 区位优势度 | 2011年 路网密度 | 2011年 交通干线影响度 | 2011年 区位优势度 |
|---|---|---|---|---|---|---|---|---|
| 新疆 | 喀什地区 | 叶城县 | 0.01 | 0.50 | 23.20 | 0.04 | 4.00 | 23.20 |
| | | 塔什库尔干县 | 0.01 | 2.50 | 8.21 | 0.03 | 2.50 | 8.21 |
| | 克孜勒苏州 | 阿图什市 | 0.05 | 4.50 | 27.65 | 0.07 | 6.00 | 27.65 |
| | | 阿合奇县 | 0.02 | 0.00 | 44.29 | 0.04 | 0.00 | 44.29 |
| | | 乌恰县 | 0.01 | 1.00 | 20.93 | 0.02 | 1.50 | 20.93 |
| | | 阿克陶县 | 0.02 | 3.00 | 22.55 | 0.04 | 4.00 | 22.55 |
| | 昌吉州 | 奇台县 | 0.03 | 0.50 | 60.56 | 0.08 | 1.50 | 60.56 |
| | | 木垒县 | 0.07 | 0.50 | 59.96 | 0.09 | 2.00 | 59.96 |
| | 博尔塔拉州 | 博乐市 | 0.12 | 6.00 | 75.98 | 0.12 | 8.50 | 75.98 |
| | | 温泉县 | 0.02 | 0.50 | 69.25 | 0.02 | 0.50 | 69.25 |
| | 伊犁州 | 昭苏县 | 0.04 | 0.00 | 65.38 | 0.04 | 0.00 | 65.38 |
| | | 霍城县 | 0.03 | 5.50 | 68.09 | 0.03 | 7.50 | 68.09 |
| | | 察布县 | 0.04 | 4.00 | 66.14 | 0.04 | 6.50 | 66.14 |
| | 塔城地区 | 塔城市 | 0.04 | 4.50 | 66.99 | 0.04 | 4.50 | 66.99 |
| | | 额敏县 | 0.03 | 1.50 | 70.83 | 0.05 | 1.50 | 70.83 |
| | | 裕民县 | 0.02 | 1.50 | 70.39 | 0.05 | 1.50 | 70.39 |
| | | 托里县 | 0.04 | 0.50 | 75.24 | 0.05 | 0.50 | 75.24 |
| | | 和布县 | 0.03 | 0.50 | 75.20 | 0.07 | 2.50 | 75.20 |
| | 阿勒泰地区 | 阿勒泰市 | 0.09 | 3.00 | 60.68 | 0.14 | 5.00 | 60.68 |
| | | 青河县 | 0.08 | 2.50 | 75.02 | 0.11 | 2.50 | 75.02 |
| | | 吉木乃县 | 0.08 | 2.50 | 67.63 | 0.10 | 2.50 | 67.63 |
| | | 富蕴县 | 0.03 | 0.50 | 74.98 | 0.05 | 0.50 | 74.98 |
| | | 布尔津县 | 0.07 | 0.50 | 67.52 | 0.10 | 3.00 | 67.52 |
| | | 福海县 | 0.03 | 2.50 | 67.57 | 0.06 | 4.50 | 67.57 |
| | | 哈巴河县 | 0.02 | 0.00 | 63.91 | 0.07 | 1.50 | 63.91 |

附录7 边境县（市）旅游社会环境竞争力各评价指标值

| 省份 | 市 | 县 | 2006年 地区生产总值/亿元 | 2006年 人均地区生产总值/万元 | 2006年 第三产业比重 | 2011年 地区生产总值/亿元 | 2011年 人均地区生产总值/万元 | 2011年 第三产业比重 |
|---|---|---|---|---|---|---|---|---|
| 内蒙古 | 包头市 | 达尔罕茂明安联合旗 | 52.29 | 5.14 | 0.24 | 146.96 | 14.50 | 0.20 |
| | 呼伦贝尔市 | 陈巴尔虎旗 | 18.55 | 3.13 | 0.36 | 64.68 | 11.00 | 0.23 |
| | | 新巴尔虎左旗 | 9.71 | 2.42 | 0.30 | 26.82 | 6.45 | 0.31 |
| | | 新巴尔虎右旗 | 19.90 | 5.82 | 0.12 | 57.28 | 16.25 | 0.14 |
| | | 满洲里市 | 64.15 | 3.20 | 0.67 | 154.08 | 6.16 | 0.69 |
| | | 额尔古纳市 | 13.55 | 1.59 | 0.35 | 32.00 | 3.81 | 0.37 |
| | 巴彦淖尔市 | 乌拉特中旗 | 20.20 | 1.46 | 0.18 | 97.56 | 7.30 | 0.08 |
| | | 乌拉特后旗 | 27.03 | 4.61 | 0.14 | 79.72 | 12.21 | 0.09 |
| | 乌兰察布市 | 四子王旗 | 18.82 | 0.92 | 0.30 | 41.81 | 1.93 | 0.32 |
| | 兴安盟 | 阿尔山市 | 4.71 | 1.00 | 0.58 | 10.60 | 2.20 | 0.54 |
| | | 科尔沁右翼前旗 | 23.46 | 0.66 | 0.27 | 60.03 | 1.78 | 0.25 |
| | 锡林郭勒盟 | 二连浩特市 | 19.11 | 2.20 | 0.77 | 57.08 | 7.65 | 0.63 |
| | | 阿巴嘎旗 | 10.41 | 2.42 | 0.29 | 39.59 | 9.09 | 0.15 |
| | | 苏尼特左旗 | 10.87 | 3.02 | 0.18 | 29.29 | 8.70 | 0.22 |
| | | 苏尼特右旗 | 13.90 | 1.81 | 0.29 | 40.23 | 5.66 | 0.23 |
| | | 东乌珠穆沁旗 | 24.40 | 2.82 | 0.18 | 99.92 | 10.57 | 0.15 |
| | 阿拉善盟 | 阿拉善左旗 | 61.19 | 4.36 | 0.24 | 309.20 | 17.77 | 0.13 |
| | | 阿拉善右旗 | 10.19 | 3.98 | 0.26 | 33.40 | 12.84 | 0.18 |
| | | 额济纳旗 | 10.52 | 6.20 | 0.43 | 39.89 | 22.60 | 0.35 |
| 辽宁 | 丹东市 | 丹东市辖区 | 165.62 | 2.20 | 0.54 | 273.85 | 3.48 | 0.49 |
| | | 宽甸县 | 70.43 | 1.61 | 0.32 | 170.47 | 3.93 | 0.34 |
| | | 东港市 | 169.70 | 2.62 | 0.35 | 413.94 | 6.79 | 0.37 |
| 吉林 | 通化市 | 集安市 | 24.46 | 1.08 | 0.44 | 73.72 | 3.31 | 0.48 |
| | 白山市 | 白山市辖区 | 102.06 | 1.72 | 0.37 | 257.65 | 4.28 | 0.32 |
| | | 抚松县 | 38.90 | 1.29 | 0.33 | 126.88 | 4.41 | 0.34 |
| | | 长白县 | 10.58 | 1.27 | 0.43 | 29.02 | 3.38 | 0.39 |
| | | 临江市 | 23.60 | 1.32 | 0.43 | 71.03 | 4.16 | 0.38 |

续表

| 省份 | 市 | 县 | 2006年 地区生产总值/亿元 | 2006年 人均地区生产总值/万元 | 2006年 第三产业比重 | 2011年 地区生产总值/亿元 | 2011年 人均地区生产总值/万元 | 2011年 第三产业比重 |
|---|---|---|---|---|---|---|---|---|
| 吉林 | 通化市 | 图们市 | 13.95 | 1.05 | 0.42 | 32.58 | 2.56 | 0.38 |
| 吉林 | 白山市 | 珲春市 | 26.00 | 1.20 | 0.40 | 100.09 | 4.43 | 0.26 |
| 吉林 | 白山市 | 龙井市 | 15.63 | 0.64 | 0.43 | 30.96 | 1.73 | 0.47 |
| 吉林 | 白山市 | 和龙市 | 16.08 | 0.77 | 0.39 | 42.97 | 2.19 | 0.32 |
| 吉林 | 白山市 | 安图县 | 18.32 | 0.85 | 0.44 | 50.05 | 2.32 | 0.54 |
| 黑龙江 | 鸡西市 | 鸡东县 | 41.79 | 1.42 | 0.37 | 95.73 | 3.23 | 0.33 |
| 黑龙江 | 鸡西市 | 虎林市 | 48.23 | 1.64 | 0.30 | 112.45 | 3.85 | 0.27 |
| 黑龙江 | 鸡西市 | 密山市 | 46.45 | 1.08 | 0.35 | 111.62 | 2.87 | 0.33 |
| 黑龙江 | 鹤岗市 | 萝北县 | 26.62 | 1.18 | 0.30 | 68.03 | 3.03 | 0.22 |
| 黑龙江 | 鹤岗市 | 绥滨县 | 17.64 | 0.94 | 0.28 | 44.62 | 2.34 | 0.19 |
| 黑龙江 | 双鸭山市 | 饶河县 | 13.32 | 0.94 | 0.29 | 37.55 | 2.59 | 0.15 |
| 黑龙江 | 伊春市 | 嘉荫县 | 11.39 | 1.47 | 0.26 | 22.42 | 3.00 | 0.21 |
| 黑龙江 | 佳木斯市 | 抚远县 | 12.70 | 1.36 | 0.29 | 39.87 | 3.40 | 0.21 |
| 黑龙江 | 佳木斯市 | 同江市 | 20.87 | 1.00 | 0.30 | 73.70 | 3.43 | 0.21 |
| 黑龙江 | 牡丹江市 | 东宁县 | 34.80 | 1.64 | 0.58 | 112.79 | 5.63 | 0.47 |
| 黑龙江 | 牡丹江市 | 绥芬河市 | 38.24 | 3.91 | 0.90 | 92.20 | 6.65 | 0.84 |
| 黑龙江 | 牡丹江市 | 穆棱市 | 42.73 | 1.33 | 0.40 | 126.84 | 4.35 | 0.25 |
| 黑龙江 | 黑河市 | 黑河市辖区 | 25.05 | 1.18 | 0.66 | 48.47 | 1.95 | 0.57 |
| 黑龙江 | 黑河市 | 逊克县 | 8.72 | 0.84 | 0.36 | 18.29 | 1.77 | 0.25 |
| 黑龙江 | 黑河市 | 孙吴县 | 3.67 | 0.35 | 0.60 | 9.41 | 0.90 | 0.41 |
| 黑龙江 | 大兴安岭地区 | 呼玛县 | 4.66 | 0.87 | 0.36 | 13.78 | 2.59 | 0.23 |
| 黑龙江 | 大兴安岭地区 | 塔河县 | 8.09 | 0.81 | 0.49 | 19.63 | 2.08 | 0.34 |
| 黑龙江 | 大兴安岭地区 | 漠河县 | 10.98 | 1.31 | 0.39 | 33.72 | 3.90 | 0.39 |
| 广西 | 防城港市 | 防城港市辖区 | 82.30 | 1.68 | 0.37 | 306.59 | 5.87 | 0.34 |
| 广西 | 防城港市 | 东兴市 | 16.00 | 1.42 | 0.48 | 52.09 | 3.57 | 0.43 |
| 广西 | 百色市 | 靖西县 | 19.87 | 0.34 | 0.35 | 88.64 | 1.77 | 0.20 |
| 广西 | 百色市 | 那坡县 | 5.53 | 0.28 | 0.42 | 13.10 | 0.85 | 0.43 |

续表

| 省份 | 市 | 县 | 2006年 地区生产总值/亿元 | 人均地区生产总值/万元 | 第三产业比重 | 2011年 地区生产总值/亿元 | 人均地区生产总值/万元 | 第三产业比重 |
|---|---|---|---|---|---|---|---|---|
| 广西 | 崇左市 | 宁明县 | 25.47 | 0.63 | 0.26 | 73.22 | 2.16 | 0.22 |
| | | 龙州县 | 23.39 | 0.86 | 0.31 | 57.28 | 2.57 | 0.31 |
| | | 大新县 | 26.58 | 0.74 | 0.28 | 76.05 | 2.55 | 0.22 |
| | | 凭祥市 | 13.86 | 1.30 | 0.68 | 31.40 | 2.81 | 0.09 |
| 云南 | 保山市 | 腾冲县 | 35.20 | 0.56 | 0.45 | 87.46 | 1.35 | 0.40 |
| | | 龙陵县 | 13.84 | 0.51 | 0.31 | 35.92 | 1.29 | 0.26 |
| | 思茅地区 | 江城县 | 6.81 | 0.58 | 0.34 | 15.14 | 1.23 | 0.25 |
| | | 孟连县 | 6.18 | 0.46 | 0.37 | 12.99 | 0.95 | 0.37 |
| | | 澜沧县 | 15.44 | 0.31 | 0.31 | 34.81 | 0.71 | 0.32 |
| | | 西盟县 | 2.66 | 0.29 | 0.54 | 5.29 | 0.58 | 0.51 |
| | 临沧地区 | 镇康县 | 8.70 | 0.42 | 0.32 | 21.49 | 1.23 | 0.30 |
| | | 沧源县 | 7.53 | 0.44 | 0.38 | 17.41 | 0.96 | 0.36 |
| | | 耿马县 | 16.36 | 0.58 | 0.31 | 44.31 | 1.48 | 0.29 |
| | 红河州 | 绿春县 | 5.16 | 0.24 | 0.36 | 14.37 | 0.64 | 0.30 |
| | | 金平县 | 10.76 | 0.32 | 0.24 | 23.45 | 0.66 | 0.28 |
| | | 河口县 | 8.54 | 0.83 | 0.53 | 22.56 | 2.15 | 0.52 |
| | 文山州 | 麻栗坡县 | 13.40 | 0.49 | 0.32 | 31.03 | 1.11 | 0.33 |
| | | 马关县 | 19.53 | 0.55 | 0.32 | 43.00 | 1.17 | 0.33 |
| | | 富宁县 | 20.40 | 0.52 | 0.35 | 41.11 | 1.00 | 0.38 |
| | 西双版纳州 | 景洪市 | 48.76 | 1.03 | 0.44 | 105.27 | 2.02 | 0.43 |
| | | 勐海县 | 18.89 | 0.58 | 0.41 | 48.01 | 1.44 | 0.38 |
| | | 勐腊县 | 24.47 | 0.97 | 0.32 | 47.34 | 1.67 | 0.38 |
| | 德宏州 | 潞西市 | 22.79 | 0.62 | 0.43 | 53.85 | 1.37 | 0.43 |
| | | 瑞丽市 | 15.05 | 0.92 | 0.58 | 35.24 | 1.93 | 0.60 |
| | | 盈江县 | 16.32 | 0.56 | 0.35 | 49.12 | 1.60 | 0.23 |
| | | 陇川县 | 11.04 | 0.63 | 0.29 | 22.36 | 1.23 | 0.29 |

续表

| 省份 | 市 | 县 | 2006年 地区生产总值/亿元 | 2006年 人均地区生产总值/万元 | 2006年 第三产业比重 | 2011年 地区生产总值/亿元 | 2011年 人均地区生产总值/万元 | 2011年 第三产业比重 |
|---|---|---|---|---|---|---|---|---|
| 云南 | 怒江州 | 泸水县 | 10.38 | 0.66 | 0.61 | 22.14 | 1.23 | 0.52 |
| 云南 | 怒江州 | 福贡县 | 3.29 | 0.35 | 0.40 | 6.10 | 0.61 | 0.42 |
| 云南 | 怒江州 | 贡山县 | 1.99 | 0.54 | 0.46 | 4.60 | 1.21 | 0.37 |
| 西藏 | 山南地区 | 洛扎县 | 0.99 | 0.54 | 0.63 | 2.22 | 1.17 | 0.42 |
| 西藏 | 山南地区 | 错那县 | 1.06 | 0.71 | 0.24 | 2.06 | 1.37 | 0.56 |
| 西藏 | 山南地区 | 浪卡子县 | 1.27 | 0.36 | 0.62 | 2.72 | 0.75 | 0.43 |
| 西藏 | 日喀则地区 | 定日县 | 2.02 | 0.42 | 0.43 | 4.10 | 0.79 | 0.48 |
| 西藏 | 日喀则地区 | 康马县 | 1.48 | 0.73 | 0.46 | 2.18 | 0.99 | 0.52 |
| 西藏 | 日喀则地区 | 定结县 | 1.28 | 0.69 | 0.42 | 2.02 | 0.96 | 0.57 |
| 西藏 | 日喀则地区 | 仲巴县 | 1.99 | 1.00 | 0.39 | 3.65 | 1.66 | 0.40 |
| 西藏 | 日喀则地区 | 亚东县 | 1.79 | 1.48 | 0.39 | 2.72 | 2.09 | 0.62 |
| 西藏 | 日喀则地区 | 吉隆县 | 1.20 | 0.96 | 0.47 | 2.50 | 1.72 | 0.49 |
| 西藏 | 日喀则地区 | 聂拉木县 | 2.05 | 1.33 | 0.41 | 3.70 | 2.06 | 0.56 |
| 西藏 | 日喀则地区 | 萨嘎县 | 1.01 | 0.79 | 0.76 | 1.90 | 1.35 | 0.60 |
| 西藏 | 阿里地区 | 岗巴县 | 0.77 | 0.78 | 0.62 | 1.53 | 1.40 | 0.65 |
| 西藏 | 阿里地区 | 普兰县 | 0.88 | 1.03 | 0.67 | 1.70 | 1.70 | 0.72 |
| 西藏 | 阿里地区 | 札达县 | 0.39 | 0.59 | 0.38 | 1.06 | 1.51 | 0.54 |
| 西藏 | 阿里地区 | 噶尔县 | 0.62 | 0.47 | 0.32 | 1.31 | 0.82 | 0.40 |
| 西藏 | 林芝地区 | 日土县 | 0.93 | 1.13 | 0.52 | 1.60 | 1.60 | 0.50 |
| 西藏 | 林芝地区 | 墨脱县 | 0.73 | 0.70 | 0.44 | 1.98 | 1.65 | 0.55 |
| 西藏 | 林芝地区 | 察隅县 | 1.66 | 0.65 | 0.50 | 3.45 | 1.23 | 0.47 |
| 甘肃 | 酒泉市 | 肃北县 | 4.86 | 4.34 | 0.24 | 25.06 | 16.71 | 0.16 |
| 新疆 | 哈密地区 | 哈密市 | 65.98 | 1.57 | 0.53 | 176.70 | 3.91 | 0.40 |
| 新疆 | 哈密地区 | 伊吾县 | 4.06 | 1.95 | 0.35 | 15.18 | 6.71 | 0.26 |
| 新疆 | 哈密地区 | 巴里坤县 | 7.44 | 0.74 | 0.40 | 29.02 | 2.82 | 0.27 |
| 新疆 | 和田地区 | 和田县 | 7.93 | 0.30 | 0.23 | 16.22 | 0.60 | 0.38 |
| 新疆 | 和田地区 | 皮山县 | 5.52 | 0.23 | 0.33 | 12.65 | 0.48 | 0.39 |

续表

| 省份 | 市 | 县 | 2006年 地区生产总值/亿元 | 2006年 人均地区生产总值/万元 | 2006年 第三产业比重 | 2011年 地区生产总值/亿元 | 2011年 人均地区生产总值/万元 | 2011年 第三产业比重 |
|---|---|---|---|---|---|---|---|---|
| 新疆 | 阿克苏地区 | 温宿县 | 14.94 | 0.65 | 0.30 | 38.71 | 1.59 | 0.27 |
| | | 乌什县 | 7.78 | 0.41 | 0.39 | 17.32 | 0.83 | 0.46 |
| | 喀什地区 | 叶城县 | 13.33 | 0.34 | 0.29 | 40.99 | 0.91 | 0.27 |
| | | 塔什库尔干县 | 2.60 | 0.77 | 0.33 | 5.11 | 1.35 | 0.37 |
| | 克孜勒苏州 | 阿图什市 | 10.33 | 0.47 | 0.57 | 23.29 | 0.93 | 0.60 |
| | | 阿合奇县 | 1.73 | 0.45 | 0.70 | 8.26 | 1.43 | 0.53 |
| | | 乌恰县 | 2.52 | 0.51 | 0.47 | 4.29 | 1.00 | 0.66 |
| | | 阿克陶县 | 5.00 | 0.28 | 0.45 | 12.09 | 0.59 | 0.42 |
| | 昌吉州 | 奇台县 | 22.09 | 1.08 | 0.33 | 70.90 | 3.33 | 0.23 |
| | | 木垒县 | 6.73 | 0.89 | 0.38 | 18.24 | 2.05 | 0.34 |
| | 博尔塔拉州 | 博乐市 | 44.56 | 1.76 | 0.61 | 99.91 | 3.77 | 0.50 |
| | | 温泉县 | 5.60 | 0.77 | 0.38 | 12.53 | 1.65 | 0.36 |
| | 伊犁州 | 昭苏县 | 9.93 | 0.61 | 0.38 | 25.26 | 1.39 | 0.34 |
| | | 霍城县 | 23.86 | 0.64 | 0.36 | 60.30 | 1.51 | 0.46 |
| | | 察布县 | 9.59 | 0.55 | 0.32 | 25.89 | 1.39 | 0.28 |
| | 塔城地区 | 塔城市 | 22.62 | 1.41 | 0.53 | 50.18 | 2.94 | 0.49 |
| | | 额敏县 | 21.69 | 1.06 | 0.40 | 50.25 | 2.31 | 0.33 |
| | | 裕民县 | 4.57 | 0.84 | 0.34 | 10.49 | 1.77 | 0.35 |
| | | 托里县 | 8.57 | 0.94 | 0.31 | 29.95 | 2.99 | 0.20 |
| | | 和布县 | 9.22 | 1.51 | 0.33 | 27.38 | 4.28 | 0.25 |
| | 阿勒泰地区 | 阿勒泰市 | 20.35 | 1.15 | 0.58 | 40.36 | 2.15 | 0.63 |
| | | 青河县 | 4.32 | 0.78 | 0.44 | 12.30 | 1.90 | 0.32 |
| | | 吉木乃县 | 2.55 | 0.72 | 0.39 | 4.70 | 1.26 | 0.39 |
| | | 富蕴县 | 15.45 | 1.89 | 0.21 | 41.12 | 4.59 | 0.15 |
| | | 布尔津县 | 7.05 | 1.11 | 0.46 | 12.68 | 1.89 | 0.44 |
| | | 福海县 | 10.72 | 1.48 | 0.28 | 22.75 | 2.95 | 0.31 |
| | | 哈巴河县 | 20.21 | 2.65 | 0.11 | 34.74 | 4.14 | 0.15 |

附录 8　各边境县（市）旅游服务设施竞争力评价指标值

| 省份 | 市 | 县 | 2006 年 酒店数量/个 | 2006 年 房间数/个 | 2006 年 旅游酒店得分 | 2011 年 酒店数量/个 | 2011 年 房间数/个 | 2011 年 旅游酒店得分 |
|---|---|---|---|---|---|---|---|---|
| 内蒙古 | 包头市 | 达尔罕茂明安联合旗 | 0 | 0 | 0 | 0 | 0 | 0 |
| | 呼伦贝尔市 | 陈巴尔虎旗 | 0 | 0 | 0 | 0 | 0 | 0 |
| | | 新巴尔虎左旗 | 0 | 0 | 0 | 0 | 0 | 0 |
| | | 新巴尔虎右旗 | 0 | 0 | 0 | 0 | 0 | 0 |
| | | 满洲里市 | 13 | 2047 | 35.5 | 29 | 3745 | 73 |
| | | 额尔古纳市 | 1 | 120 | 1.5 | 8 | 369 | 15 |
| | 巴彦淖尔市 | 乌拉特中旗 | 0 | 0 | 0 | 0 | 0 | 0 |
| | | 乌拉特后旗 | 0 | 0 | 0 | 0 | 0 | 0 |
| | 乌兰察布市 | 四子王旗 | 0 | 0 | 0 | 0 | 0 | 0 |
| | 兴安盟 | 阿尔山市 | 0 | 0 | 0 | 1 | 10 | 2.5 |
| | | 科尔沁右翼前旗 | 0 | 0 | 0 | 0 | 0 | 0 |
| | 锡林郭勒盟 | 二连浩特市 | 0 | 0 | 0 | 0 | 0 | 0 |
| | | 阿巴嘎旗 | 0 | 0 | 0 | 0 | 0 | 0 |
| | | 苏尼特左旗 | 0 | 0 | 0 | 0 | 0 | 0 |
| | | 苏尼特右旗 | 0 | 0 | 0 | 0 | 0 | 0 |
| | | 东乌珠穆沁旗 | 0 | 0 | 0 | 1 | 13 | 1.5 |
| | 阿拉善盟 | 阿拉善左旗 | 1 | 32 | 2 | 4 | 613 | 14 |
| | | 阿拉善右旗 | 0 | 0 | 0 | 0 | 0 | 0 |
| | | 额济纳旗 | 0 | 0 | 0 | 3 | 252 | 7 |
| 辽宁 | 丹东市 | 丹东市辖区 | 8 | 1055 | 20 | 22 | 2591 | 55 |
| | | 宽甸县 | 1 | 70 | 4.5 | 1 | 70 | 4.5 |
| | | 东港市 | 1 | 50 | 3 | 4 | 422 | 11 |
| 吉林 | 通化市 | 集安市 | 0 | 0 | 0 | 0 | 0 | 0 |
| | 白山市 | 白山市辖区 | 0 | 0 | 0 | 3 | 240 | 8 |
| | | 抚松县 | 1 | 91 | 2.5 | 16 | 1865 | 32 |
| | | 长白县 | 0 | 0 | 0 | 1 | 107 | 4 |
| | | 临江市 | 0 | 0 | 0 | 0 | 0 | 0 |

续表

| 省份 | 市 | 县 | 2006年 ||| 2011年 |||
|---|---|---|---|---|---|---|---|---|
| | | | 酒店数量/个 | 房间数/个 | 旅游酒店得分 | 酒店数量/个 | 房间数/个 | 旅游酒店得分 |
| 吉林 | 延边州 | 图们市 | 0 | 0 | 0 | 1 | 21 | 4.2 |
| | | 珲春市 | 0 | 0 | 0 | 5 | 391 | 14.5 |
| | | 龙井市 | 0 | 0 | 0 | 1 | 54 | 1.5 |
| | | 和龙市 | 0 | 0 | 0 | 0 | 0 | 0 |
| | | 安图县 | 3 | 593 | 10 | 29 | 2775 | 69.5 |
| 黑龙江 | 鸡西市 | 鸡东县 | 0 | 0 | 0 | 0 | 0 | 0 |
| | | 虎林市 | 0 | 0 | 0 | 0 | 0 | 0 |
| | | 密山市 | 1 | 72 | 2.5 | 1 | 72 | 2.5 |
| | 鹤岗市 | 萝北县 | 0 | 0 | 0 | 4 | 131 | 16 |
| | | 绥滨县 | 0 | 0 | 0 | 1 | 50 | 1.5 |
| | 双鸭山市 | 饶河县 | 0 | 0 | 0 | 0 | 0 | 0 |
| | 伊春市 | 嘉荫县 | 0 | 0 | 0 | 0 | 0 | 0 |
| | 佳木斯市 | 抚远县 | 0 | 0 | 0 | 0 | 0 | 0 |
| | | 同江市 | 0 | 0 | 0 | 0 | 0 | 0 |
| | 牡丹江市 | 东宁县 | 0 | 0 | 0 | 0 | 0 | 0 |
| | | 绥芬河市 | 3 | 325 | 7 | 6 | 532 | 12 |
| | | 穆棱市 | 0 | 0 | 0 | 0 | 0 | 0 |
| | 黑河市 | 黑河市辖区 | 4 | 432 | 11 | 16 | 1579 | 37 |
| | | 逊克县 | 0 | 0 | 0 | 0 | 0 | 0 |
| | | 孙吴县 | 0 | 0 | 0 | 0 | 0 | 0 |
| | 大兴安岭地区 | 呼玛县 | 0 | 0 | 0 | 0 | 0 | 0 |
| | | 塔河县 | 0 | 0 | 0 | 1 | 30 | 1.5 |
| | | 漠河县 | 7 | 64 | 10.5 | 23 | 846 | 45 |
| 广西 | 防城港市 | 防城港市辖区 | 1 | 203 | 3.5 | 10 | 1095 | 24.5 |
| | | 东兴市 | 5 | 461 | 13.5 | 16 | 1380 | 39.5 |
| | 百色市 | 靖西县 | 0 | 0 | 0 | 2 | 280 | 4 |
| | | 那坡县 | 0 | 0 | 0 | 0 | 0 | 0 |

续表

| 省份 | 市 | 县 | 2006年 酒店数量/个 | 2006年 房间数/个 | 2006年 旅游酒店得分 | 2011年 酒店数量/个 | 2011年 房间数/个 | 2011年 旅游酒店得分 |
|---|---|---|---|---|---|---|---|---|
| 广西 | 崇左市 | 宁明县 | 0 | 0 | 0 | 0 | 0 | 0 |
| 广西 | 崇左市 | 龙州县 | 0 | 0 | 0 | 0 | 0 | 0 |
| 广西 | 崇左市 | 大新县 | 1 | 93 | 2.5 | 5 | 500 | 13.5 |
| 广西 | 崇左市 | 凭祥市 | 1 | 126 | 3.5 | 5 | 569 | 15.5 |
| 云南 | 保山市 | 腾冲县 | 5 | 828 | 18.5 | 51 | 4342 | 145.5 |
| 云南 | 保山市 | 龙陵县 | 0 | 0 | 0 | 1 | 57 | 1.5 |
| 云南 | 思茅地区 | 江城县 | 0 | 0 | 0 | 0 | 0 | 0 |
| 云南 | 思茅地区 | 孟连县 | 0 | 0 | 0 | 0 | 0 | 0 |
| 云南 | 思茅地区 | 澜沧县 | 0 | 0 | 0 | 0 | 0 | 0 |
| 云南 | 思茅地区 | 西盟县 | 0 | 0 | 0 | 0 | 0 | 0 |
| 云南 | 临沧地区 | 镇康县 | 0 | 0 | 0 | 0 | 0 | 0 |
| 云南 | 临沧地区 | 沧源县 | 0 | 0 | 0 | 0 | 0 | 0 |
| 云南 | 临沧地区 | 耿马县 | 0 | 0 | 0 | 0 | 0 | 0 |
| 云南 | 红河州 | 绿春县 | 0 | 0 | 0 | 0 | 0 | 0 |
| 云南 | 红河州 | 金平县 | 0 | 0 | 0 | 0 | 0 | 0 |
| 云南 | 红河州 | 河口县 | 1 | 104 | 3 | 3 | 219 | 6 |
| 云南 | 文山州 | 麻栗坡县 | 0 | 0 | 0 | 0 | 0 | 0 |
| 云南 | 文山州 | 马关县 | 0 | 0 | 0 | 1 | 77 | 2.5 |
| 云南 | 文山州 | 富宁县 | 0 | 0 | 0 | 1 | 85 | 2.5 |
| 云南 | 西双版纳州 | 景洪市 | 13 | 1993 | 40 | 37 | 4608 | 96 |
| 云南 | 西双版纳州 | 勐海县 | 0 | 0 | 0 | 0 | 0 | 0 |
| 云南 | 西双版纳州 | 勐腊县 | 0 | 0 | 0 | 4 | 352 | 8.5 |
| 云南 | 德宏州 | 潞西市 | 4 | 479 | 11 | 4 | 479 | 11 |
| 云南 | 德宏州 | 瑞丽市 | 8 | 993 | 19 | 16 | 1829 | 38 |
| 云南 | 德宏州 | 盈江县 | 0 | 0 | 0 | 0 | 0 | 0 |
| 云南 | 德宏州 | 陇川县 | 0 | 0 | 0 | 0 | 0 | 0 |
| 云南 | 怒江州 | 泸水县 | 0 | 0 | 0 | 1 | 66 | 1.5 |
| 云南 | 怒江州 | 福贡县 | 0 | 0 | 0 | 0 | 0 | 0 |
| 云南 | 怒江州 | 贡山县 | 0 | 0 | 0 | 0 | 0 | 0 |

续表

| 省份 | 市 | 县 | 2006年 ||| 2011年 |||
|---|---|---|---|---|---|---|---|---|
| | | | 酒店数量/个 | 房间数/个 | 旅游酒店得分 | 酒店数量/个 | 房间数/个 | 旅游酒店得分 |
| 西藏 | 山南地区 | 洛扎县 | 0 | 0 | 0 | 0 | 0 | 0 |
| | | 错那县 | 0 | 0 | 0 | 0 | 0 | 0 |
| | | 浪卡子县 | 0 | 0 | 0 | 0 | 0 | 0 |
| | 日喀则地区 | 定日县 | 0 | 0 | 0 | 0 | 0 | 0 |
| | | 康马县 | 0 | 0 | 0 | 0 | 0 | 0 |
| | | 定结县 | 0 | 0 | 0 | 0 | 0 | 0 |
| | | 仲巴县 | 0 | 0 | 0 | 0 | 0 | 0 |
| | | 亚东县 | 0 | 0 | 0 | 0 | 0 | 0 |
| | | 吉隆县 | 0 | 0 | 0 | 0 | 0 | 0 |
| | | 聂拉木县 | 0 | 0 | 0 | 0 | 0 | 0 |
| | | 萨嘎县 | 0 | 0 | 0 | 0 | 0 | 0 |
| | | 岗巴县 | 0 | 0 | 0 | 0 | 0 | 0 |
| | 阿里地区 | 普兰县 | 0 | 0 | 0 | 1 | 23 | 1.5 |
| | | 札达县 | 0 | 0 | 0 | 0 | 0 | 0 |
| | | 噶尔县 | 0 | 0 | 0 | 1 | 18 | 1.5 |
| | | 日土县 | 0 | 0 | 0 | 0 | 0 | 0 |
| | 林芝地区 | 墨脱县 | 0 | 0 | 0 | 0 | 0 | 0 |
| | | 察隅县 | 0 | 0 | 0 | 0 | 0 | 0 |
| 甘肃 | 酒泉市 | 肃北县 | 0 | 0 | 0 | 0 | 0 | 0 |
| 新疆 | 哈密地区 | 哈密市 | 3 | 602 | 10.5 | 5 | 905 | 16 |
| | | 伊吾县 | 0 | 0 | 0 | 0 | 0 | 0 |
| | | 巴里坤县 | 0 | 0 | 0 | 0 | 0 | 0 |
| | 和田地区 | 和田县 | 0 | 0 | 0 | 0 | 0 | 0 |
| | | 皮山县 | 0 | 0 | 0 | 0 | 0 | 0 |
| | 阿克苏地区 | 温宿县 | 0 | 0 | 0 | 0 | 0 | 0 |
| | | 乌什县 | 0 | 0 | 0 | 0 | 0 | 0 |

续表

| 省份 | 市 | 县 | 2006年 ||| 2011年 |||
| --- | --- | --- | --- | --- | --- | --- | --- | --- |
| | | | 酒店数量/个 | 房间数/个 | 旅游酒店得分 | 酒店数量/个 | 房间数/个 | 旅游酒店得分 |
| 新疆 | 喀什地区 | 叶城县 | 0 | 0 | 0 | 0 | 0 | 0 |
| | | 塔什库尔干县 | 1 | 30 | 2 | 1 | 30 | 2 |
| | 克孜勒苏州 | 阿图什市 | 0 | 0 | 0 | 0 | 0 | 0 |
| | | 阿合奇县 | 0 | 0 | 0 | 0 | 0 | 0 |
| | | 乌恰县 | 0 | 0 | 0 | 0 | 0 | 0 |
| | | 阿克陶县 | 0 | 0 | 0 | 0 | 0 | 0 |
| | 昌吉州 | 奇台县 | 0 | 0 | 0 | 0 | 0 | 0 |
| | | 木垒县 | 0 | 0 | 0 | 0 | 0 | 0 |
| | 博尔塔拉州 | 博乐市 | 0 | 0 | 0 | 0 | 0 | 0 |
| | | 温泉县 | 0 | 0 | 0 | 0 | 0 | 0 |
| | 伊犁州 | 昭苏县 | 0 | 0 | 0 | 0 | 0 | 0 |
| | | 霍城县 | 0 | 0 | 0 | 0 | 0 | 0 |
| | | 察布县 | 0 | 0 | 0 | 0 | 0 | 0 |
| | 塔城地区 | 塔城市 | 0 | 0 | 0 | 0 | 0 | 0 |
| | | 额敏县 | 0 | 0 | 0 | 0 | 0 | 0 |
| | | 裕民县 | 0 | 0 | 0 | 0 | 0 | 0 |
| | | 托里县 | 0 | 0 | 0 | 0 | 0 | 0 |
| | | 和布县 | 0 | 0 | 0 | 0 | 0 | 0 |
| | 阿勒泰地区 | 阿勒泰市 | 1 | 192 | 3 | 3 | 363 | 9.5 |
| | | 青河县 | 0 | 0 | 0 | 0 | 0 | 0 |
| | | 吉木乃县 | 0 | 0 | 0 | 0 | 0 | 0 |
| | | 富蕴县 | 0 | 0 | 0 | 1 | 102 | 1.5 |
| | | 布尔津县 | 1 | 780 | 3.5 | 2 | 840 | 5 |
| | | 福海县 | 0 | 0 | 0 | 0 | 0 | 0 |
| | | 哈巴河县 | 0 | 0 | 0 | 0 | 0 | 0 |

## 附录9 各边境口岸县（市）出入境人数

| 省份 | 市 | 县 | 2006年出入境人数/万人次 | 2011年出入境人数/万人次 |
|---|---|---|---|---|
| 内蒙古 | 包头市 | 达尔罕茂明安联合旗 | 3.13 | 4.70 |
| | 呼伦贝尔市 | 陈巴尔虎旗 | 0.00 | 0.00 |
| | | 新巴尔虎左旗 | 1.36 | 1.50 |
| | | 新巴尔虎右旗 | 3.94 | 4.10 |
| | | 满洲里市 | 170.45 | 140.70 |
| | | 额尔古纳市 | 1.95 | 6.70 |
| | 巴彦淖尔市 | 乌拉特中旗 | 6.07 | 41.90 |
| | | 乌拉特后旗 | 0.00 | 0.00 |
| | 乌兰察布市 | 四子王旗 | 0.00 | 0.00 |
| | 兴安盟 | 阿尔山市 | 0.00 | 0.00 |
| | | 科尔沁右翼前旗 | 0.00 | 0.00 |
| | 锡林郭勒盟 | 二连浩特市 | 125.12 | 202.50 |
| | | 阿巴嘎旗 | 0.00 | 0.00 |
| | | 苏尼特左旗 | 0.00 | 0.00 |
| | | 苏尼特右旗 | 0.00 | 0.00 |
| | | 东乌珠穆沁旗 | 2.14 | 7.20 |
| | 阿拉善盟 | 阿拉善左旗 | 0.00 | 0.00 |
| | | 阿拉善右旗 | 0.00 | 0.00 |
| | | 额济纳旗 | 8.25 | 30.00 |
| 辽宁 | 丹东市 | 丹东市辖区 | 20.60 | 22.30 |
| | | 宽甸县 | 0.00 | 0.00 |
| | | 东港市 | 0.00 | 0.00 |
| 吉林 | 通化市 | 集安市 | 0.78 | 1.70 |
| | 白山市 | 白山市辖区 | 0.00 | 0.00 |
| | | 抚松县 | 0.00 | 0.00 |
| | | 长白县 | 2.38 | 2.40 |
| | | 临江市 | 0.90 | 0.59 |

续表

| 省份 | 市 | 县 | 2006年出入境人数/万人次 | 2011年出入境人数/万人次 |
|---|---|---|---|---|
| 吉林 | 延边州 | 图们市 | 2.55 | 2.86 |
| | | 珲春市 | 34.28 | 54.72 |
| | | 龙井市 | 3.41 | 2.93 |
| | | 和龙市 | 6.55 | 4.09 |
| | | 安图县 | 0.00 | 0.00 |
| 黑龙江 | 鸡西市 | 鸡东县 | 0.00 | 0.00 |
| | | 虎林市 | 0.25 | 7.50 |
| | | 密山市 | 25.51 | 2.60 |
| | 鹤岗市 | 萝北县 | 2.11 | 4.60 |
| | | 绥滨县 | 0.00 | 0.00 |
| | 双鸭山市 | 饶河县 | 1.84 | 10.20 |
| | 伊春市 | 嘉荫县 | 0.37 | 2.80 |
| | 佳木斯市 | 抚远县 | 12.91 | 19.20 |
| | | 同江市 | 7.57 | 13.60 |
| | 牡丹江市 | 东宁县 | 49.81 | 54.00 |
| | | 绥芬河市 | 58.62 | 98.60 |
| | | 穆棱市 | 0.00 | 0.00 |
| | 黑河市 | 黑河市辖区 | 97.32 | 112.30 |
| | | 逊克县 | 3.28 | 0.80 |
| | | 孙吴县 | 0.00 | 0.00 |
| | 大兴安岭地区 | 呼玛县 | 0.00 | 0.00 |
| | | 塔河县 | 0.00 | 0.00 |
| | | 漠河县 | 0.15 | 0.50 |
| 广西 | 防城港市 | 防城港市辖区 | 0.00 | 0.00 |
| | | 东兴市 | 291.60 | 320.94 |
| | 百色市 | 靖西县 | 2.40 | 2.71 |
| | | 那坡县 | 0.00 | 0.00 |

续表

| 省份 | 市 | 县 | 2006年出入境人数/万人次 | 2011年出入境人数/万人次 |
|---|---|---|---|---|
| 广西 | 崇左市 | 宁明县 | 0.00 | 0.00 |
| | | 龙州县 | 22.01 | 30.20 |
| | | 大新县 | 0.00 | 0.00 |
| | | 凭祥市 | 32.37 | 96.20 |
| 云南 | 保山市 | 腾冲县 | 14.57 | 43.78 |
| | | 龙陵县 | 0.00 | 0.00 |
| | 思茅地区 | 江城县 | 0.00 | 0.00 |
| | | 孟连县 | 36.82 | 76.11 |
| | | 澜沧县 | 0.00 | 0.00 |
| | | 西盟县 | 0.00 | 0.00 |
| | 临沧地区 | 镇康县 | 44.63 | 86.93 |
| | | 沧源县 | 15.05 | 31.61 |
| | | 耿马县 | 37.60 | 25.21 |
| | 红河州 | 绿春县 | 0.00 | 0.00 |
| | | 金平县 | 12.69 | 8.91 |
| | | 河口县 | 350.22 | 399.10 |
| | 文山州 | 麻栗坡县 | 43.12 | 26.16 |
| | | 马关县 | 0.00 | 0.00 |
| | | 富宁县 | 14.40 | 11.38 |
| | 西双版纳州 | 景洪市 | 3.57 | 3.62 |
| | | 勐海县 | 25.09 | 41.25 |
| | | 勐腊县 | 35.30 | 61.66 |
| | 德宏州 | 潞西市 | 0.00 | 0.00 |
| | | 瑞丽市 | 598.38 | 1109.29 |
| | | 盈江县 | 62.07 | 94.38 |
| | | 陇川县 | 57.10 | 68.08 |
| | 怒江州 | 泸水县 | 17.94 | 20.77 |
| | | 福贡县 | 0.00 | 0.00 |
| | | 贡山县 | 0.00 | 0.00 |

续表

| 省份 | 市 | 县 | 2006年出入境人数/万人次 | 2011年出入境人数/万人次 |
|---|---|---|---|---|
| 西藏 | 山南地区 | 洛扎县 | 0.00 | 0.00 |
| | | 错那县 | 0.00 | 0.00 |
| | | 浪卡子县 | 0.00 | 0.00 |
| | 日喀则地区 | 定日县 | 0.00 | 0.00 |
| | | 康马县 | 0.00 | 0.00 |
| | | 定结县 | 0.00 | 0.00 |
| | | 仲巴县 | 0.00 | 0.00 |
| | | 亚东县 | 0.00 | 0.00 |
| | | 吉隆县 | 0.00 | 0.00 |
| | | 聂拉木县 | 7.00 | 0.00 |
| | | 萨嘎县 | 0.00 | 0.00 |
| | | 岗巴县 | 0.00 | 0.00 |
| | 阿里地区 | 普兰县 | 3.80 | 0.00 |
| | | 札达县 | 0.00 | 0.00 |
| | | 噶尔县 | 0.00 | 0.00 |
| | | 日土县 | 0.00 | 0.00 |
| | 林芝地区 | 墨脱县 | 0.00 | 0.00 |
| | | 察隅县 | 0.00 | 0.00 |
| 甘肃 | 酒泉市 | 肃北县 | 0.00 | 0.00 |
| 新疆 | 哈密地区 | 哈密市 | 0.00 | 0.00 |
| | | 伊吾县 | 0.00 | 0.00 |
| | | 巴里坤县 | 0.53 | 2.15 |
| | 和田地区 | 和田县 | 0.00 | 0.00 |
| | | 皮山县 | 0.00 | 0.00 |
| | 阿克苏地区 | 温宿县 | 0.00 | 0.00 |
| | | 乌什县 | 0.00 | 0.00 |

续表

| 省份 | 市 | 县 | 2006年出入境人数/万人次 | 2011年出入境人数/万人次 |
|---|---|---|---|---|
| 新疆 | 喀什地区 | 叶城县 | 0.00 | 0.00 |
| | | 塔什库尔干县 | 2.64 | 1.75 |
| | 克孜勒苏州 | 阿图什市 | 0.00 | 0.00 |
| | | 阿合奇县 | 0.00 | 0.00 |
| | | 乌恰县 | 6.98 | 8.20 |
| | | 阿克陶县 | 0.00 | 0.00 |
| | 昌吉州 | 奇台县 | 0.00 | 0.00 |
| | | 木垒县 | 0.00 | 0.00 |
| | 博尔塔拉州 | 博乐市 | 12.33 | 12.61 |
| | | 温泉县 | 0.00 | 0.00 |
| | 伊犁州 | 昭苏县 | 0.00 | 0.00 |
| | | 霍城县 | 49.30 | 82.17 |
| | | 察布县 | 0.80 | 2.53 |
| | 塔城地区 | 塔城市 | 4.56 | 6.65 |
| | | 额敏县 | 0.00 | 0.00 |
| | | 裕民县 | 0.00 | 0.00 |
| | | 托里县 | 0.00 | 0.00 |
| | | 和布县 | 0.00 | 0.00 |
| | 阿勒泰地区 | 阿勒泰市 | 0.00 | 0.00 |
| | | 青河县 | 5.65 | 5.98 |
| | | 吉木乃县 | 8.00 | 11.04 |
| | | 富蕴县 | 0.00 | 0.00 |
| | | 布尔津县 | 0.00 | 0.00 |
| | | 福海县 | 0.04 | 0.22 |
| | | 哈巴河县 | 0.00 | 0.00 |

资料来源：根据《中国口岸年鉴》（中国口岸协会编，中国海关出版社，2014）整理。

附录10 边境县（市）旅游集聚竞争力各评价指标值

| 省份 | 市 | 县 | 2006年 GDP/万元 | 2006年 旅游收入/万元 | 2011年 GDP/万元 | 2011年 旅游收入/万元 |
|---|---|---|---|---|---|---|
| 内蒙古 | 包头市 | 达尔罕茂明安联合旗 | 522867 | 8362 | 1469555 | 29000 |
| | 呼伦贝尔市 | 陈巴尔虎旗 | 185527 | 8814 | 646845 | 32400 |
| | | 新巴尔虎左旗 | 97149 | 9294 | 268172 | 19800 |
| | | 新巴尔虎右旗 | 198991 | 14000 | 572843 | 26600 |
| | | 满洲里市 | 641539 | 231700 | 1540830 | 402000 |
| | | 额尔古纳市 | 135495 | 14000 | 320033 | 77000 |
| | 巴彦淖尔市 | 乌拉特中旗 | 202000 | 796.22 | 975597 | 7821.73 |
| | | 乌拉特后旗 | 270300 | 291.38 | 797241 | 2800 |
| | 乌兰察布市 | 四子王旗 | 188167 | 5000 | 418145 | 5300 |
| | 兴安盟 | 阿尔山市 | 47086 | 32000 | 106039 | 97000 |
| | | 科尔沁右翼前旗 | 234599 | 2132 | 600251 | 5799 |
| | 锡林郭勒盟 | 二连浩特市 | 191103 | 146500 | 570817 | 241200 |
| | | 阿巴嘎旗 | 104060 | 420 | 395940 | 1470 |
| | | 苏尼特左旗 | 108704 | 112 | 292865 | 700 |
| | | 苏尼特右旗 | 139004 | 580 | 402252 | 966 |
| | | 东乌珠穆沁旗 | 243967 | 3584 | 999155 | 18900 |
| | 阿拉善盟 | 阿拉善左旗 | 611889 | 8060 | 3091999 | 73900 |
| | | 阿拉善右旗 | 101898 | 2238 | 333997 | 17000 |
| | | 额济纳旗 | 105189 | 6051.24 | 398932 | 48000 |
| 辽宁 | 丹东市 | 丹东市辖区 | 1656209 | 495000 | 2738506 | 603000 |
| | | 宽甸县 | 704321 | 63000 | 1704697 | 520000 |
| | | 东港市 | 1697019 | 91000 | 4139389 | 396000 |
| 吉林 | 通化市 | 集安市 | 244605 | 30500 | 737188 | 98000 |
| | 白山市 | 白山市辖区 | 1020586 | 12000 | 2576521 | 48000 |
| | | 抚松县 | 388961 | 10600 | 1268838 | 51000 |
| | | 长白县 | 105837 | 5800 | 290162 | 39000 |
| | | 临江市 | 235955 | 4355 | 710342 | 15800 |

续表

| 省份 | 市 | 县 | 2006年 GDP/万元 | 2006年 旅游收入/万元 | 2011年 GDP/万元 | 2011年 旅游收入/万元 |
|---|---|---|---|---|---|---|
| 吉林 | 延边州 | 图们市 | 139477 | 4645 | 325750 | 12700 |
| | | 珲春市 | 260019 | 15000 | 1000853 | 78000 |
| | | 龙井市 | 156291 | 2315 | 309552 | 11500 |
| | | 和龙市 | 160770 | 200 | 429729 | 13600 |
| | | 安图县 | 183197 | 19120 | 500482 | 121000 |
| 黑龙江 | 鸡西市 | 鸡东县 | 417901 | 2880 | 957340 | 6640 |
| | | 虎林市 | 482328 | 14014 | 1124502 | 31100 |
| | | 密山市 | 464478 | 29000 | 1116188 | 58000 |
| | 鹤岗市 | 萝北县 | 266174 | 6500 | 680336 | 36000 |
| | | 绥滨县 | 176359 | 3611 | 446154 | 20000 |
| | 双鸭山市 | 饶河县 | 133163 | 6000 | 375543 | 21000 |
| | 伊春市 | 嘉荫县 | 113891 | 1300 | 224210 | 12800 |
| | 佳木斯市 | 抚远县 | 127007 | 7916 | 398682 | 17000 |
| | | 同江市 | 208733 | 6000 | 737012 | 19200 |
| | 牡丹江市 | 东宁县 | 348024 | 22560 | 1127899 | 45686 |
| | | 绥芬河市 | 382429 | 23999 | 921953 | 54389 |
| | | 穆棱市 | 427293 | 23380 | 1268359 | 50038 |
| | 黑河市 | 黑河市辖区 | 250459 | 445 | 484650 | 18200 |
| | | 逊克县 | 87210 | 31.18 | 182856 | 146.6 |
| | | 孙吴县 | 36701 | 33.1 | 94052 | 155.2 |
| | 大兴安岭地区 | 呼玛县 | 46602 | 792 | 137773 | 13000 |
| | | 塔河县 | 80911 | 1096 | 196266 | 18000 |
| | | 漠河县 | 109770 | 6496 | 337190 | 77600 |
| 广西 | 防城港市 | 防城港市辖区 | 823038 | 2266 | 3065874 | 154800 |
| | | 东兴市 | 159984 | 32700 | 520856 | 192400 |
| | 百色市 | 靖西县 | 198709 | 18200 | 886418 | 43000 |
| | | 那坡县 | 55303 | 975 | 131002 | 4050 |

续表

| 省份 | 市 | 县 | 2006年 GDP/万元 | 2006年 旅游收入/万元 | 2011年 GDP/万元 | 2011年 旅游收入/万元 |
|---|---|---|---|---|---|---|
| 广西 | 崇左市 | 宁明县 | 254676 | 2460 | 732171 | 59000 |
| | | 龙州县 | 233928 | 7959 | 572788 | 68000 |
| | | 大新县 | 265840 | 18600 | 760529 | 109300 |
| | | 凭祥市 | 138616.9 | 30800 | 314009 | 158800 |
| 云南 | 保山市 | 腾冲县 | 352017 | 90600 | 874600 | 263000 |
| | | 龙陵县 | 138440 | 10300 | 359200 | 25500 |
| | 思茅地区 | 江城县 | 68106 | 2544 | 151400 | 7559.5 |
| | | 孟连县 | 61754 | 5926 | 129900 | 11400 |
| | | 澜沧县 | 154435 | 5351 | 348100 | 10764 |
| | | 西盟县 | 26580 | 856.95 | 52900 | 7804.75 |
| | 临沧地区 | 镇康县 | 86999 | 7971 | 214900 | 22900 |
| | | 沧源县 | 75320 | 9287 | 174100 | 31700 |
| | | 耿马县 | 163640 | 5228.76 | 443100 | 22700 |
| | 红河州 | 绿春县 | 51600 | 2130 | 143700 | 5411 |
| | | 金平县 | 107632 | 3952.56 | 234500 | 10707 |
| | | 河口县 | 85419 | 32000 | 225600 | 83230 |
| | 文山州 | 麻栗坡县 | 134007 | 23991 | 310300 | 78234 |
| | | 马关县 | 195299 | 977 | 430000 | 1960 |
| | | 富宁县 | 203981 | 16041.4 | 411100 | 65200 |
| | 西双版纳州 | 景洪市 | 487601 | 220000 | 1052700 | 776700 |
| | | 勐海县 | 188854 | 22343 | 480100 | 82931 |
| | | 勐腊县 | 244687 | 14500 | 473400 | 152700 |
| | 德宏州 | 潞西市 | 227631 | 23400 | 538500 | 196168 |
| | | 瑞丽市 | 150458 | 79968 | 352400 | 204700 |
| | | 盈江县 | 163205 | 65105 | 491200 | 112399 |
| | | 陇川县 | 110440 | 7279 | 223600 | 69800 |
| | 怒江州 | 泸水县 | 103800 | 11000 | 221400 | 38700 |
| | | 福贡县 | 32924 | 4465 | 61000 | 8436 |
| | | 贡山县 | 19867 | 6628.06 | 46000 | 14913 |

续表

| 省份 | 市 | 县 | 2006年 GDP/万元 | 2006年 旅游收入/万元 | 2011年 GDP/万元 | 2011年 旅游收入/万元 |
|---|---|---|---|---|---|---|
| 西藏 | 山南地区 | 洛扎县 | 9947 | 285 | 22223 | 602 |
| | | 错那县 | 10597 | 192 | 20602 | 402.5 |
| | | 浪卡子县 | 12700 | 96 | 27160 | 201 |
| | 日喀则地区 | 定日县 | 20232 | 1278 | 41000 | 3748.5 |
| | | 康马县 | 14822 | 53 | 21759.42 | 124 |
| | | 定结县 | 12782 | 10 | 20231 | 24 |
| | | 仲巴县 | 19908 | 81.55 | 36500 | 190 |
| | | 亚东县 | 17876 | 67 | 27212 | 157 |
| | | 吉隆县 | 12028 | 102 | 25041.46 | 237 |
| | | 聂拉木县 | 20500 | 160 | 37000 | 698.2 |
| | | 萨嘎县 | 10071 | 153 | 18953 | 357 |
| | | 岗巴县 | 7650 | 38.5 | 15345 | 90.5 |
| | 阿里地区 | 普兰县 | 8808.13 | 175.76 | 17000 | 1428 |
| | | 札达县 | 3872 | 19 | 10592 | 43.7 |
| | | 噶尔县 | 6161.28 | 34 | 13123 | 78 |
| | | 日土县 | 9327 | 52 | 16000 | 120 |
| | 林芝地区 | 墨脱县 | 7306 | 66.57 | 19800 | 305.21 |
| | | 察隅县 | 16614 | 28 | 34500 | 128 |
| 甘肃 | 酒泉市 | 肃北县 | 48583 | 256 | 250600 | 417 |
| 新疆 | 哈密地区 | 哈密市 | 659765 | 16200 | 1766951 | 41200 |
| | | 伊吾县 | 40561 | 679 | 151810 | 5947 |
| | | 巴里坤县 | 74364 | 1000 | 290160 | 7195 |
| | 和田地区 | 和田县 | 79269 | 65 | 162187 | 379.08 |
| | | 皮山县 | 55151 | 89.132 | 126515 | 456.08 |
| | 阿克苏地区 | 温宿县 | 149422 | 426.6 | 387105 | 4305 |
| | | 乌什县 | 77847 | 237 | 173208 | 1010 |

续表

| 省份 | 市 | 县 | 2006年 GDP/万元 | 2006年 旅游收入/万元 | 2011年 GDP/万元 | 2011年 旅游收入/万元 |
|---|---|---|---|---|---|---|
| 新疆 | 喀什地区 | 叶城县 | 133345 | 134 | 409921 | 432 |
| | | 塔什库尔干县 | 26024 | 2174 | 51144 | 7680 |
| | 克孜勒苏州 | 阿图什市 | 103301 | 2075.57 | 232925 | 1869.04 |
| | | 阿合奇县 | 17311 | 1.2 | 82647 | 2 |
| | | 乌恰县 | 25200 | 990 | 42900 | 2150 |
| | | 阿克陶县 | 49993 | 309 | 120898 | 1005.6 |
| | 昌吉州 | 奇台县 | 220889 | 10700 | 709042 | 77400 |
| | | 木垒县 | 67304 | 3739.4 | 182429 | 29000 |
| | 博尔塔拉州 | 博乐市 | 445552 | 4675.84 | 999142 | 9728 |
| | | 温泉县 | 56048 | 822.17 | 125258 | 3142.49 |
| | 伊犁州 | 昭苏县 | 99312 | 949 | 252568 | 7019.4 |
| | | 霍城县 | 238554 | 6600 | 603016 | 20700 |
| | | 察布县 | 95891 | 2103.3 | 258915 | 5718.4 |
| | 塔城地区 | 塔城市 | 226246 | 2140 | 501824 | 6740.6 |
| | | 额敏县 | 216911 | 450 | 502452 | 5000 |
| | | 裕民县 | 45705 | 1000 | 104869 | 3360 |
| | | 托里县 | 85731 | 205 | 299512 | 1400 |
| | | 和布县 | 92234 | 540 | 273790 | 3520 |
| | 阿勒泰地区 | 阿勒泰市 | 203548 | 43500 | 403595 | 55400 |
| | | 青河县 | 43220 | 2469 | 123005 | 5500 |
| | | 吉木乃县 | 25515 | 1554.3 | 47010 | 3447.781 |
| | | 富蕴县 | 154460 | 1950 | 411166 | 57000 |
| | | 布尔津县 | 70505 | 68000 | 126799 | 81500 |
| | | 福海县 | 107228 | 2050 | 227481 | 3800 |
| | | 哈巴河县 | 202148 | 1032 | 347397 | 21000 |

## 附录11 边境县（市）旅游市场竞争力各评价指标值

| 省份 | 市 | 县 | 2006年 旅游人数/万人 | 2006年 旅游收入/万元 | 2011年 旅游人数/万人 | 2011年 旅游收入/万元 |
|---|---|---|---|---|---|---|
| 内蒙古 | 包头市 | 达尔罕茂明安联合旗 | 63.80 | 8362 | 90.00 | 29000 |
| | 呼伦贝尔市 | 陈巴尔虎旗 | 33.90 | 8814 | 80.75 | 32400 |
| | | 新巴尔虎左旗 | 24.50 | 9294 | 22.50 | 19800 |
| | | 新巴尔虎右旗 | 29.20 | 14000 | 38.70 | 26600 |
| | | 满洲里市 | 351.00 | 231700 | 580.00 | 402000 |
| | | 额尔古纳市 | 11.34 | 14000 | 103.50 | 77000 |
| | 巴彦淖尔市 | 乌拉特中旗 | 23.50 | 796.22 | 32.50 | 7821.73 |
| | | 乌拉特后旗 | 13.88 | 291.38 | 19.19 | 2800 |
| | 乌兰察布市 | 四子王旗 | 35.00 | 5000 | 50.00 | 5300 |
| | 兴安盟 | 阿尔山市 | 67.23 | 32000 | 84.00 | 97000 |
| | | 科尔沁右翼前旗 | 5.24 | 2132 | 11.30 | 5799 |
| | 锡林郭勒盟 | 二连浩特市 | 84.50 | 146500 | 158.26 | 241200 |
| | | 阿巴嘎旗 | 3.20 | 420 | 9.80 | 1470 |
| | | 苏尼特左旗 | 0.16 | 112 | 0.75 | 700 |
| | | 苏尼特右旗 | 8.89 | 580 | 13.80 | 966 |
| | | 东乌珠穆沁旗 | 12.80 | 3584 | 30.00 | 18900 |
| | 阿拉善盟 | 阿拉善左旗 | 40.32 | 8060 | 113.50 | 73900 |
| | | 阿拉善右旗 | 5.63 | 2238 | 23.80 | 17000 |
| | | 额济纳旗 | 21.16 | 6051.24 | 55.00 | 48000 |
| 辽宁 | 丹东市 | 丹东市辖区 | 517.80 | 495000 | 859.00 | 603000 |
| | | 宽甸县 | 90.80 | 63000 | 506.00 | 520000 |
| | | 东港市 | 178.00 | 91000 | 420.00 | 396000 |
| 吉林 | 通化市 | 集安市 | 61.00 | 30500 | 161.80 | 98000 |
| | 白山市 | 白山市辖区 | 20.80 | 12000 | 51.40 | 48000 |
| | | 抚松县 | 26.50 | 10600 | 49.70 | 51000 |
| | | 长白县 | 9.20 | 5800 | 60.00 | 39000 |
| | | 临江市 | 20.00 | 4355 | 36.30 | 15800 |

续表

| 省份 | 市 | 县 | 2006年 旅游人数/万人 | 2006年 旅游收入/万元 | 2011年 旅游人数/万人 | 2011年 旅游收入/万元 |
|---|---|---|---|---|---|---|
| 吉林 | 延边州 | 图们市 | 17.40 | 4645 | 81.60 | 12700 |
| | | 珲春市 | 15.96 | 15000 | 75.00 | 78000 |
| | | 龙井市 | 13.27 | 2315 | 33.70 | 11500 |
| | | 和龙市 | 4.66 | 200 | 22.62 | 13600 |
| | | 安图县 | 70.00 | 19120 | 88.00 | 121000 |
| 黑龙江 | 鸡西市 | 鸡东县 | 37.00 | 2880 | 40.50 | 6640 |
| | | 虎林市 | 52.08 | 14014 | 102.00 | 31100 |
| | | 密山市 | 85.00 | 29000 | 170.00 | 58000 |
| | 鹤岗市 | 萝北县 | 19.00 | 6500 | 120.00 | 36000 |
| | | 绥滨县 | 2.06 | 3611 | 13.00 | 20000 |
| | 双鸭山市 | 饶河县 | 7.00 | 6000 | 30.40 | 21000 |
| | 伊春市 | 嘉荫县 | 11.00 | 1300 | 25.96 | 12800 |
| | 佳木斯市 | 抚远县 | 8.17 | 7916 | 19.20 | 17000 |
| | | 同江市 | 26.00 | 6000 | 62.00 | 19200 |
| | 牡丹江市 | 东宁县 | 20.10 | 22560 | 54.05 | 45686 |
| | | 绥芬河市 | 23.17 | 23999 | 50.68 | 54389 |
| | | 穆棱市 | 21.63 | 23380 | 52.37 | 50038 |
| | 黑河市 | 黑河市辖区 | 14.20 | 445 | 24.20 | 18200 |
| | | 逊克县 | 0.70 | 31.18 | 2.93 | 146.6 |
| | | 孙吴县 | 0.88 | 33.1 | 3.69 | 155.2 |
| | 大兴安岭地区 | 呼玛县 | 1.25 | 792 | 15.80 | 13000 |
| | | 塔河县 | 1.94 | 1096 | 24.60 | 18000 |
| | | 漠河县 | 10.15 | 6496 | 95.30 | 77600 |
| 广西 | 防城港市 | 防城港市辖区 | 28.15 | 2266 | 271.00 | 154800 |
| | | 东兴市 | 93.84 | 32700 | 369.09 | 192400 |
| | 百色市 | 靖西县 | 80.33 | 18200 | 152.00 | 43000 |
| | | 那坡县 | 6.50 | 975 | 16.20 | 4050 |

续表

| 省份 | 市 | 县 | 2006年 旅游人数/万人 | 2006年 旅游收入/万元 | 2011年 旅游人数/万人 | 2011年 旅游收入/万元 |
|---|---|---|---|---|---|---|
| 广西 | 崇左市 | 宁明县 | 12.30 | 2460 | 80.10 | 59000 |
| | | 龙州县 | 41.24 | 7959 | 85.90 | 68000 |
| | | 大新县 | 52.99 | 18600 | 177.47 | 109300 |
| | | 凭祥市 | 77.70 | 30800 | 273.83 | 158800 |
| 云南 | 保山市 | 腾冲县 | 244.90 | 90600 | 440.20 | 263000 |
| | | 龙陵县 | 47.00 | 10300 | 62.00 | 25500 |
| | 思茅地区 | 江城县 | 25.85 | 2544 | 48.79 | 7559.5 |
| | | 孟连县 | 47.60 | 5926 | 54.63 | 11400 |
| | | 澜沧县 | 54.50 | 5351 | 101.00 | 10764 |
| | | 西盟县 | 9.37 | 856.95 | 14.83 | 7804.75 |
| | 临沧地区 | 镇康县 | 11.49 | 7971 | 27.15 | 22900 |
| | | 沧源县 | 8.79 | 9287 | 63.70 | 31700 |
| | | 耿马县 | 17.13 | 5228.76 | 29.74 | 22700 |
| | 红河州 | 绿春县 | 3.96 | 2130 | 9.32 | 5411 |
| | | 金平县 | 9.00 | 3952.56 | 19.11 | 10707 |
| | | 河口县 | 84.00 | 32000 | 159.31 | 83230 |
| | 文山州 | 麻栗坡县 | 65.00 | 23991 | 96.33 | 78234 |
| | | 马关县 | 9.93 | 977 | 18.00 | 1960 |
| | | 富宁县 | 25.45 | 16041.4 | 68.62 | 65200 |
| | 西双版纳州 | 景洪市 | 304.70 | 220000 | 700.26 | 776700 |
| | | 勐海县 | 31.19 | 22343 | 87.72 | 82931 |
| | | 勐腊县 | 53.41 | 14500 | 229.66 | 152700 |
| | 德宏州 | 潞西市 | 53.89 | 23400 | 176.47 | 196168 |
| | | 瑞丽市 | 116.00 | 79968 | 150.44 | 204700 |
| | | 盈江县 | 32.55 | 65105 | 96.01 | 112399 |
| | | 陇川县 | 28.82 | 7279 | 58.76 | 69800 |
| | 怒江州 | 泸水县 | 27.05 | 11000 | 75.33 | 38700 |
| | | 福贡县 | 6.14 | 4465 | 10.00 | 8436 |
| | | 贡山县 | 12.40 | 6628.06 | 25.21 | 14913 |

续表

| 省份 | 市 | 县 | 2006年 旅游人数/万人 | 2006年 旅游收入/万元 | 2011年 旅游人数/万人 | 2011年 旅游收入/万元 |
|---|---|---|---|---|---|---|
| 西藏 | 山南地区 | 洛扎县 | 8.25 | 285 | 14.90 | 602 |
| | | 错那县 | 0.64 | 192 | 1.15 | 402.5 |
| | | 浪卡子县 | 19.20 | 96 | 34.70 | 201 |
| | 日喀则地区 | 定日县 | 3.22 | 1278 | 7.14 | 3748.5 |
| | | 康马县 | 0.12 | 53 | 0.33 | 124 |
| | | 定结县 | 0.01 | 10 | 0.02 | 24 |
| | | 仲巴县 | 1.54 | 81.55 | 4.00 | 190 |
| | | 亚东县 | 0.17 | 67 | 0.44 | 157 |
| | | 吉隆县 | 0.39 | 102 | 1.01 | 237 |
| | | 聂拉木县 | 1.00 | 160 | 6.90 | 698.2 |
| | | 萨嘎县 | 1.89 | 153 | 4.90 | 357 |
| | | 岗巴县 | 0.09 | 38.5 | 0.23 | 90.5 |
| | 阿里地区 | 普兰县 | 0.52 | 175.76 | 4.20 | 1428 |
| | | 札达县 | 0.02 | 19 | 0.05 | 43.7 |
| | | 噶尔县 | 0.03 | 34 | 0.08 | 78 |
| | | 日土县 | 0.04 | 52 | 0.12 | 120 |
| | 林芝地区 | 墨脱县 | 0.05 | 66.57 | 0.21 | 305.21 |
| | | 察隅县 | 0.13 | 28 | 0.58 | 128 |
| 甘肃 | 酒泉市 | 肃北县 | 2.58 | 256 | 3.40 | 417 |
| 新疆 | 哈密地区 | 哈密市 | 80.80 | 16200 | 152.72 | 41200 |
| | | 伊吾县 | 6.94 | 679 | 31.80 | 5947 |
| | | 巴里坤县 | 15.00 | 1000 | 35.00 | 7195 |
| | 和田地区 | 和田县 | 6.50 | 65 | 15.98 | 379.08 |
| | | 皮山县 | 1.62 | 89.132 | 4.83 | 456.08 |
| | 阿克苏地区 | 温宿县 | 9.20 | 426.6 | 45.66 | 4305 |
| | | 乌什县 | 7.10 | 237 | 6.00 | 1010 |

续表

| 省份 | 市 | 县 | 2006年 旅游人数/万人 | 2006年 旅游收入/万元 | 2011年 旅游人数/万人 | 2011年 旅游收入/万元 |
|---|---|---|---|---|---|---|
| 新疆 | 喀什地区 | 叶城县 | 3.62 | 134 | 6.30 | 432 |
| | | 塔什库尔干县 | 10.32 | 2174 | 25.60 | 7680 |
| | 克孜勒苏州 | 阿图什市 | 34.48 | 2075.57 | 15.03 | 1869.04 |
| | | 阿合奇县 | 0.01 | 1.2 | 0.02 | 2 |
| | | 乌恰县 | 5.58 | 990 | 14.20 | 2150 |
| | | 阿克陶县 | 6.94 | 309 | 10.06 | 1005.6 |
| | 昌吉州 | 奇台县 | 34.00 | 10700 | 140.00 | 77400 |
| | | 木垒县 | 12.18 | 3739.4 | 48.20 | 29000 |
| | 博尔塔拉州 | 博乐市 | 35.90 | 4675.84 | 68.01 | 9728 |
| | | 温泉县 | 16.50 | 822.17 | 32.07 | 3142.49 |
| | 伊犁州 | 昭苏县 | 11.78 | 949 | 56.66 | 7019.4 |
| | | 霍城县 | 55.00 | 6600 | 69.00 | 20700 |
| | | 察布县 | 27.00 | 2103.3 | 53.77 | 5718.4 |
| | 塔城地区 | 塔城市 | 21.40 | 2140 | 41.40 | 6740.6 |
| | | 额敏县 | 4.30 | 450 | 23.00 | 5000 |
| | | 裕民县 | 8.00 | 1000 | 16.00 | 3360 |
| | | 托里县 | 2.87 | 205 | 7.00 | 1400 |
| | | 和布县 | 5.10 | 540 | 22.00 | 3520 |
| | 阿勒泰地区 | 阿勒泰市 | 64.76 | 43500 | 91.30 | 55400 |
| | | 青河县 | 8.09 | 2469 | 13.00 | 5500 |
| | | 吉木乃县 | 10.80 | 1554.3 | 13.51 | 3447.781 |
| | | 富蕴县 | 26.00 | 1950 | 73.70 | 57000 |
| | | 布尔津县 | 86.20 | 68000 | 113.30 | 81500 |
| | | 福海县 | 9.40 | 2050 | 19.30 | 3800 |
| | | 哈巴河县 | 10.20 | 1032 | 28.20 | 21000 |

附录12 2006年边境县（市）旅游竞争力要素值

| 省份 | 市 | 县 | 旅游自然环境 | 旅游资源 | 区位交通 | 旅游社会环境 | 旅游服务设施 | 边境口岸 | 旅游集聚 | 旅游市场 |
|---|---|---|---|---|---|---|---|---|---|---|
| 内蒙古 | 包头 | 达尔罕茂明安联合旗 | 56.35 | 27.03 | 46.92 | 24.51 | 0.00 | 0.30 | 1.48 | 3.89 |
| | 呼伦贝尔 | 陈巴尔虎旗 | 12.10 | 8.11 | 16.14 | 16.06 | 0.00 | 0.00 | 4.39 | 2.43 |
| | | 新巴尔虎左旗 | 15.91 | 16.22 | 19.50 | 10.74 | 0.00 | 0.13 | 8.84 | 2.00 |
| | | 新巴尔虎右旗 | 21.07 | 21.62 | 4.46 | 20.63 | 0.00 | 0.37 | 6.50 | 2.63 |
| | | 满洲里 | 10.79 | 43.24 | 34.44 | 29.48 | 45.13 | 16.19 | 33.37 | 36.93 |
| | | 额尔古纳市 | 2.93 | 37.84 | 2.68 | 8.95 | 1.45 | 0.19 | 9.55 | 1.74 |
| | 巴彦淖尔 | 乌拉特中旗 | 64.12 | 10.81 | 33.99 | 4.82 | 0.00 | 0.58 | 0.36 | 1.24 |
| | | 乌拉特后旗 | 63.69 | 13.51 | 21.95 | 17.13 | 0.00 | 0.00 | 0.10 | 0.72 |
| | 乌兰察布 | 四子王旗 | 48.43 | 32.43 | 25.63 | 5.70 | 0.00 | 0.00 | 2.45 | 2.17 |
| | 兴安 | 阿尔山 | 15.82 | 51.35 | 13.82 | 11.76 | 0.00 | 0.00 | 62.79 | 6.04 |
| | | 科尔沁右翼前旗 | 45.67 | 27.03 | 18.17 | 4.29 | 0.00 | 0.00 | 0.84 | 0.44 |
| | 锡林郭勒 | 二连浩特市 | 44.47 | 5.41 | 68.22 | 23.25 | 0.00 | 11.88 | 70.83 | 16.48 |
| | | 阿巴嘎旗 | 27.56 | 0.00 | 30.03 | 10.42 | 0.00 | 0.00 | 0.37 | 0.19 |
| | | 苏尼特左旗 | 35.46 | 0.00 | 21.92 | 9.98 | 0.00 | 0.00 | 0.09 | 0.02 |
| | | 苏尼特右旗 | 41.64 | 5.41 | 37.21 | 8.30 | 0.00 | 0.00 | 0.38 | 0.49 |
| | | 东乌珠穆沁旗 | 30.04 | 16.22 | 22.24 | 10.65 | 0.00 | 0.20 | 1.36 | 0.94 |

续表

| 省份 | 市 | 县 | 旅游自然环境 | 旅游资源 | 区位交通 | 旅游社会环境 | 旅游服务设施 | 边境口岸 | 旅游集聚 | 旅游市场 |
|---|---|---|---|---|---|---|---|---|---|---|
| 内蒙古 | 阿拉善 | 阿拉善左旗 | 88.59 | 59.46 | 34.83 | 22.31 | 0.52 | 0.00 | 1.22 | 2.69 |
| | | 阿拉善右旗 | 89.53 | 18.92 | 7.67 | 15.95 | 0.00 | 0.00 | 2.03 | 0.47 |
| | | 额济纳旗 | 85.32 | 32.43 | 26.79 | 29.37 | 0.00 | 0.78 | 5.31 | 1.56 |
| 辽宁 | 丹东 | 丹东市辖区 | 100.00 | 48.65 | 98.02 | 32.95 | 21.29 | 0.98 | 15.38 | 67.30 |
| | | 宽甸县 | 96.76 | 51.35 | 42.40 | 14.50 | 2.54 | 0.00 | 4.60 | 9.81 |
| | | 东港市 | 99.95 | 8.11 | 56.48 | 30.08 | 1.21 | 0.00 | 2.76 | 16.51 |
| | 通化 | 集安市 | 91.00 | 72.97 | 47.32 | 10.48 | 0.00 | 0.07 | 10.51 | 5.60 |
| | 白山 | 白山市辖区 | 80.53 | 0.00 | 48.99 | 19.70 | 0.00 | 0.00 | 0.99 | 2.04 |
| | | 抚松县 | 59.14 | 18.92 | 39.82 | 10.05 | 1.84 | 0.00 | 2.30 | 2.21 |
| | | 长白县 | 61.59 | 35.14 | 37.70 | 9.68 | 0.00 | 0.23 | 4.62 | 0.94 |
| | | 临江市 | 72.01 | 32.43 | 45.92 | 11.21 | 0.00 | 0.09 | 1.55 | 1.36 |
| 吉林 | 延边 | 图们市 | 65.26 | 10.81 | 58.35 | 8.78 | 0.00 | 0.25 | 2.81 | 1.26 |
| | | 珲春市 | 58.86 | 51.35 | 43.08 | 10.26 | 0.00 | 3.25 | 4.86 | 2.05 |
| | | 龙井市 | 63.06 | 18.92 | 58.50 | 7.63 | 0.00 | 0.32 | 1.25 | 0.86 |
| | | 和龙市 | 55.73 | 51.35 | 50.37 | 7.21 | 0.00 | 0.62 | 0.10 | 0.25 |
| | | 安图县 | 55.24 | 48.65 | 45.40 | 8.95 | 15.96 | 0.00 | 8.80 | 5.10 |

续表

| 省份 | 市 | 县 | 旅游自然环境 | 旅游资源 | 区位交通 | 旅游社会环境 | 旅游服务设施 | 边境口岸 | 旅游集聚 | 旅游市场 |
|---|---|---|---|---|---|---|---|---|---|---|
| 黑龙江 | 鸡西 | 鸡东县 | 48.26 | 13.51 | 41.01 | 11.90 | 0.00 | 0.00 | 0.66 | 2.09 |
| | | 虎林市 | 49.44 | 51.35 | 37.23 | 11.70 | 0.00 | 0.02 | 2.77 | 3.77 |
| | | 密山市 | 50.42 | 29.73 | 40.02 | 10.62 | 1.45 | 2.42 | 5.96 | 6.67 |
| | 鹤岗 | 萝北县 | 45.13 | 32.43 | 39.02 | 7.50 | 0.00 | 0.20 | 2.33 | 1.49 |
| | | 绥滨县 | 44.62 | 5.41 | 30.67 | 4.98 | 0.00 | 0.00 | 1.95 | 0.40 |
| | 双鸭山 | 饶河县 | 44.30 | 29.73 | 36.71 | 4.78 | 0.00 | 0.17 | 4.30 | 0.85 |
| | 伊春 | 嘉荫县 | 37.42 | 27.03 | 31.35 | 5.84 | 0.00 | 0.04 | 1.09 | 0.66 |
| | 佳木斯 | 抚远县 | 44.40 | 27.03 | 25.57 | 6.49 | 0.00 | 1.23 | 5.95 | 1.07 |
| | | 同江市 | 43.38 | 56.76 | 44.61 | 6.17 | 0.00 | 0.72 | 2.75 | 1.80 |
| | 牡丹江 | 东宁县 | 49.16 | 24.32 | 43.25 | 17.57 | 0.00 | 4.73 | 6.19 | 2.89 |
| | | 绥芬河 | 44.38 | 24.32 | 43.04 | 35.62 | 6.12 | 10.31 | 6.00 | 3.17 |
| | | 穆棱市 | 50.99 | 27.03 | 36.50 | 12.45 | 0.00 | 0.00 | 5.23 | 3.04 |
| | 黑河 | 黑河市辖区 | 26.95 | 27.03 | 56.32 | 16.85 | 9.59 | 9.24 | 0.17 | 0.75 |
| | | 逊克县 | 33.62 | 10.81 | 37.84 | 5.86 | 0.00 | 0.31 | 0.03 | 0.04 |
| | | 孙吴县 | 27.39 | 18.92 | 41.30 | 9.77 | 0.00 | 0.00 | 0.08 | 0.05 |
| | 大兴安岭 | 呼玛县 | 12.87 | 8.11 | 25.01 | 5.53 | 0.00 | 0.00 | 1.62 | 0.13 |
| | | 塔河县 | 6.07 | 16.22 | 22.58 | 9.03 | 0.00 | 0.00 | 1.29 | 0.19 |
| | | 漠河县 | 0.90 | 21.62 | 25.90 | 8.66 | 0.77 | 0.01 | 5.65 | 1.05 |

续表

| 省份 | 市 | 县 | 旅游自然环境 | 旅游资源 | 区位交通 | 旅游社会环境 | 旅游服务设施 | 边境口岸 | 旅游集聚 | 旅游市场 |
|---|---|---|---|---|---|---|---|---|---|---|
| 广西 | 防城港 | 防城港市辖区 | 60.28 | 24.32 | 54.23 | 17.47 | 5.74 | 0.00 | 0.19 | 1.60 |
| | | 东兴市 | 61.60 | 16.22 | 52.00 | 12.06 | 10.05 | 27.69 | 14.47 | 7.42 |
| | 百色 | 靖西县 | 72.33 | 27.03 | 38.80 | 4.59 | 0.00 | 0.23 | 6.48 | 5.54 |
| | | 那坡县 | 74.90 | 16.22 | 33.93 | 4.79 | 0.00 | 0.00 | 1.25 | 0.41 |
| | 崇左 | 宁明县 | 57.56 | 18.92 | 57.75 | 4.07 | 0.00 | 0.00 | 0.68 | 0.82 |
| | | 龙州县 | 61.15 | 37.84 | 52.62 | 6.20 | 0.00 | 2.09 | 2.41 | 2.73 |
| | | 大新县 | 62.01 | 16.22 | 41.38 | 5.04 | 1.88 | 0.00 | 4.95 | 4.20 |
| | | 凭祥市 | 59.36 | 16.22 | 80.22 | 16.83 | 3.56 | 3.07 | 15.73 | 6.46 |
| 云南 | 保山 | 腾冲县 | 86.59 | 86.49 | 33.81 | 9.81 | 24.73 | 1.38 | 11.12 | 19.82 |
| | | 龙陵县 | 75.70 | 10.81 | 43.01 | 3.58 | 0.00 | 0.00 | 3.21 | 3.21 |
| | 思茅 | 江城县 | 61.99 | 0.00 | 27.33 | 4.09 | 0.00 | 0.00 | 1.61 | 1.50 |
| | | 孟连县 | 53.26 | 16.22 | 31.18 | 4.16 | 0.00 | 3.50 | 4.14 | 2.87 |
| | | 澜沧县 | 54.05 | 0.00 | 25.13 | 3.12 | 0.00 | 0.00 | 1.50 | 3.17 |
| | | 西盟县 | 54.13 | 8.11 | 21.59 | 7.71 | 0.00 | 0.00 | 1.39 | 0.54 |
| | 临沧 | 镇康县 | 62.57 | 10.81 | 32.20 | 2.98 | 0.00 | 4.24 | 3.96 | 1.24 |
| | | 沧源县 | 56.64 | 24.32 | 35.99 | 4.54 | 0.00 | 1.43 | 5.33 | 1.22 |
| | | 耿马县 | 60.74 | 24.32 | 31.44 | 4.28 | 0.00 | 3.57 | 1.38 | 1.29 |

续表

| 省份 | 市 | 县 | 旅游自然环境 | 旅游资源 | 区位交通 | 旅游社会环境 | 旅游服务设施 | 边境口岸 | 旅游集聚 | 旅游市场 |
|---|---|---|---|---|---|---|---|---|---|---|
| 云南 | 红河 | 绿春县 | 60.89 | 8.11 | 27.39 | 3.08 | 0.00 | 0.00 | 1.78 | 0.38 |
| | | 金平县 | 73.56 | 13.51 | 38.11 | 0.82 | 0.00 | 1.21 | 1.58 | 0.78 |
| | | 河口县 | 88.08 | 21.62 | 50.51 | 10.15 | 2.52 | 33.26 | 16.18 | 6.87 |
| | 文山 | 麻栗坡 | 82.18 | 16.22 | 37.12 | 3.94 | 0.00 | 4.09 | 7.73 | 5.25 |
| | | 马关县 | 84.76 | 10.81 | 35.98 | 4.72 | 0.00 | 0.00 | 0.21 | 0.58 |
| | | 富宁县 | 76.72 | 13.51 | 41.48 | 5.43 | 0.00 | 1.37 | 3.40 | 2.61 |
| | 西双版纳 | 景洪市 | 49.85 | 75.68 | 52.06 | 12.91 | 49.50 | 0.34 | 19.49 | 33.64 |
| | | 勐海县 | 46.76 | 37.84 | 43.95 | 7.15 | 0.00 | 2.38 | 5.11 | 3.43 |
| | | 勐腊县 | 49.71 | 18.92 | 33.40 | 6.86 | 0.00 | 3.35 | 2.56 | 3.88 |
| | 德宏 | 潞西市 | 72.78 | 48.65 | 39.31 | 8.22 | 10.63 | 0.00 | 4.43 | 4.65 |
| | | 瑞丽市 | 68.30 | 62.16 | 42.33 | 12.61 | 19.04 | 52.78 | 22.96 | 12.49 |
| | | 盈江县 | 83.16 | 32.43 | 31.09 | 5.12 | 0.00 | 5.89 | 17.23 | 7.08 |
| | | 陇川县 | 73.54 | 24.32 | 34.41 | 3.41 | 0.00 | 5.42 | 2.85 | 2.05 |
| | 怒江 | 泸水县 | 86.65 | 24.32 | 35.09 | 11.78 | 0.00 | 1.70 | 4.58 | 2.27 |
| | | 福贡县 | 84.88 | 8.11 | 21.63 | 4.24 | 0.00 | 0.00 | 5.86 | 0.68 |
| | | 贡山县 | 83.11 | 0.00 | 18.29 | 6.56 | 0.00 | 0.00 | 14.41 | 1.17 |

续表

| 省份 | 市 | 县 | 旅游自然环境 | 旅游资源 | 区位交通 | 旅游社会环境 | 旅游服务设施 | 边境口岸 | 旅游集聚 | 旅游市场 |
|---|---|---|---|---|---|---|---|---|---|---|
| 西藏 | 山南 | 洛扎县 | 9.77 | 32.43 | 28.68 | 10.95 | 0.00 | 0.00 | 1.62 | 0.44 |
| | | 错那县 | 32.83 | 2.70 | 25.54 | 1.20 | 0.00 | 0.00 | 1.02 | 0.05 |
| | | 浪卡子 | 39.89 | 2.70 | 33.15 | 10.01 | 0.00 | 0.00 | 0.42 | 0.97 |
| | | 定日县 | 17.86 | 10.81 | 24.09 | 5.34 | 0.00 | 0.00 | 3.57 | 0.27 |
| | | 康马县 | 25.58 | 0.00 | 28.36 | 7.23 | 0.00 | 0.00 | 0.20 | 0.01 |
| | | 定结县 | 21.51 | 8.11 | 23.07 | 6.03 | 0.00 | 0.00 | 0.04 | 0.00 |
| | 日喀则 | 仲巴县 | 0.42 | 0.00 | 17.10 | 6.52 | 0.00 | 0.00 | 0.23 | 0.08 |
| | | 亚东县 | 0.00 | 5.41 | 34.03 | 8.33 | 0.00 | 0.00 | 0.21 | 0.01 |
| | | 吉隆县 | 2.88 | 18.92 | 25.15 | 8.37 | 0.00 | 0.00 | 0.48 | 0.03 |
| | | 聂拉木 | 9.33 | 13.51 | 29.68 | 8.33 | 0.00 | 0.66 | 0.44 | 0.06 |
| | | 萨嘎县 | 4.66 | 5.41 | 23.13 | 15.32 | 0.00 | 0.00 | 0.86 | 0.11 |
| | | 岗巴县 | 25.31 | 0.00 | 23.80 | 11.59 | 0.00 | 0.00 | 0.28 | 0.01 |
| | 阿里 | 普兰县 | 8.12 | 27.03 | 17.51 | 13.90 | 0.00 | 0.36 | 1.13 | 0.04 |
| | | 札达县 | 12.73 | 18.92 | 0.87 | 4.45 | 0.00 | 0.00 | 0.28 | 0.00 |
| | | 噶尔县 | 11.43 | 5.41 | 4.00 | 2.34 | 0.00 | 0.00 | 0.31 | 0.00 |
| | | 日土县 | 38.48 | 8.11 | 0.00 | 10.48 | 0.00 | 0.00 | 0.31 | 0.01 |
| | 林芝 | 墨脱县 | 81.26 | 8.11 | 18.30 | 6.38 | 0.00 | 0.00 | 0.51 | 0.01 |
| | | 察隅县 | 84.87 | 8.11 | 14.39 | 7.84 | 0.00 | 0.00 | 0.09 | 0.01 |

续表

| 省份 | 市 | 县 | 旅游自然环境 | 旅游资源 | 区位交通 | 旅游社会环境 | 旅游服务设施 | 边境口岸 | 旅游集聚 | 旅游市场 |
|---|---|---|---|---|---|---|---|---|---|---|
| 甘肃 | 酒泉 | 肃北县 | 56.19 | 13.51 | 11.67 | 16.10 | 0.00 | 0.00 | 0.81 | 0.15 |
| | 哈密 | 哈密市 | 86.88 | 32.43 | 31.53 | 19.50 | 17.01 | 0.00 | 2.54 | 5.39 |
| | | 伊吾县 | 72.21 | 10.81 | 17.24 | 9.47 | 0.00 | 0.00 | 1.73 | 0.40 |
| | | 巴里坤 | 63.43 | 21.62 | 28.76 | 6.20 | 0.00 | 0.05 | 1.39 | 0.83 |
| | 和田 | 和田县 | 76.61 | 8.11 | 14.44 | 0.00 | 0.00 | 0.00 | 0.08 | 0.33 |
| | | 皮山县 | 97.78 | 0.00 | 2.05 | 2.27 | 0.00 | 0.00 | 0.17 | 0.09 |
| | 阿克苏 | 温宿县 | 99.13 | 8.11 | 34.74 | 4.23 | 0.00 | 0.00 | 0.29 | 0.49 |
| 新疆 | | 乌什县 | 92.56 | 0.00 | 20.50 | 4.84 | 0.00 | 0.00 | 0.31 | 0.37 |
| | | 叶城县 | 89.66 | 0.00 | 4.23 | 2.36 | 0.00 | 0.25 | 0.10 | 0.19 |
| | 喀什 | 塔什库尔干县 | 52.96 | 21.62 | 7.29 | 4.01 | 0.48 | 0.00 | 8.66 | 0.70 |
| | | 阿图什 | 79.21 | 8.11 | 24.45 | 10.07 | 0.00 | 0.00 | 2.08 | 1.90 |
| | 克孜勒苏 | 阿合奇 | 68.68 | 2.70 | 9.92 | 12.42 | 0.00 | 0.66 | 0.01 | 0.00 |
| | | 乌恰县 | 40.08 | 13.51 | 5.57 | 6.82 | 0.00 | 0.00 | 4.07 | 0.36 |
| | | 阿克陶 | 63.97 | 8.11 | 14.97 | 5.52 | 0.00 | 0.00 | 0.64 | 0.37 |
| | 昌吉 | 奇台县 | 64.60 | 37.84 | 16.39 | 7.27 | 0.00 | 0.00 | 5.02 | 2.59 |
| | | 木垒县 | 72.56 | 2.70 | 19.49 | 6.22 | 0.00 | 0.00 | 5.76 | 0.92 |

续表

| 省份 | 市 | 县 | 旅游自然环境 | 旅游资源 | 区位交通 | 旅游社会环境 | 旅游服务设施 | 边境口岸 | 旅游集聚 | 旅游市场 |
|---|---|---|---|---|---|---|---|---|---|---|
| 新疆 | 博尔塔拉 | 博乐市 | 78.58 | 43.24 | 50.99 | 20.12 | 0.00 | 1.17 | 1.09 | 2.18 |
| | | 温泉县 | 61.57 | 10.81 | 21.59 | 5.78 | 0.00 | 0.00 | 1.52 | 0.89 |
| | 伊犁 | 昭苏县 | 66.40 | 10.81 | 18.40 | 5.48 | 0.00 | 0.00 | 0.99 | 0.67 |
| | | 霍城县 | 77.64 | 16.22 | 42.98 | 6.73 | 0.00 | 4.68 | 2.87 | 3.30 |
| | | 察布查尔县 | 81.31 | 8.11 | 36.22 | 3.54 | 0.00 | 0.08 | 2.27 | 1.52 |
| | 塔城 | 塔城市 | 77.35 | 10.81 | 38.56 | 14.20 | 0.00 | 0.43 | 0.98 | 1.25 |
| | | 额敏县 | 70.86 | 0.00 | 26.72 | 9.01 | 0.00 | 0.00 | 0.21 | 0.25 |
| | | 裕民县 | 73.45 | 5.41 | 26.07 | 4.79 | 0.00 | 0.00 | 2.27 | 0.48 |
| | | 托里县 | 80.80 | 0.00 | 24.27 | 4.83 | 0.00 | 0.00 | 0.25 | 0.16 |
| | | 和布克赛尔县 | 75.73 | 5.41 | 24.01 | 7.78 | 0.00 | 0.00 | 0.61 | 0.30 |
| | 阿勒泰 | 阿勒泰 | 59.16 | 21.62 | 31.20 | 14.22 | 4.65 | 0.00 | 22.16 | 6.88 |
| | | 青河县 | 51.96 | 27.03 | 34.04 | 7.30 | 0.00 | 0.54 | 5.92 | 0.61 |
| | | 吉木乃 | 57.32 | 5.41 | 31.47 | 5.54 | 0.00 | 0.76 | 6.31 | 0.67 |
| | | 富蕴县 | 59.97 | 18.92 | 24.01 | 6.67 | 0.00 | 0.00 | 1.31 | 1.46 |
| | | 布尔津 | 51.85 | 24.32 | 22.37 | 9.26 | 22.04 | 0.00 | 100.0 | 10.00 |
| | | 福海县 | 71.04 | 18.92 | 29.88 | 6.52 | 0.00 | 0.00 | 1.98 | 0.64 |
| | | 哈巴河 | 54.23 | 18.92 | 17.15 | 7.76 | 0.00 | 0.00 | 0.53 | 0.60 |

附录 13　2011 年边境县（市）旅游竞争力要素值

| 省份 | 市 | 州 | 旅游自然环境 | 旅游资源 | 区位交通 | 旅游社会环境 | 旅游服务设施 | 边境口岸 | 旅游集聚 | 旅游市场 |
|---|---|---|---|---|---|---|---|---|---|---|
| 内蒙古 | 包头 | 达尔罕茂明安联合旗 | 56.35 | 27.03 | 48.13 | 71.39 | 0.00 | 0.45 | 1.70 | 6.92 |
| | 呼伦贝尔 | 陈巴尔虎旗 | 12.10 | 13.51 | 24.04 | 49.03 | 0.00 | 0.00 | 4.33 | 6.75 |
| | | 新巴尔虎左旗 | 15.91 | 16.22 | 20.70 | 28.92 | 0.00 | 0.14 | 6.38 | 2.78 |
| | | 新巴尔虎右旗 | 21.07 | 21.62 | 4.46 | 67.11 | 0.00 | 0.39 | 4.01 | 4.16 |
| | | 满洲里 | 10.79 | 64.86 | 37.76 | 51.51 | 76.10 | 13.36 | 22.54 | 62.62 |
| | | 额尔古纳 | 2.93 | 40.54 | 12.01 | 20.58 | 5.59 | 0.64 | 20.79 | 11.62 |
| | 巴彦淖尔 | 乌拉特中旗 | 64.12 | 10.81 | 35.31 | 33.84 | 0.00 | 3.98 | 0.69 | 2.28 |
| | | 乌拉特后旗 | 63.69 | 13.51 | 31.56 | 51.99 | 0.00 | 0.00 | 0.30 | 1.19 |
| | 乌兰察布 | 四子王旗 | 48.43 | 32.43 | 26.74 | 12.69 | 0.20 | 0.00 | 1.09 | 2.94 |
| | 兴安 | 阿尔山 | 15.82 | 62.16 | 26.34 | 16.14 | 0.00 | 0.00 | 79.04 | 12.32 |
| | | 科尔沁右翼前旗 | 45.67 | 27.03 | 26.37 | 12.22 | 0.00 | 0.00 | 0.83 | 1.05 |
| | 锡林郭勒 | 二连浩特 | 44.47 | 16.22 | 89.65 | 45.60 | 0.00 | 19.23 | 36.51 | 28.10 |
| | | 阿巴嘎旗 | 27.56 | 8.11 | 37.83 | 36.72 | 0.00 | 0.00 | 0.32 | 0.61 |
| | | 苏尼特左旗 | 35.46 | 0.00 | 22.71 | 35.76 | 0.00 | 0.00 | 0.20 | 0.10 |
| | | 苏尼特右旗 | 41.64 | 5.41 | 44.88 | 25.19 | 0.00 | 0.00 | 0.21 | 0.77 |
| | | 东乌珠穆沁旗 | 30.04 | 27.03 | 22.96 | 48.98 | 0.16 | 0.68 | 1.63 | 3.08 |

续表

| 省份 | 市 | 州 | 旅游自然环境 | 旅游资源 | 区位交通 | 旅游社会环境 | 旅游服务设施 | 边境口岸 | 旅游集聚 | 旅游市场 |
|---|---|---|---|---|---|---|---|---|---|---|
| 内蒙古 | 阿拉善 | 阿拉善左旗 | 88.59 | 86.49 | 35.45 | 100.00 | 17.32 | 0.00 | 2.06 | 11.86 |
| | | 阿拉善右旗 | 89.53 | 40.54 | 16.77 | 51.94 | 0.00 | 0.00 | 4.40 | 2.61 |
| | | 额济纳旗 | 85.32 | 62.16 | 27.40 | 96.30 | 4.75 | 2.85 | 10.39 | 6.77 |
| 辽宁 | 丹东 | 丹东市辖区 | 100.00 | 56.76 | 100.00 | 48.37 | 52.29 | 2.12 | 7.84 | 93.39 |
| | | 宽甸县 | 96.76 | 54.05 | 51.99 | 35.10 | 2.54 | 0.00 | 10.87 | 68.81 |
| | | 东港市 | 99.95 | 10.81 | 58.65 | 73.64 | 9.37 | 0.16 | 3.41 | 54.13 |
| | 通化 | 集安市 | 91.00 | 72.97 | 48.84 | 25.96 | 0.00 | 0.00 | 8.13 | 16.29 |
| | 白山 | 白山市辖区 | 80.53 | 0.00 | 57.63 | 45.27 | 5.17 | 0.00 | 1.14 | 6.59 |
| | | 抚松县 | 59.14 | 70.27 | 53.51 | 32.23 | 30.11 | 0.00 | 2.46 | 6.75 |
| | | 长白县 | 61.59 | 43.24 | 38.28 | 18.99 | 3.46 | 0.23 | 8.22 | 6.26 |
| | | 临江市 | 72.01 | 40.54 | 46.12 | 26.32 | 0.00 | 0.06 | 1.36 | 3.14 |
| 吉林 | 延边 | 图们市 | 65.26 | 24.32 | 66.69 | 15.83 | 0.00 | 0.27 | 2.38 | 5.14 |
| | | 珲春市 | 58.86 | 62.16 | 50.00 | 27.35 | 9.15 | 5.20 | 4.76 | 10.28 |
| | | 龙井市 | 63.06 | 21.62 | 65.52 | 14.76 | 0.65 | 0.28 | 2.27 | 2.65 |
| | | 和龙市 | 55.73 | 54.05 | 52.54 | 13.74 | 0.00 | 0.39 | 1.93 | 2.27 |
| | | 安图县 | 55.24 | 54.05 | 52.45 | 20.82 | 53.69 | 0.00 | 14.78 | 14.52 |

续表

| 省份 | 市 | 州 | 旅游自然环境 | 旅游资源 | 区位交通 | 旅游社会环境 | 旅游服务设施 | 边境口岸 | 旅游集聚 | 旅游市场 |
|---|---|---|---|---|---|---|---|---|---|---|
| 黑龙江 | 鸡西 | 鸡东县 | 48.26 | 13.51 | 59.06 | 23.90 | 0.00 | 0.00 | 0.43 | 2.58 |
| | | 虎林市 | 49.44 | 62.16 | 46.21 | 26.50 | 0.00 | 0.71 | 1.71 | 7.70 |
| | | 密山市 | 50.42 | 56.76 | 49.41 | 24.22 | 1.45 | 0.25 | 3.21 | 13.35 |
| | 鹤岗 | 萝北县 | 45.13 | 43.24 | 44.60 | 17.36 | 4.23 | 0.44 | 3.27 | 9.01 |
| | | 绥滨县 | 44.62 | 10.81 | 33.43 | 11.23 | 0.61 | 0.00 | 2.77 | 2.32 |
| | 双鸭山 | 饶河县 | 44.30 | 29.73 | 37.37 | 10.42 | 0.00 | 0.97 | 3.45 | 3.28 |
| | 伊春 | 嘉荫县 | 37.42 | 35.14 | 31.87 | 11.97 | 0.00 | 0.27 | 3.53 | 2.37 |
| | 佳木斯 | 抚远县 | 44.40 | 27.03 | 35.80 | 15.56 | 0.00 | 1.82 | 2.63 | 2.38 |
| | | 同江市 | 43.38 | 48.65 | 47.64 | 19.07 | 0.00 | 1.29 | 1.61 | 4.70 |
| | 牡丹江 | 东宁县 | 49.16 | 32.43 | 56.76 | 39.18 | 0.00 | 5.13 | 2.50 | 6.52 |
| | | 绥芬河 | 44.38 | 24.32 | 64.65 | 50.86 | 8.59 | 9.36 | 3.64 | 7.08 |
| | | 穆棱市 | 50.99 | 27.03 | 45.47 | 29.54 | 0.00 | 0.00 | 2.44 | 6.80 |
| | 黑河 | 黑河市辖区 | 26.95 | 56.76 | 57.39 | 20.06 | 29.48 | 10.66 | 2.32 | 2.73 |
| | | 逊克县 | 33.62 | 21.62 | 38.56 | 7.64 | 0.00 | 0.08 | 0.05 | 0.16 |
| | | 孙吴县 | 27.39 | 37.84 | 43.49 | 7.53 | 0.00 | 0.00 | 0.10 | 0.20 |
| | 大兴安岭 | 呼玛县 | 12.87 | 8.11 | 25.59 | 9.86 | 0.00 | 0.00 | 5.83 | 1.88 |
| | | 塔河县 | 6.07 | 16.22 | 23.12 | 11.47 | 0.36 | 0.00 | 5.67 | 2.74 |
| | | 漠河县 | 0.90 | 21.62 | 37.04 | 21.68 | 13.36 | 0.05 | 14.22 | 11.26 |

续表

| 省份 | 市 | 州 | 旅游自然环境 | 旅游资源 | 区位交通 | 旅游社会环境 | 旅游服务设施 | 边境口岸 | 旅游集聚 | 旅游市场 |
|---|---|---|---|---|---|---|---|---|---|---|
| 广西 | 防城港 | 防城港市辖区 | 60.28 | 24.32 | 54.37 | 57.59 | 21.66 | 0.00 | 2.47 | 26.49 |
| | | 东兴市 | 61.60 | 29.73 | 52.00 | 23.19 | 27.50 | 30.48 | 18.10 | 34.54 |
| | 百色 | 靖西县 | 72.33 | 43.24 | 51.79 | 13.87 | 4.52 | 0.26 | 2.38 | 11.19 |
| | | 那坡县 | 74.90 | 16.22 | 43.57 | 8.11 | 0.00 | 0.00 | 1.51 | 1.15 |
| | 崇左 | 宁明县 | 57.56 | 18.92 | 58.32 | 14.34 | 0.00 | 0.00 | 3.95 | 8.94 |
| | | 龙州县 | 61.15 | 37.84 | 54.15 | 16.62 | 0.00 | 2.87 | 5.82 | 9.98 |
| | | 大新县 | 62.01 | 27.03 | 42.87 | 16.22 | 10.90 | 0.00 | 7.04 | 18.01 |
| | | 凭祥市 | 59.36 | 37.84 | 80.22 | 8.93 | 14.24 | 9.14 | 24.79 | 26.97 |
| 云南 | 保山 | 腾冲县 | 86.59 | 100.00 | 45.29 | 17.39 | 100.00 | 4.16 | 10.92 | 44.00 |
| | | 龙陵县 | 75.70 | 10.81 | 46.51 | 7.96 | 0.69 | 0.00 | 2.58 | 5.23 |
| | 思茅 | 江城县 | 61.99 | 0.00 | 27.44 | 5.22 | 0.00 | 0.00 | 1.81 | 3.07 |
| | | 孟连县 | 53.26 | 24.32 | 34.69 | 6.94 | 0.00 | 7.23 | 3.18 | 3.68 |
| | | 澜沧县 | 54.05 | 2.70 | 26.23 | 7.05 | 0.00 | 0.00 | 1.12 | 5.95 |
| | | 西盟县 | 54.13 | 10.81 | 22.37 | 8.42 | 0.00 | 0.00 | 5.36 | 1.39 |
| | 临沧 | 镇康县 | 62.57 | 13.51 | 32.23 | 7.06 | 0.00 | 8.25 | 3.87 | 3.27 |
| | | 沧源县 | 56.64 | 27.03 | 36.93 | 7.29 | 0.00 | 3.00 | 6.61 | 5.83 |
| | | 耿马县 | 60.74 | 24.32 | 31.92 | 10.26 | 0.00 | 2.39 | 1.86 | 3.39 |

续表

| 省份 | 市 | 州 | 旅游自然环境 | 旅游资源 | 区位交通 | 旅游社会环境 | 旅游服务设施 | 边境口岸 | 旅游集聚 | 旅游市场 |
|---|---|---|---|---|---|---|---|---|---|---|
| 云南 | 红河 | 绿春县 | 60.89 | 8.11 | 28.40 | 4.01 | 0.00 | 0.00 | 1.37 | 0.92 |
| | | 金平县 | 73.56 | 13.51 | 40.97 | 4.59 | 0.00 | 0.85 | 1.66 | 1.85 |
| | | 河口县 | 88.08 | 21.62 | 62.13 | 16.86 | 3.54 | 37.90 | 13.39 | 14.92 |
| | 文山 | 麻栗坡 | 82.18 | 16.22 | 38.80 | 8.42 | 0.00 | 2.48 | 9.15 | 11.36 |
| | | 马关县 | 84.76 | 10.81 | 36.67 | 9.92 | 1.55 | 0.00 | 0.16 | 1.06 |
| | | 富宁县 | 76.72 | 16.22 | 43.27 | 10.41 | 1.72 | 1.08 | 5.76 | 8.89 |
| | 西双版纳 | 景洪市 | 49.85 | 100.00 | 53.13 | 22.72 | 96.52 | 0.34 | 26.79 | 100.00 |
| | | 勐海县 | 46.76 | 56.76 | 44.36 | 12.87 | 0.00 | 3.92 | 6.27 | 11.32 |
| | | 勐腊县 | 49.71 | 56.76 | 33.65 | 13.73 | 6.04 | 5.86 | 11.71 | 24.25 |
| | 德宏 | 潞西市 | 72.78 | 59.46 | 44.17 | 14.55 | 10.63 | 0.00 | 13.23 | 25.24 |
| | | 瑞丽市 | 68.30 | 67.57 | 47.14 | 19.45 | 35.07 | 100.00 | 21.09 | 24.65 |
| | | 盈江县 | 83.16 | 37.84 | 31.72 | 9.77 | 0.00 | 8.96 | 8.31 | 14.20 |
| | | 陇川县 | 73.54 | 29.73 | 38.55 | 7.03 | 0.00 | 6.46 | 11.33 | 8.78 |
| | 怒江 | 泸水县 | 86.65 | 16.22 | 35.90 | 12.93 | 0.80 | 1.97 | 6.35 | 7.00 |
| | | 福贡县 | 84.88 | 8.11 | 21.63 | 6.21 | 0.00 | 0.00 | 5.02 | 1.21 |
| | | 贡山县 | 83.11 | 0.00 | 18.76 | 7.20 | 0.00 | 0.00 | 11.77 | 2.51 |

续表

| 省份 | 市 | 州 | 旅游自然环境 | 旅游资源 | 区位交通 | 旅游社会环境 | 旅游服务设施 | 边境口岸 | 旅游集聚 | 旅游市场 |
|---|---|---|---|---|---|---|---|---|---|---|
| 西藏 | 山南 | 洛扎县 | 9.77 | 35.14 | 28.68 | 8.13 | 0.00 | 0.00 | 0.91 | 0.79 |
| | | 错那县 | 32.83 | 2.70 | 25.54 | 12.48 | 0.00 | 0.00 | 0.66 | 0.09 |
| | | 浪卡子 | 39.89 | 2.70 | 33.57 | 6.61 | 0.00 | 0.00 | 0.25 | 1.75 |
| | | 定日县 | 17.86 | 13.51 | 24.29 | 8.36 | 0.00 | 0.00 | 3.08 | 0.67 |
| | | 康马县 | 25.58 | 0.00 | 29.01 | 9.84 | 0.00 | 0.00 | 0.19 | 0.03 |
| | | 定结县 | 21.51 | 10.81 | 23.66 | 11.14 | 0.00 | 0.00 | 0.04 | 0.00 |
| | 日喀则 | 仲巴县 | 0.42 | 2.70 | 17.17 | 9.59 | 0.00 | 0.00 | 0.17 | 0.22 |
| | | 亚东县 | 0.00 | 5.41 | 34.03 | 17.16 | 0.00 | 0.00 | 0.19 | 0.03 |
| | | 吉隆县 | 2.88 | 18.92 | 25.57 | 11.97 | 0.00 | 0.95 | 0.32 | 0.07 |
| | | 聂拉木 | 9.33 | 13.51 | 30.01 | 15.40 | 0.00 | 0.00 | 0.63 | 0.40 |
| | | 萨嘎县 | 4.66 | 8.11 | 23.47 | 13.43 | 0.00 | 0.00 | 0.63 | 0.27 |
| | | 岗巴县 | 25.31 | 0.00 | 24.06 | 14.99 | 0.00 | 0.00 | 0.20 | 0.02 |
| | 阿里 | 普兰县 | 8.12 | 32.43 | 17.51 | 18.15 | 0.28 | 0.47 | 2.83 | 0.33 |
| | | 札达县 | 12.73 | 21.62 | 1.18 | 12.55 | 0.00 | 0.00 | 0.14 | 0.01 |
| | | 噶尔县 | 11.43 | 5.41 | 14.99 | 5.93 | 0.22 | 0.00 | 0.20 | 0.01 |
| | | 日土县 | 38.48 | 8.11 | 0.25 | 11.76 | 0.00 | 0.00 | 0.25 | 0.02 |
| | 林芝 | 墨脱县 | 81.26 | 10.81 | 18.30 | 13.36 | 0.00 | 0.00 | 0.52 | 0.04 |
| | | 察隅县 | 84.87 | 10.81 | 14.39 | 9.63 | 0.00 | 0.00 | 0.12 | 0.04 |

续表

| 省份 | 市 | 州 | 县 | 旅游自然环境 | 旅游资源 | 区位交通 | 旅游社会环境 | 旅游服务设施 | 边境口岸 | 旅游集聚 | 旅游市场 |
|---|---|---|---|---|---|---|---|---|---|---|---|
| 甘肃 | 酒泉 | | 肃北县 | 56.19 | 16.22 | 11.78 | 65.89 | 0.00 | 0.00 | 0.13 | 0.20 |
| 新疆 | 哈密 | | 哈密市 | 86.88 | 83.78 | 49.53 | 37.33 | 23.38 | 0.00 | 1.87 | 11.08 |
| | | | 伊吾县 | 72.21 | 10.81 | 17.86 | 27.44 | 0.00 | 0.00 | 3.13 | 2.09 |
| | | | 巴里坤 | 63.43 | 35.14 | 35.56 | 13.58 | 0.00 | 0.20 | 1.98 | 2.35 |
| | 和田 | | 和田县 | 76.61 | 16.22 | 23.89 | 6.21 | 0.00 | 0.00 | 0.19 | 0.83 |
| | | | 皮山县 | 97.78 | 5.41 | 11.22 | 5.47 | 0.00 | 0.00 | 0.29 | 0.28 |
| | 阿克苏 | | 温宿县 | 99.13 | 29.73 | 41.94 | 9.70 | 0.00 | 0.00 | 0.89 | 2.64 |
| | | | 乌什县 | 92.56 | 0.00 | 21.09 | 9.26 | 0.00 | 0.00 | 0.46 | 0.38 |
| | | | 叶城县 | 89.66 | 0.00 | 20.26 | 7.26 | 0.00 | 0.00 | 0.08 | 0.35 |
| | 喀什 | | 塔什库尔干县 | 52.96 | 32.43 | 7.89 | 7.69 | 0.48 | 0.17 | 12.02 | 1.92 |
| | | | 阿图什 | 79.21 | 8.11 | 31.61 | 14.21 | 0.00 | 0.00 | 0.64 | 0.91 |
| | 克孜勒苏 | | 阿合奇 | 68.68 | 5.41 | 10.56 | 12.69 | 0.00 | 0.00 | 0.00 | 0.00 |
| | | | 乌恰县 | 40.08 | 16.22 | 8.00 | 14.03 | 0.00 | 0.78 | 4.01 | 0.89 |
| | | | 阿克陶 | 63.97 | 21.62 | 20.12 | 6.75 | 0.00 | 0.00 | 0.66 | 0.59 |
| | 昌吉 | | 奇台县 | 64.60 | 40.54 | 24.47 | 19.13 | 0.00 | 0.00 | 8.74 | 13.47 |
| | | | 木垒县 | 72.56 | 5.41 | 26.67 | 11.22 | 0.00 | 0.00 | 12.73 | 4.83 |

续表

| 省份 | 市 | 州 | 旅游自然环境 | 旅游资源 | 区位交通 | 旅游社会环境 | 旅游服务设施 | 边境口岸 | 旅游集聚 | 旅游市场 |
|---|---|---|---|---|---|---|---|---|---|---|
| 新疆 | 博尔塔拉 | 博乐市 | 78.58 | 54.05 | 61.85 | 31.14 | 0.00 | 1.20 | 0.78 | 4.21 |
| | | 温泉县 | 61.57 | 10.81 | 21.59 | 9.40 | 0.00 | 0.00 | 2.01 | 1.86 |
| | 伊犁 | 昭苏县 | 66.40 | 13.51 | 18.54 | 9.22 | 0.00 | 0.00 | 2.22 | 3.42 |
| | | 霍城县 | 77.64 | 35.14 | 51.68 | 16.64 | 0.00 | 7.80 | 2.75 | 5.18 |
| | | 察布县 | 81.31 | 27.03 | 47.09 | 7.61 | 0.00 | 0.24 | 1.77 | 3.16 |
| | 塔城 | 塔城市 | 77.35 | 24.32 | 38.56 | 22.20 | 0.00 | 0.63 | 1.07 | 2.63 |
| | | 额敏县 | 70.86 | 2.70 | 27.14 | 15.41 | 0.00 | 0.00 | 0.79 | 1.57 |
| | | 裕民县 | 73.45 | 5.41 | 27.10 | 9.38 | 0.00 | 0.00 | 2.56 | 1.08 |
| | | 托里县 | 80.80 | 2.70 | 24.72 | 12.39 | 0.00 | 0.00 | 0.37 | 0.47 |
| | | 和布县 | 75.73 | 8.11 | 33.72 | 18.62 | 0.00 | 0.00 | 1.03 | 1.39 |
| | 阿勒泰 | 阿勒泰 | 59.16 | 24.32 | 41.44 | 21.55 | 9.28 | 0.00 | 10.99 | 9.20 |
| | | 青河县 | 51.96 | 29.73 | 34.96 | 9.38 | 0.00 | 0.57 | 3.58 | 1.11 |
| | | 吉木乃 | 57.32 | 5.41 | 31.85 | 7.71 | 0.00 | 1.05 | 5.87 | 0.96 |
| | | 富蕴县 | 59.97 | 18.92 | 24.47 | 18.87 | 1.24 | 0.00 | 11.10 | 8.45 |
| | | 布尔津 | 51.85 | 51.35 | 34.07 | 12.55 | 16.95 | 0.00 | 51.47 | 12.48 |
| | | 福海县 | 71.04 | 32.43 | 39.53 | 14.37 | 0.00 | 0.02 | 1.34 | 1.28 |
| | | 哈巴河 | 54.23 | 37.84 | 25.27 | 16.22 | 0.00 | 0.00 | 4.84 | 3.17 |

图书在版编目(CIP)数据

中国陆地边境县(市)旅游竞争力研究/时雨晴著
.--北京：社会科学文献出版社，2018.10
（西藏治理研究丛书）
ISBN 978-7-5201-3190-2

Ⅰ.①中… Ⅱ.①时… Ⅲ.①地方旅游业-竞争力-研究-中国　Ⅳ.①F592.7

中国版本图书馆 CIP 数据核字（2018）第 174563 号

### 西藏治理研究丛书
### 中国陆地边境县(市)旅游竞争力研究

著　　者 / 时雨晴

出 版 人 / 谢寿光
项目统筹 / 宋月华　郭白歌
责任编辑 / 刘　丹　李惠惠

出　　版 / 社会科学文献出版社·人文分社（010）59367215
　　　　　地址：北京市北三环中路甲29号院华龙大厦　邮编：100029
　　　　　网址：www.ssap.com.cn
发　　行 / 市场营销中心（010）59367081　59367018
印　　装 / 三河市龙林印务有限公司

规　　格 / 开　本：787mm×1092mm　1/16
　　　　　印　张：18.25　字　数：289千字
版　　次 / 2018年10月第1版　2018年10月第1次印刷
书　　号 / ISBN 978-7-5201-3190-2
定　　价 / 98.00元

本书如有印装质量问题，请与读者服务中心（010-59367028）联系

▲ 版权所有 翻印必究